国家社科基金
后期资助项目

人权视野下的经济权利研究

Study of Economic Rights from the
Perspective of Human Rights

王方玉 著

图书在版编目(CIP)数据

人权视野下的经济权利研究/王方玉著. —北京:北京大学出版社,2015.9
ISBN 978-7-301-26246-7

Ⅰ.①人… Ⅱ.①王… Ⅲ.①经济法—研究—中国 Ⅳ.①D922.290.4

中国版本图书馆 CIP 数据核字(2015)第 208055 号

书　　　　名	人权视野下的经济权利研究
著作责任者	王方玉　著
责 任 编 辑	郭瑞洁
标 准 书 号	ISBN 978-7-301-26246-7
出 版 发 行	北京大学出版社
地　　　　址	北京市海淀区成府路 205 号　100871
网　　　　址	http://www.pup.cn
电 子 信 箱	law@ pup.pku.edu.cn
新 浪 微 博	@北京大学出版社　@北大出版社法律图书
电　　　　话	邮购部 62752015　发行部 62750672　编辑部 62752027
印　刷　者	北京宏伟双华印刷有限公司
经　销　者	新华书店
	730 毫米×1020 毫米　16 开本　13.75 印张　239 千字
	2015 年 9 月第 1 版　2015 年 9 月第 1 次印刷
定　　　　价	35.00 元

未经许可,不得以任何方式复制或抄袭本书之部分或全部内容。
版权所有,侵权必究
举报电话: 010-62752024　电子信箱: fd@ pup.pku.edu.cn
图书如有印装质量问题,请与出版部联系,电话: 010-62756370

国家社科基金后期资助项目
出版说明

后期资助项目是国家社科基金设立的一类重要项目,旨在鼓励广大社科研究者潜心治学,支持基础研究多出优秀成果。它是经过严格评审,从接近完成的科研成果中遴选立项的。为扩大后期资助项目的影响,更好地推动学术发展,促进成果转化,全国哲学社会科学规划办公室按照"统一设计、统一标识、统一版式、形成系列"的总体要求,组织出版国家社科基金后期资助项目成果。

全国哲学社会科学规划办公室

序　言

1948年12月10日通过的《世界人权宣言》第22条规定："每个人,作为社会的一员,有权享受社会保障,并有权享受他的个人尊严和人格的自由发展所必需的经济、社会和文化方面各种权利的实现,这种实现是通过国家努力和国际合作并依照各国的组织和资源情况。"这是国际人权法第一次明确提及经济权利,而且将它与社会和文化权利并列提出。1966年12月16日,联合国大会通过了《经济、社会和文化权利国际公约》(第2200A(XXI)号决议),至此,经济权利正式成为国际人权法中的一个重要概念。但纵观20世纪的人权理论研究,对于什么是经济权利似乎一直没有形成定论,甚至有人认为没有必要独立关注经济权利。真的没有必要单独研究经济权利？如果是这样,为什么经济权利要和政治、文化权利并列起来？一个浅显的道理是,经济、政治、文化是社会的不同领域,那么不同社会领域的权利也应该有所不同,独立研究每项权利都有必要。作为社会主义国家,中国一直非常重视对于经济、社会和文化权利的保障,我国已经签署并批准了《经济、社会和文化权利国际公约》。但在我国的人权理论界,对经济权利的研究依然薄弱,至少单独研究经济权利的著作仍很匮乏。不过,令人欣慰的是,近年来经济权利在国内人权及宪法学研究中已受到越来越多的关注,王方玉博士的这本《人权视野下的经济权利研究》正是围绕经济权利进行深入分析的成果之一。

2007年9月,作者重新回到南京大学攻读博士学位,选择经济权利作为博士研究生阶段的研究课题。2009年,经过前期的资料收集、整理,作者在博士生学习阶段出版了他的第一本学术专著——《经济权利的多维透视》,并邀请我写了序言,该书也是国内学者中力图解析经济权利这一概念的重要努力之一。在该书中,作者创造性地对经济权利进行了一种多角度解析,跨越经济学和法学等多个领域解读经济权利的常见用法和基本含义。相对来说,该书视野开阔却深度不足,有些问题只是进行了描述而没有进行纵深研究。

在那本书出版之后,作者继续关注经济权利问题,并且缩小研究视角,仅从人权的角度展开探索,并最终形成了其博士学位论文。2012年,作者以博士论文为基础的选题获得了其工作单位华侨大学"高层次人才科研启动项目"的支持,2013年又获得了"国家社科基金后期项目"的资助。作者研究成果获得的这些资助也反映出我国理论与实务界对经济权利问题的愈加重视。目前这本书是作者博士论文的修改版,也是国家社科后期资助项目的结项成果,与作者2009年出版的著作和2010年参加答辩的博士论文相比,虽然选题都是经济权利,但存在很多不同,也有很多创新之处。

首先,本书在研究视角上更为单一。本书已经不再满足于对经济权利进行基本概念的描述和平面化对比,而是选择一个特定视角,以人权为背景,深入分析人权中经济权利形成的历史必然性、制度变迁过程及权利的内在构成。这种研究视角的单一并非坏事,反而有助于对问题的深入挖掘。

其次,在研究方法上,本书更加多样化,既强调对经济权利历史的梳理,也重视对经济权利现实的关注。本书前半部分对经济权利进行了详细的历史演进考察,后半部分则采取了实证主义的视角,对经济权利的权利主体、分配原则以及权利体系中的具体内容等进行解析,并相应探索了经济权利的实现与评价机制。

再次,本书与作者答辩通过的博士论文相比,最大变化是对现实问题的关注更为全面、深刻。作者在博士论文答辩过程中就被提出期许,希望能将理论研究与现实问题更充分结合起来。作者在获得相关科研项目资助后,努力关注我国经济权利的现实保障问题,这种努力在本书中的体现就是,作者对具体经济权利如适当生活水准权等进行了更为详细的介绍,对我国宪法、部门立法与法律实施过程中的不足进行了更深入剖析,对国家政策动向如创新社会治理、全面推进依法治国也进行了关注。

最后,本书在研究资料方面也有了很多扩充,章节的安排更加细致、合理。

因此,我认为本书的出版具有重要的意义。作者努力构建了比较系统的经济权利基本理论,填补了人权理论中有关经济权利研究方面的空白,为其他学者进一步关注经济权利提供了理论参考和资料准备。作者也通过对具体经济权利的分析、中国宪法规范的研究、执法与司法状况的反思,向读者展示了中国经济权利保障的现状与不足,所提出的建议和对策亦为有关部门的立法和执法工作提供了参考。

在全面推进依法治国的宏大背景下,关注基本权利问题对于法治水平的提高、公民权利保障机制的完善意义重大,基本权利研究也将持续成为法学研究中的热点和重点。王方玉博士对经济权利进行了多年的研究,取得了一些成果,作为他的硕士和博士导师,我感到高兴。在作者第二本学术专著出版之际,我既表示祝贺,也同样提出期望。我希望本书作者能继续关注经济权利及其他基本人权的保障问题,能够将权利基本理论与法治实践结合起来,尤其是经济权利的具体实现问题,期待作者在这方面能够有更多的研究成果面世。

是为序。

南京大学法学院　杨春福

2015 年 8 月 1 日

目 录 | Contents

导论 / 1

第一章　经济权利的人权界定 / 13

- 13　第一节　经济权利概述
- 17　第二节　人权中的经济权利
- 27　第三节　经济权利的制度历程

第二章　古典人权运动的批判 / 38

- 38　第一节　古典人权运动概况
- 50　第二节　古典人权运动的缺陷

第三章　经济权利的兴起 / 68

- 68　第一节　经济权利兴起的思想动力
- 78　第二节　经济权利兴起的经济社会动力
- 86　第三节　经济权利兴起的表现

第四章　经济权利的规范分析 / 93

- 93　第一节　经济权利的属性与价值目标
- 105　第二节　经济权利的分配正义
- 109　第三节　经济权利的权利主体

113 | 第四节 经济权利保障的国家义务

第五章 经济权利的实现与评价 / 120

120 | 第一节 经济权利的可实现性
126 | 第二节 经济权利的保障机制与救济
140 | 第三节 经济权利的评价机制

第六章 经济权利的体系 / 147

147 | 第一节 经济自由权
151 | 第二节 经济平等权
154 | 第三节 财产权
160 | 第四节 工作权
165 | 第五节 适当生活水准权

第七章 经济权利在中国 / 171

171 | 第一节 中国经济权利的宪法保障及不足之处
178 | 第二节 中国经济权利保障的完善
186 | 第三节 国家治理与经济权利保障

结语 / 196

参考文献 / 199

后记 / 208

导　　论

人权已成为现代社会一个带有强烈道德律令色彩的"宗教式"话题,按照赵汀阳先生的解释,"宗教是人们对超越了人的概念的某种最高存在的绝对服从。在这里,宗教是个隐喻,不一定非是个严格的宗教,任何一套不许怀疑价值观都相当于宗教,当代最著名的例子是人权。人权是现代性的宗教,是基督教'所有人都同样是神的子民'的与时俱进世俗版本。"①在"宗教化"的人权语境下,我们已经无法否定人权,所以只能进行更深入地研究,本书就是在人权语境下展开对经济权利的研究。

一、人权的批判与经济权利

虽然"人权已经发展成为一个虽无宗教之名而有宗教之实的西方新宗教"②,但人权思想和理论仍应该受到批判,这是人权发展的需要。起源于西方的人权思想以及实践经过几个世纪的发展和扩张,已经在相当程度上成为全球性的价值标准,各个国家都把人权事业作为追求的目标,但是不同国家的人权观念以及所选择的道路仍然存在很大的差异。因此,对人权的理解和构建应该充满批判精神。而实际上,自古典人权观念形成以来,有关人权的批判一直存在。对人权的批判有多种角度,包括尼采的虚无主义、麦金泰尔的社群主义、德里达的后现代主义、法律实证主义、功利主义等。③ 各种批判由于立场不同,提出的人权批评意见也存在差异,虽然可能这些批判理论本身也应该受到质疑,但有批评才能促进人权的发展,才能加深对人权实践复杂性的认识。

---

① 赵汀阳著:《论可能生活》,中国人民大学出版社2004年版,修订版前言,第3—4页。
② 赵汀阳先生认为,人权成了西方的一种新宗教,一种不可置疑的信仰,但这样也带来了缺陷。"人权观念巧妙地消化了基督教和自由主义资源而成为新宗教,人权在今天的地位几乎相当于基督教在中世纪的地位。人权实现了由思想向信仰的转变,可是当人权变成拒绝怀疑的信仰,它在思想上就死了。以人权为依据去批评各种事情就好像是不证自明的正确的政治行为,而对人权的质疑也都好像变成了天生不正确的政治行为。"参阅赵汀洋:《预付人权:一种非西方的普遍人权理论》,载《中国社会科学》2006年第4期。
③ 参阅王立峰著:《人权的政治哲学》,中国社会科学出版社2012年版,第一章,"人权的批判理论"。

在对人权,尤其是古典人权理论的各种批判中,有一些意见值得重视,如有批评意见认为古典人权理论太过于抽象,太过于重视政治性权利。法国《人权宣言》讲的是"公民权利",对人的经济身份和经济差异却基本忽视。如同国内学者所言,人权的"人"是具有经济身份的人。人权主体的身份差异不仅是政治方面的,还有经济方面的。① 马克思主义就认为,经济基础的差异是导致阶级差别乃至阶级斗争的根本原因。作为一种理想的道德性愿望,人权必须考虑现实的需要。20 世纪新自由主义代表人物哈耶克在批判《世界人权宣言》的时候就说,"向农民、爱斯基摩人、大概还包括喜马拉雅山的雪人保证'定期给薪休假'的权利,完全凸显了这种'普遍权利'观念彻底彻尾的荒谬性。哪怕具有一丁点儿常识,该项文献的制定者们就应该懂得,他们所颁布的那些普遍权利无论是在眼下还是在任何可预见的将来都是根本不可能实现的,而且把它们作为权利庄严地宣告于天下,实际上也是在以一种不负责任的方式玩弄'权利'概念,而这种把戏只能摧毁人们对权利的尊重。"② 虽然哈耶克的批评太过于苛刻,甚至难以接受,但他很尖锐地指出了人权是需要经济基础的(当然他因此就否定经济权利似乎过于武断)。如果没有经济条件,人权很可能就成了纯粹道德说教,人权的各种权利内容也无法全面、真实地实现。就像谈论各种自由,一个没有任何经济条件的人赋予他各种自由又如何实现?对于贫困的人们来说,基本的生存保障可能比丰富的政治自由更具有紧迫性。③ 没有经济权利,政治权利很可能就变成了享受不起的奢侈品,没有经济权利,政治参与就是富人的游戏。政府设定保障人权的目标,但在面对各种权利要求时,必须基于现实的资源进行合理的安排和选择,经济权利的合理保障就是一个必须面对的问题。因此,关注人权问题,不仅要关注政治权利,还应该深刻关注经济权利,虽然现代人权观念已经形成了两类权利不可分割性的共识,但对经济权利的理解和关注仍然存在诸多争议和不足。

二、经济权利独立研究的必要性

第一,经济权利自身的独特性使然。

在人权的一般分类中,人权通常可以细分为公民权利、政治权利、经济权利、社会权利和文化权利等。其中公民权利是关涉公民自身人格尊严和人身

---

① 王立峰著:《人权的政治哲学》,中国社会科学出版社 2012 年版,第 32 页。
② 〔英〕哈耶克著:《法律、立法与自由》(第二、三卷),邓正来译,中国大百科全书出版社 2000 年版,第 185 页。
③ 如同本书后面所言,经济、政治权利都是相互关联的,这里并没有将二者割裂、对立的意思。

安全、人身自由的权利。政治权利是国家对社会政治资源进行分配的结果，主要包括选举与被选举在内的一系列政治参与权、政治自由权、政治平等权等。社会权利是比较晚才出现的人权概念，社会权利的出现是为了弥补市场的缺陷以及社会自然的不平等，从而克服形式平等带来的不正义结果。社会权利更加注重对社会公共利益和弱者利益的平衡保障，虽然也会涉及经济利益，但并不必然直接与经济利益相关联，社会权利更关注社会福利制度的设计及制度的公正性等问题。文化类权利总体上偏重于精神利益的分配，体现了人类生活中精神层面的追求，是在生存基础上人们参与思想文化发展和享受文化成果的需要，主要涉及公民教育以及文化发展问题。

经济权利相比政治、社会权利、文化权利是直接体现社会物质财富和经济利益分配结果的权利。近代人权兴起的时候，比较狭义的经济权利与财产权利基本相同，在内容上首先表现为社会个体对社会财产和经济利益的拥有、使用等。按照历史唯物主义的观点，经济是基础，作为基础性权利，经济权利是其他类型权利产生、存在和运作的客观基础。因此，相比较其他权利，经济权利也有自己的独特性：(1) 经济权利对其他权利具有决定性作用，体现了权利或人权在社会财富分配领域的直接作用，经济权利具有基础性。(2) 经济权利的权利内容直接表现为个体对社会财富和经济利益的支配与控制，这一点与政治权利、社会权利、文化权利形成了很明显的差异。(3) 经济权利其实很早就出现，但在人权领域获得认可却是比较晚的事情，经济权利经历了内容上从简单到复杂、理念上从单一到多元的转变过程。

总之，经济权利基于其经济属性更具有基础性和独立性，这种特性使得经济权利具有强烈的独特属性，可以也有必要进行独立研究。

第二，深化国际人权理论研究的需要。

1966年，联合国大会通过《经济、社会和文化权利国际公约》和《公民权利与政治权利国际公约》，在国际法层面承认个人的基本人权包括公民与政治权利、经济、社会和文化权利。1974年12月12日联合国大会第29届会议又通过了《各国经济权利和义务宪章》①，分别论述了国际经济关系的基本原则、各国的经济权利和义务、对国际社会的共同责任以及其他有关问题。

在中国，改革开放以来，国家把尊重和保障人权作为治国理政的重要原则，努力采取切实有效的措施促进人权事业发展，人民的物质文化生活水平得到大幅提高，政治、经济、文化、社会权利状况不断提升。1997年10月，我

---

① Charter of Economic Rights and Duties of States, GA Res. 3281(xxix), UN GAOR, 29th Sess., Supp. No. 31 (1974) 50.

国政府签署了《经济、社会和文化权利国际公约》,2001 年 2 月 28 日,第九届全国人民代表大会常务委员会批准我国加入了该公约。2004 年,修正后《中华人民共和国宪法》第 33 条规定"国家尊重和保障人权"。2009 年 4 月国务院公布了《国家人权行动计划(2009—2010 年)》,明确规定其后两年内中国政府在促进和保护人权方面的工作目标和具体措施。在《国家人权行动计划(2009—2010 年)》中,第一部分专门规定经济、社会和文化权利的保障,中国政府提出:"国家将采取积极有效的措施,努力克服国际金融危机带来的消极影响,切实保障全体社会成员的经济、社会和文化权利。"此次人权行动计划的实施取得了良好的社会效果,国务院在《国家人权行动计划(2009—2010 年)》评估报告中说,"两年来,国家采取有效措施,着力改善民生,人民的经济、社会和文化权利保障得到全面加强。《国家人权行动计划(2009—2010 年)》规定的经济、社会和文化权利指标绝大多数提前或超额完成。"[①] 2012 年,中国政府继续发布《国家人权行动计划(2012—2015 年)》,新的"行动计划"中继续提出:"采取积极措施,切实保障和改善民生,着力解决关系群众切身利益的问题,提高经济、社会和文化权利保障水平,努力使发展成果惠及全体人民。"新的行动计划将发展与经济、社会和文化权利的保障联系起来。

从我国加入国际人权公约、修改宪法、我国政府制定并实施"人权行动计划"可以看出,加强人权保障已经成为我国现代化建设的重要内容,有关经济、社会和文化权利的理论研究也应该更加深入,以适应现实权利保障的需要。因此,对于经济权利的研究在这一大的背景下同样值得重视。

第三,国内对经济权利的研究仍然非常薄弱。

目前,国内外有关人权的研究主要依据《世界人权宣言》以及相关国际人权公约。1948 联合国制定了《世界人权宣言》,列举了一系列基本人权,涉及政治、经济、社会、文化等各个方面,将人权从西方国家的地区性范畴扩展成为世界各国共同追求的目标。《世界人权宣言》的制定并没有使人权问题上的争论得以彻底解决,反而引出了更多争议。在制定人权公约过程中,西方国家倾向于承认公民和政治权利,否定经济、社会权利,但社会主义国家和一些新兴民族独立国家则坚持经济、社会、文化权利也要写进国际人权公约。由于《世界人权宣言》中明确承认了经济、社会、文化权利,最终联合国按照建议起草了两份人权公约,这就是著名的《公民与政治权利国际公约》和《经济、社会和文化权利国际公约》。

---

① 参见"《国家人权行动计划(2009—2010 年)》评估报告",来源 http://news.xinhuanet.com/politics/2011-07/14/c_121665648_5.htm,浏览日期 2012 年 8 月 20 日。

目前有关其中经济、社会、文化权利的研究主要以《经济、社会和文化权利国际公约》作为出发点，此公约中规定了三大类人权及多种具体的权利，已经成为建立和发展相关人权理论的基础，人权理论界基于公约构建了非常丰富的理论体系。在已有的人权理论中，国内外学者对经济、社会和文化权利进行整体性研究的比较多，主要关注三大类人权总体的历史渊源、权利属性、实现条件以及权利的可诉性等问题。虽然这方面的研究成果丰硕，但对三大类权利的总体研究并不代表某一类权利的具体研究同样取得了深刻的理论认识。比如对于经济权利，我们仍存在很多问题没有认识清楚，到底经济权利是什么样的权利，又包括哪些具体的权利内容，经济权利是否具有独立性，等等，这些问题都缺乏研究。我国提出"尊重和保障人权"，还专门制定了"国家人权行动计划"，但是仔细研究我国的宪法条文，却根本找不到"经济权利"甚或"经济社会权利"的相关直接规定，2009年及2012年的"国家人权行动计划"中，同样对几类权利进行集体列举。我们要加强经济、社会和文化权利的保障，但是对于具体什么是经济权利、什么是社会权利、什么是文化权利却一直没有一个相对清晰的认识，这不能不说是一种缺憾。所以，对于经济权利形成的历史原因、发展过程、权利目标、权利特性、制度规范、实现的衡量标准以及中国在保障经济权利方面的得失等问题，如果仅从整体性的经济、社会和文化权利出发去思考，可能无法得出比较详尽和令人满意的答案。

第四，加强经济权利保障的实践需要。

理论对于实践具有重要的指导作用，要加强现实中经济权利的保障，理论上对经济权利有一个比较深入的认识就非常必要。当前，国内人权理论中基本上忽视了这一问题，不仅基本无人对这三类权利分别进行研究，还有人认为，对于这三类权利，尤其是经济和社会权利，作出一个明确的区分没有多大意义。[①] 因此，对经济权利进行独立研究首先就具有重要的理论意义，有利于加强对人权的认识，促进人权理论的发展。从现实意义来看，经济权利与公民的基本生活水准、财产、工作等问题都有密切的关系，对经济权利的深入分析有利于深刻认识当前我国在公民财产权、工作权、基本生活水准权等权利保障方面的成就与不足。

基于以上这些原因，本书即选择经济权利作为对象，将经济权利从整体的经济、社会和文化权利中独立出来进行研究，以期获得一定的理论成果。

---

① 黄金荣著：《司法保障人权的限度——经济和社会权利可诉性研究》，社会科学文献出版社2009年版，第22页。

当然,必须指出,在人权理论中,经常有学者用"社会权"来统一指代这三类权利,所以本书有关经济权利的分析确实在有些方面与广义社会权的理论研究是相通的。

三、经济权利研究状况述评

在人权历史上,经济权利作为一个人权范畴出现得比较晚,近代以来人权在内容上首先强调的是政治性权利。虽然经济权利作为完整的概念出现比较晚,但不代表经济权利的具体权利内容出现得都很晚。近代资本主义国家宪法对财产权、工作权、经济自由等具体权利的规定已经表明,经济权利作为一种权利现象在历史上早已存在,只是宪法和人权中的经济权利作为一个相对独立、明确的权利范畴和学理上的概念引起人们注意却是在20世纪以后。1919年德国的《魏玛宪法》在第二编规定了人民的基本权利和义务,多个条文涉及经济、社会权利。这些权利条款和以往的宪法规定不同,因为实现这些权利往往需要国家的积极作用,而不是单纯的消极不作为,这样就产生了新的人权与宪法观念,经济、社会权利随之引起重视。第二次世界大战以后,随着对战争的反思,有关经济、社会权利的研究日益增多,尤其是在《世界人权宣言》通过之后。此后在制定两大国际人权公约过程中,对经济权利研究更加深入。

在对待经济权利以及社会、文化权利的人权地位上,西方社会一直存在着不同的看法。"西方国家主张突出个人的政治权利和自由,并认为在国际上实施这些权利的任务应交给一个国际人权法院或国际人权高级专员,他们甚至于不承认经济、社会和文化权利是真正的人权……而社会主义国家和发展中国家力争要将经济、社会和文化权利与公民权利和政治权利列于同等地位,认为公民权利、政治权利和经济、社会、文化权利相互依存,并具相同价值。"①由于这种思想传统,国外对于经济社会权利的研究在思想上一直存在不同的看法,有些学者是反对将经济及社会、文化权利列入人权之中,如英国政论家莫里斯·克莱斯顿(Maurice Cranston)就认为经济和社会权利没有普遍性和实践性,不是真正的人权。②但如同杰克·唐纳利所说,政治实践上已经不再强调两类权利的划分。"在西方,福利国家已经基本上结束了围绕经济和社会权利思想展开的争论。今天,几乎所有的西方'资产阶级'政府都

---

① 张爱宁著:《国际人权法专论》,法律出版社2006年版,第110—111页。
② 〔美〕杰克·唐纳利著:《普遍人权的理论与实践》,王浦劬等译,中国社会科学出版社2001年版,第31页。

是经济和社会权利的强有力的保护者,在第三世界和苏联集团,经济和社会权利长期以来至少被认为是与公民和政治权利相等的。"① 目前西方许多人权学者都已承认经济权利的人权地位,并进行了深入的研究。国内已翻译过来涉及经济权利的著作包括《普遍人权的理论与实践》《经济、社会和文化权利教程》《人权的终结》等。在国外,2007年剑桥大学出版社还专门出版了一本名为《经济权利》(Economic Rights)的论文集,这是对经济权利进行专门研究的一个重要成果。② 不过,总体上看,西方社会中直接对 Economic Rights 进行专门论述的论著仍比较少。③

在我国,中华人民共和国建国以后很长一段时间里,人权问题曾被简单地视为西方资本主义国家对外政策的一个工具,从而也被中国理论界视为禁区。随着1982年《宪法》的修订和对公民基本权利的重视,人权问题逐渐成为热门话题,经济权利也随之受到相应关注。但从我国目前关于人权中具体权利的理论研究来看,法学界的诸多研究成果将重点放在了公民权利和政治权利以及广义的社会权上,而对经济权利的单独研究相对薄弱。根据对中国学术期刊网(CNKI)的检索,人权类论文中直接研究经济权利的文章只有数十篇,相对于公民和政治权利的研究来说明显偏少。在人权类文章中,有不少文章涉及经济权利问题,但多数是在"经济、社会、文化权利"这个大的框架下进行分析,较少进行经济权利的单独研究。还有些学者对经济权利采取一种很宽泛的认知态度,从经济学、法学、社会保障、环境保护到人权看待一般性的经济权利。④ 从内容上看,这些研究成果多数是从一般意义上对经济

---

① 〔美〕杰克·唐纳利著:《普遍人权的理论与实践》,王浦劬等译,中国社会科学出版社2001年版,第30页。
② Sharee Hertel, Lanse Minkler, *Economic Rights*, Cambridge University Press, 2007.
③ 根据笔者所查阅的一些人权类英文资料,这些文章一般是使用 economic rights 作为一个总称来涵盖经济、社会和文化权利。如 S. K. Chatterjee, the Charter of Economic Rights and Duties of States: An Evaluation After 15 Years, *The International and Comparative Law Quarterly*, Vol. 40, No. 3, (Jul., 1991), Cambridge University Press, pp. 669—684; H. V. Evatt, Economic Rights in the United Nations Charters; Russel Lawrence Barsh, A Special Session of the UN General Assembly Rethinks the Economic Rights and Duties of States, *the American Journal of International Law*, Vol. 85, No. 1, (Jan. 1991), pp.192—200;此外,在有些研究非洲或发展中国家人权状况的论文中也以经济权利作为一个统称来表示经济基础对人权的意义,见 Rhoda Howard, The Full-Belly Thesis: Should Economic Rights Take Priority Over Civil and Political Civil and Political Rights? Evidence from Sub-Saharan Africa, *Human Rights Quarterly*, Vol.5, No.4, (Nov., 1983), pp. 467—490; Charlse R. Beitz, Economic Rights and Distributive Justice in Developing Countries, *World Politics*, Vol. 33, No. 3, (Apr., 1981), pp.321—344.
④ 如宋冬林,金成晓:《经济权利论》,载《经济学家》1999年第4期;张德东:《论经济法权力与权利问题》,载史际春、邓峰主编:《经济法评论》(第四卷),中国法制出版社2003年版;方竹兰:《构建和谐社会的前提——完善民众经济权利》,载《学术月刊》2007年第4期;刘育喆、王锴:《论经济权利的宪法保障》,载《长白学刊》2004年第2期;郑贤君:《论宪法上的经济权利》,载《中共长春市委党校学报》2004年第4期;翟东堂:《试析少数民族经济权利的基本性质》,载《法学杂志》2010年第2期。

权利作简单介绍或在讲到其他问题时顺带提及经济权利。

在国内出版的人权类著作中,专门涉及经济权利探讨的主要有刘海年教授主编的一本中国和挪威有关《经济、社会和文化权利国际公约》的研讨会文集①,此外还有少量研究经济、社会和文化权利公约以及经济、社会和文化权利可诉性问题的专著与论文集,如《经济、社会和文化权利可诉性研究》《司法保障人权的限度——经济和社会权利可诉性问题研究》等。② 国内出版的人权法教材和其他有关经济、社会权利的文章一般都根据主要人权公约,对相关具体权利,如财产权、工作权、适当生活水准权、健康权和教育权等进行分别论述,缺乏对经济权利进行综合性专门研究的人权类著作。③

近年来,越来越多的人感到,对经济、社会和文化权利应该适当进行分别研究。虽然经济权利和社会权利难免会有重合,但分开研究还是更有助于理论的深化,比如,国内学者杨春福教授就专门写过一篇《作为人权的经济权利》的文章探讨经济权利在国际人权法中的独立性。④

总的来说,和西方理论界相似,我国目前的人权理论中还缺乏对经济权利进行一个比较全面的、立体式的研究。国内外人权理论界囿于国际人权公约的模糊规定,因为无法准确界定经济权利的范围,所以干脆采取逃避的办法,采取整体模式对待经济、社会和文化权利,不作分别研究,这实际上有点被国际人权法的实证规范束缚了手脚。对人权的研究不仅应看到现有的国际人权规范,还应该从人权发展的历史及价值根源上去探寻某些特定种类权利存在的历史根源、社会背景和制度发展历程,然后结合人权的本质来反思现有的国际人权规范,这样才能有助于人权理论的不断丰富和完善。

四、本书的研究视角与方法

在社会科学研究中,对于特定的问题,一般遵循一定的"范式"展开研究。范式(Paradigm)的概念和理论由美国著名科学哲学家托马斯·库恩

---

① 刘海年主编:《〈经济、社会和文化权利国际公约〉研究——中国挪威经社文权利国际公约研讨会文集》,中国法制出版社2000年版。
② 柳华文著:《论国家在〈经济、社会和文化权利国际公约〉下义务的不对称性》,北京大学出版社2005年版;柳华文主编:《经济、社会和文化权利可诉性研究》,中国社会科学出版社2008年版;黄金荣著:《司法保障人权的限度——经济和社会权利可诉性问题研究》,社会科学文献出版社2009年版。国外学者的著作如:Fons Coomans(ed.), *Justiciability of Economic and Social Rights*, Antwerp-Oxford, 2006.
③ 参见国际人权法教材项目组编:《国际人权法教程》,中国政法大学出版社2002年版;李步云主编:《人权法学》,高等教育出版社2005年版。
④ 杨春福:《作为人权的经济权利——基于国际人权法的视角》,载杨春福、张仁善主编:《全球化背景下的法治与人权研究》,南京大学出版社2008年版。

(Thomas Kunn)提出并在《科学革命的结构》一书中系统阐述的,指常规科学所赖以运作的理论基础和实践规范,是从事某一科学的研究者群体所共同遵从的世界观和行为方式。库恩在书中提出:一个范式是一个"格式塔"①,一条看世界的道路,一种表达,一幅图画,一种方法,一种总的理论,或者对实在的基本性质的叙述。库恩还指出,科学界总不免受一种流行范式所支配。此范式指导和决定着问题、数据和理论的选择,进而形成一种学科。在库恩看来,范式是一种对本体论、认识论和方法论的基本承诺,是科学家集团所共同接受的一组假说、理论、准则和方法的总和,这些东西在心理上形成科学家的共同信念。

对经济权利的研究同样坚持一定的范式展开,也就是研究经济权利所依赖的本体理论、方法理论。经济权利本身是一个比较宽泛而且使用范围甚广的概念,因此对经济权利的研究既可以采取多角度的范畴界定,也可以从某一个角度进行专门的历史与实体研究。但由于"经济权利"适用的范围太广,权利内容庞杂,所以无法在本书中全部涉及并进行比较深入的分析,只能选择某一个特定角度进行研究。本书选择以人权作为视角和理论背景对经济权利进行分析,以人权的基本原理、价值、目标、国际人权规范等作为知识前提,对人权视野下的经济权利的发展历史、价值目标、制度规范以及实现要求等问题进行研究。可以说,人权基本理论及认识视角就是本文主题经济权利的研究"范式"。选择人权这一个角度进行研究,既可以加深对经济权利的理论认识,又避免视野的宽泛而导致理论深度不够。当然,思考人权类问题不可避免地要经常和宪法以及宪政联系在一起。尽管大多数国家(包括我国)的宪法中尚没有经济权利的字样,但宪法规范是公民经济权利保障的基本前提,因此,很多问题必然要涉及宪法的规范和作用。人权理论和宪政理论只是看问题的角度有所不同,其实并不矛盾。

人权的发展有一个漫长复杂的历史,从思想变迁层面看,人权是一种思想观念,体现了人类社会进步的观念要求,人权发展到现在已经形成了一整套系统的理论,包含着丰富、完整的权利观念。这些权利观念从内在目标来看,又体现了人类不断追求平等、自由和公正等社会理想。而在制度层面,思想观念与现实目标的结合就形成了规范性制度,所以现代人权形成了一个内容庞大的权利体系,建立起一系列旨在承认、尊重和保护人权的基本制度。作为人权体系下的一个分支,经济权利的形成、发展和实现都有其背后的历

---

① 〔美〕托马斯·库恩著:《科学革命的结构》,金吾伦、胡新和译,北京大学出版社2003年版,第101—102页。

史背景、内在的价值追求,并反映在现实的制度上。基于人权理论及制度自身的特点,在研究方法上,本书主要坚持历史考察、价值认定与规范研究三种主要的研究方法。

(一) 历史考察

历史考察的方法在理论和制度研究中被普遍应用。历史考察的方法是将研究对象的历史发展过程展现出来,追溯对象的往昔与今日,在特定的时空之中分析研究对象的出现、变迁和未来的趋势。历史考察不是简单回顾过去,任何人想要了解问题的当下情况,就必须同时考虑它的历史演进以及它对未来的开放性。当然,这种历史考察不是单纯的展现历史,而是带有研究者的评价和分析,研究者要了解经济权利是如何形成的,既需要摆脱其自身所处时代的观念以及制度的影响,又必须基于所处时代的经验去研究过去的资料,所以历史分析不可能是一种毫无价值评判的"描绘"。本书对经济权利所使用的历史分析也是一种带有评价性的历史分析。在人权发展的历史上,早期并没有形成经济权利的概念,而只出现了我们现在所说的"经济权利"的部分权利内容。这样,必须从一种历史变迁的角度去考察早期具体的、部分的"经济权利"如何演变成后来比较系统的经济权利,既包括思想观念上是如何变化的,又包括制度上是如何变迁的。

(二) 价值判断

价值的一般意义是指客体相对主体的有用性问题。从这个意义上说,经济权利的价值研究就是关注经济权利对权利主体具有什么意义,更深入地说,可以涉及经济权利为什么会有价值,也就是经济权利为什么会产生和存在,经济权利产生以后有什么样的价值意义。从这样的目标出发,对经济权利的研究就不能简单停留在权利历史现象的考察或对国际人权规范的条文解读,而是应该结合经济、社会发展的历史和相关制度,分析经济权利内在的价值目标以及导致的权利特性。

价值研究是带有哲学色彩的应然分析,"哲学的最终宗旨不是告诉人们:现实的生活、现实的世界'是'怎样的,而是告诉人们:人'应当'怎样生活,人的世界'应当'怎样。"[①]由于这种应然性,有些人认为价值研究没有什么客观结论,也就不具有科学性,"总而言之,人的理性是有限的,价值是不可以认识的,价值问题不需要研究,也不可能通过研究得出客观的结论,价值共

---

① 吕嘉:《关于价值研究中若干问题的思考》,载《社会科学辑刊》1998 年第 5 期。

识只是假定而已。"①笔者认为这种价值分析或价值研究的态度有点陷入价值虚无主义。价值观问题确实具有相对性,但不代表价值研究无法得出比较客观、一致的结论。比如,对人权问题,人权体现的是人对自身价值的认同和尊重,人权体系下的不同权利内容或侧重于自由,或侧重于平等,这些都是权利价值的一种客观体现。

在法学中,分析实证主义是抛弃法律价值观研究的典型,"至少在原则上,实证主义使自己限于实在法的理论及其解释。因而,它切望保持'正义的'和'合法的'之间的区别以至于对比,也即体现在法律哲学和法律科学直接的鲜明的分离的那种对立。"②实证法学派应用自然科学的理念来研究法律,将"社会关系的科学从一门伦理科学向因果社会学的这一转变,即转变为解释实际行为的现实并从而对价值不加关注"。③ 笔者认为这只是逃避价值问题,并没有摆脱价值问题。采取规范研究模式的夏正林博士在自己的论著中也承认,"实证主义认识到人的理性是有限的,承认不可知论,同时认为在可感知的事实范围内可得出可靠的结论,从而,将可感知的事实当成客观的,生硬切断了事实与价值的联系,没有意识到可感知的事实是一种价值支配下的现象而已。"④在对人权(包括其中的经济权利)这样充满道德、伦理色彩的问题进行分析时,笔者认为,坚持所谓纯粹的、科学的、逻辑性的观点去研究是无法得出令人满意的结果,因为人权在历史上就是自然法学派和神权与神学斗争的工具,是与政治、道德、法律、伦理无法分离的话题。基于这样的看法,本书的研究方法也就体现为一种对经济权利的法哲学研究。"法哲学既是一门科学,也是一种方法论。"⑤作为研究方法的法哲学,其研究的内容和特征取决于它的对象,只有对象的特征才能选择和确定研究它的方法。由于作为研究对象的经济权利是一种充满价值追求的历史演进的过程,因而价值研究的内容和特征就是要分析经济权利的基本价值,包括其产生的价值基础、追求的价值目标以及由此形成的权利的特性。

(三) 规范研究

本书所讲的规范研究是指对经济权利进行一种制度规范的研究。经济权利的历史考察以及价值评判主要论证经济权利存在的合理性和价值意义,

---

① 夏正林著:《社会权的规范研究》,山东人民出版社 2007 年版,第 30 页。
② 〔奥〕凯尔森著:《法与国家的一般理论》,沈宗灵译,中国大百科全书出版社 1996 年版,第 426 页。
③ 同上。
④ 夏正林著:《社会权的规范研究》,山东人民出版社 2007 年版,第 28 页。
⑤ 杨春福著:《权利法哲学导论》,南京大学出版社 2000 年版,第 2 页。

实际上带有明显的价值判断色彩，而规范或制度的研究则以一种规范法学的分析思路对已有的经济权利规范进行研究。如果说价值研究是对经济权利是"真"这一理论起点的判断，那么规范研究就是在承认"真"的基础上分析经济权利是如何存在，以及如何才能有效地实施或实现经济权利。

在法学研究中，对权利的研究主要有两种模式，一种是带有明显的价值判断的正当性研究，以自然法学对权利的天赋性理解为代表，主要论证为什么有这些权利。另一种是以法律规范为前提的有效性研究，以分析实证法学为代表，主要是对权利进行阐述。从社会科学研究来看，这两种研究不是绝对不可沟通的。价值研究论证的某项权利的合理性和合法性，而规范研究则是在此基础上进一步分析实证制度的合理与不足，而且可以结合价值研究，衡量权利规范的实现标准和实现程度，二者起到一种互补性的作用。

第一章　经济权利的人权界定

经济权利是一个具有多重含义并且使用领域广泛的概念,在目前的理论界,对经济权利基本没有形成比较统一的认识。因此,为了分析人权中的经济权利,既要把握经济权利的一般含义和使用领域,还要对人权视野下的经济权利做一个比较明确的界定。本章主要介绍经济权利的一般理论和所使用的不同领域,同时根据人权基本理论,界定作为人权视野下经济权利的基本含义、权利体系、制度规范的体现和演变,为后文的研究奠定基础。

第一节　经济权利概述

一、经济权利的基本含义

在中国古汉语中,周秦之际就出现与"经济"有关的词句。如"君子以经纶"(《易经·屯》),"道济天下"(《易经·系辞上》),"春秋经世,先王之志"(《庄子·齐物论》),有治理国家的含义。晋代以后出现了经济一词,如:"识局经济"(《晋书·纪瞻》),"皆有经济之道而位不逢"(隋人王通:《文中子中说》卷六),这里的"经济"指的也是经国济民、经邦济世,内容不仅包括经济、财政,而且广泛涉及政治、社会治理等,与现代语言中的"经济"一词含义不同。根据《现代汉语大词典》的解释,在现代汉语中,"经济"的含义一般包括:(1)指治国的才干;(2)指耗费少而收益多;(3)指财力、物力;(4)指一定历史时期的社会生产关系的总和,是政治、思想意识等上层建筑赖以建立起来的基础;(5)指一个国家的国民经济,也指国民经济的某一部门,如工业经济、农业经济、商业经济等。① 而根据《中国大百科全书(经济卷)》的解释,"经济"通常有经济关系、国民经济的部门或总体、经济活动、节约等含义。具体包括:(1)经济关系,即与一定的社会生产力相适应的社会生产关系的总和,也就是社会经济制度。(2)经济部门或各经济部门的总和。(3)经济活动,包含物质资料的生产、分配、交换、消费过程在内的广义的生

---

① 《现代汉语大词典》(下册),汉语大词典出版社2000年版,第1923页。

产过程,也叫经济过程。19世纪,日本学者借用古汉语中"经济"这个词,翻译英文的 economy。现代汉语中的"经济"一词,是19世纪后半期采用自日本的这种译法,它的含义已不再是中国古代那种治理国家的广泛含义,而是与西方现代语言中的"经济"相一致了。①

在《现代汉语大词典》中,"权利"的解释是:"法律用语,指公民依法应享有的权力和利益。与义务相对。"②《中国大百科全书(法学卷)》的解释是,"法律关系的内容之一,与义务相对应,指法律对法律关系主体能够作出或者不作出一定行为,以及其要求他人相应作出或不作出一定行为的许可与保障。权利由法律确认、设定,并为法律所保护。当权利受到侵害时,国家应依法施用强制手段予以恢复,或使享有权利者得到相应补偿。离开法律的确认和保护,无所谓法律权利的存在。"③"权利"是现代自由主义政治及法学的核心观念,其意义为个人自主行为的正当性。"权利"一词在古代汉语里很早就有了,但大体上是消极的或贬义的。《汉语大词典简编》中说,权利有四种含义:(1)指权势和财货,《荀子·劝学》:"君子知夫不全不粹之不足以为美也……是故权利不能相倾也。"(2)指有钱有势的人,《旧唐书·崔从传》:"从少以贞晦恭让自处,不交权利。"(3)权衡利害,《商君书·算地》:"夫民之情朴则生劳而易力,穷则生知而权利。"(4)法律用语,指权利义务。④ 很明显,在中国古代汉语中,"权利"不是一个可以用来构造法律关系的法学概念,与英语的"权利"意义不同。

在西方文化中,"权利"有两个层面的意义,第一个层面是法律的,即是那些合法的权利和利益;第二个层面是将具体的权益上升为自主性,并认为其"正确"或"正当"。⑤ 晚清中国知识阶层是从维护国家权力和利益角度意识到国家和群体的自主行为的正当性,这是用"权利"翻译 rights 的原因。19世纪中期,当美国学者丁韪良先生(W. A. P. Martin)和他的中国助手们把维顿(Wheaton)的《万国律例》(Elements of International Law)翻译成中文时,他们选择了"权利"这个古词来对译英文"rights",并说服清政府接受这一概念。从此以后,"权利"在中国逐渐成了一个褒义的,至少是中性的词,并且被广泛使用。20世纪以后,权利问题更成为伦理学、政治学,尤其是法学所

---

① 见"经济"词条,《中国大百科全书(经济学卷)》,中国大百科全书出版社1988年版。
② 《现代汉语大词典》(下册),汉语大词典出版社2000年版,第2029页。
③ 见"权利"词条,《中国大百科全书》(法学卷),中国大百科全书出版社1984年版。
④ 《汉语大辞典简编》,汉语大辞典出版社1998年版,第2216页。
⑤ 金观涛、刘青峰著:《观念史研究——中国现代重要政治术语的形成》,法律出版社2009年版,第104页。

关注的重点。在西方政治学理论和法学理论种中,影响较大的权利定义主要有利益说、资格说、自由说、要求说和选择说等,根据这些定义,权利分别或同时表明了一种利益、资格、自由、法律权利、法律上的权力或特权等。①

从语词构成上来说,汉语的"经济权利"是由"经济"和"权利"两个词构成,从含义上看,"经济"是修饰语,而"权利"则是中心词,表示经济的权利、经济中的权利或经济性权利,英语中的"economic rights"与此相似。"经济权利"最直观的解释就是具有经济性内容的权利,但这样的理解过于简单,很多权利都可能涉及经济性内容,因此,应该是比较"直接涉及"经济性内容的权利才可以是经济权利。根据权利的具体内容,经济权利可以被理解为经济自由权、经济选择权、经济活动资格、经济权力(一种"要求"的体现)、经济利益、经济主张,等等。本书是在人权视野下研究经济权利,因此可以将经济权利界定为具有直接经济利益内容的一类或一组人权。

二、经济权利的应用领域

"经济权利"一词使用领域甚广,但主要的使用领域为经济学和法学。在经济学理论中,经济权利可表示一种经济性权益,比如经济学教授巴泽尔认为,经济权利和法律权利有着极其重要的区别,"一开始,因为法律制度不存在,所以个体对所拥有的财产没有任何法律权利,他们确实拥有——至少通过武力部分地拥有这些财产的经济权利,这种经济权利与霍布斯的'自然权利'类似。经济权利——我现在所给的定义——是与个体能够处置资产的能力相关的。"②巴泽尔所理解的经济权利实际上是人所能控制的经济利益。

而在法学理论中,经济权利的主要使用领域为宪法学、民法学、经济法学和人权法学,可以分别用来表示宪法意义上的经济自由或经济性权利、民法中财产权意义上的经济权利、经济法意义上的经济权利或经济权力,以及人权意义上的经济权利。③ 在这些法学学科中,经济权利的含义也不太一样。从目前的理论研究来看,法学领域中对经济权利也没有较统一的概念或定义,所以,在很多情况下经济权利是一个含义模糊的术语,很多人在使用时也

---

① 〔美〕罗斯科·庞德著:《通过法律的社会控制》,沈宗灵译,商务印书馆1984年版,第43—44页。
② 〔美〕约拉姆·巴泽尔著:《国家理论——经济权利、法律权利与国家范围》,钱勇、曾咏梅译,上海财经大学出版社2006年版,第21—22页。
③ 有关不同领域经济权利用法的详细论述,参见本人拙著:《经济的多维透视》,知识产权出版社2009年版。

没有注意区分这些不同用法之间的差异。

在宪法上,经济权利是基本权利的重要组成部分,在权利的范围上属于自由权的范畴。有学者认为,"经济权利,传统宪法上称之为经济自由,其主要包括选择职业的自由、营业的自由、合同自由、居住和迁徙的自由以及财产权等有关经济活动的自由和权利。经济自由、精神自由、人身自由都是为近代资本主义宪法所确认的自由。"[①]有人认为,宪法中的经济自由是指"经济活动的主体具有独立自主的身份、地位、资格,可以依照自己的意愿进行经济活动,并承担相应的后果。经济自由包括财产权和经济活动的自由两大块。"[②]还有人认为经济权利主要是指"宪法所保障的有关经济活动或经济利益的权利,是公民实现其他权利的物质上的保障,主要包括择业自由、营业自由和迁徙自由等内容。"[③]宪法学中的经济权利大致包括两个方面内容,一方面是经济活动自由权利,即经济领域自由要求的宪法化,主要强调抽象的自由;另一方面是公民所享有的财产权、工作权等具体经济权利。宪法中的经济权利与人权理论中的经济权利具有很大重合性。

民法上的经济权利明显具有民事权利性质,内容上偏重于财产权,核心目标在于保障公民合法的财产利益。"权利"本身就包括利益性的内容,所以"经济权利"指可以用货币衡量的财产性利益,或者说"经济性权益",既包括动产,又包括不动产;不仅包括有形的财产,而且包括无形的财产。当然,财产权也一直是各国宪法保障的一项基本权利,从外延上看,作为宪法权利的"经济权利"包含了财产权意义上的"经济权利"。宪法对经济权利的规定旨在表明对权利的一种承认,而民法中的经济权利则为了落实和实现宪法所规定内容,具有更强的工具属性。

在经济法学理论界,对于经济权利的理论争议非常大,尚无比较统一的看法。一般来说,经济法的出现既是为了克服市场的失灵,又要限制政府对市场的过度干预,因而,经济法中"经济权利"包括两个方面:一方面是市场主体的以自由为核心的经济自由权;另一方面是以国家管制或干预为核心的国家经济权力。根据经济法基本特性,经济法带有国家干预调节性质,其主体的地位并不平等,因此不同主体的经济法权利也不同。国内比较有代表性也比较中庸的观点是,"经济权利(力)是指经济法律关系主体依经济法享有的权利。即经济法赋予并保证经济法律关系主体实现自身经济利益或行使

---

① 刘育喆、王锴:《论经济权利的宪法保障》,载《长白学刊》2004 年第 2 期。
② 韩大元著:《宪法学》,高等教育出版社 2006 年版,第 263 页。
③ 林来梵著:《从宪法规范到规范宪法》,法律出版社 2001 年版,第 119 页。

经济管理职权的可能性。析言之,经济权利可分为两种:一为经济权利,为公民、经济组织和社会经济团体等享有,它是法律权利的一种……法律权利可以被认为,是指法律赋予并保证法律关系主体享有现实利益或实现利益的可能性。经济权利(力)的实质是经济利益。二为经济权力。就经济法律关系的经济管理主体而言,上述经济权利表现为经济权力,它是指经济行政机关或社会经济团体的地位和职能,有经济法赋予并保证其行使经济管理职权的可能性。"① 当然,这种说法也遭受到许多质疑。

而人权意义上的经济权利是指以个体的生存和尊严为价值目标,并在此目标下所保障的相关经济性权利,这种理解的主要根据是《经济、社会和文化国际权利公约》。该公约在序言中就说:"只有在创造了使人可以享有其经济、社会及文化权利,正如享有其公民和政治权利一样的条件的情况下,才能实现自由人类享有免于恐惧和匮乏的自由的理想。"人权中的经济权利为实现免于恐惧和匮乏的目标,基本目的是服务于保障生存和良好生活水准的需要,西方有不少学者都从免于贫困的角度来理解经济权利。②

可以看出,在经济学和法学理论中,不同领域的经济权利在强调权利的经济属性方面具有共性,各个学科所说经济权利都与经济利益具有比较直接的联系。但各个学科中的经济权利在具体含义上仍存在比较大的差异,比如经济法中的经济权利与人权法中的经济权利在内容上就很不相同,即使是宪法和人权法两个最相近的领域,对经济权利的范围认定也不相同,至少目前在各国宪法规范和国际人权法规范上对经济权利的规定就存在很大差异。

第二节 人权中的经济权利

一、经济权利与其他基本人权的比较

在导论中,笔者已经对经济权利的独特性——也就是强烈的经济属性作了介绍,并指出经济权利是人权体系中具有直接经济内容的一类或一组人权,为了进一步理解人权中的经济权利,有必要将经济权利与其他基本人权范畴进行适当比较。

第一,经济权利与政治权利。

权利制度及权利正义的基本目标是分配社会资源,政治、经济权利皆如

---

① 王保树主编:《经济法原理》,社会科学文献出版社 1999 年版,第 106—107 页。
② Wiktor Osiatynisky, Needs-based Approach to Social and Economic Rights, *Economic Rights*, in Sharee Hertel, Lanse Minkler(ed.), Cambridge University Press, 2007.

此。政治性权利是国家对社会政治资源进行分配的结果,在传统的专制社会,人们的政治地位不平等,因而缺乏真正的政治权利和政治自由,近代人权的兴起,为了打破专制制度的约束,实现自由,人权率先表达为政治性权利。政治性权利的主要内容包括选举与被选举在内的一系列政治参与权利、政治自由权、政治平等权等。政治性权利对经济、社会权利具有重要保障作用,社会主体只有获得相应的政治权利,表达相关政治诉求,经济、社会、文化的要求才能在法律上体现出来,并得到保障。但政治权利经常并不直接具有经济内容,而是更多体现为一种消极性的自由。

第二,经济权利与社会权利。

《经济、社会和文化权利国际公约》的名称表明,与公民权利和政治权利相并列的基本人权有三类:经济权利、社会权利和文化权利。由于这三类权利被列为同一类(或同一代)人权,理论研究中,人们往往以整体的、相同的方式对待这三类权利,而不作区分。在研究者的语言表述中,有人以广义的"社会权"为名称概括这三类权利[1],在人权理论界这种做法最为广泛;有人称之为"经济和社会权利"[2];在国外学者中,也有人用"经济权利"来统称这三类权利。[3] 本书认为,从第二代人权的社会属性出发,将这三类权利统称为广义的"社会权"也未为不可,但如果从国际公约的制度规范去思考,经济权利应是与社会权、文化权利并列的一种权利范畴。公约将这三类权利并列使用,既体现了这三类权利基本相同的属性,也表明这三类权利是不同的权利范畴,有一定的区别。这样,经济、社会和文化权利中的"社会权利"就应是一种狭义的社会权,与广义上涵盖三类权利的"社会权"不能等同。

社会权利是比较晚才出现的一个人权概念,"从某种意义上说,它是20世纪以来法律社会化努力的成果,是法律在追求由机会公平、形式公平向结果和实质公平转化过程中的一个中间性产物。"[4]狭义的社会权利(或者社会保障权)的核心指公民享有的由国家提供一定的物质帮助以维持特定的生活水平或相当生活水准的权利。这种权利主要体现为对公民的相关社会保障,既包括获得相当的食物、衣着、住房,也包括养老、失业、医疗、生育等的保险和保障。因此,相对而言,社会权利(狭义的)则是一种较高层次的保障性

---

[1] 龚向和著:《作为人权的社会权》,人民出版社2007年版,第4页。作者把"社会权限定为包括生存权、工作权和受教育权的一组权利"。

[2] 黄金荣著:《司法保障人权的限度——经济和社会权利可诉性研究》,社会科学文献出版社2009年版,第22页。

[3] Jack Donnelly, the West and Economic Rights, in Shareen Hertel, Lanse Minkler (ed.), *Economic Rights*, Cambridge University Press, 2007.

[4] 戴剑波著:《权利正义论》,法律出版社2007年版,第169页。

权利,带有明显的福利性(所以理论界也有人称之为福利权),更强调国家对公民社会福利的保障。这种权利的实现方式主要依靠立法机关制定社会立法以及行政机关所采取的社会保障措施。

从经济利益所具有的基础作用来说,经济权利在人权体系中是更为基础的权利,经济权利以基本经济自由和经济利益的保障为首要目标。经济权利的核心是公民在独立经济地位的前提下,达到良好的生活水准的权利,其实现途径是既要通过国家的消极不作为得以实现,如财产权,也要依靠国家积极的干预实现,如基本生活水准权。因此,由于经济权利的直接经济属性,经济权利和狭义的社会权利存在一定的差异。首先,权利理念不同。经济权利除了注重经济平等之外,还关注经济自由,对国家的义务既要求积极保障,也要求一定消极对待,以实现经济自由。由于经济权利的经济属性,因此经济权利兼顾效率和公平两个目标。有学者就认为,"以生产性物质内容为根本特征的经济权利应当坚持以效率为目标。因此,对涉及生产资料的社会自由应当坚持效率为主的原则实现配置和利用。"①这种效率目标的体现就是保障经济自由。经济权利公平目标主要体现在对社会基本生活资料的分配上,也就是社会经济利益的分配不能出现严重的贫富分化。其次,在制度目标上也不同。社会权利的出现是为了弥补市场的缺陷以及社会自然的不平等,从而克服形式平等带来的不正义结果。因此,社会权利更加注重对社会公共利益和弱者利益的平衡保障,更关注社会制度设计的公正性问题。不可否认,社会权利所保障的内容往往以经济利益为核心,但经济利益是社会权利目标的一种体现,而不是权利本身。经济权利则具有更为直接、明确的经济目标,经济利益往往和权利本身合为一体。

第三,经济权利与文化权利。

文化权利目前更缺乏比较明确的定义,文化权利的范围取决于对"文化"一词的理解。由于"文化"没有统一的定义,因此可以不同方式来理解:狭义的文化指创造性的、艺术的或科学的活动;广义的文化可以指人类活动的总和,一切价值、知识和实践都是文化,包括"个人在他们社群中的全部生活",这样理解的文化可以影响到人权的所有方面,包括住房、食物、与土地和自然环境的关系、卫生保健、宗教、教育和艺术等。② 相应地,文化权利的外延也就有所不同。狭义的文化权利可以根据国际公约来理解,《经济、社会

---

① 戴剑波著:《权利正义论》,法律出版社2007年版,第235页。
② Amnesty International, *Human Rights for Human Dignity*, Amnesty International Publications, 2005, p.15.

和文化权利国际公约》第 15 条第 1 款规定:"本公约缔约各国承认人人有权:(甲)参加文化生活;(乙)享受科学进步及其应用所产生的利益;(丙)对其本人的任何科学、文学或艺术作品所产生的精神上和物质上的利益,享受被保护之利。"国内有学者根据国际公约认为,文化权利的内容包括参与文化生活的权利,享受科学进步及其应用所产生的利益,对其本人的任何科学、文学或艺术作品所产生的精神上和物质上的利益,享受被保护之利。① 这种理解是一种狭义理解。还有学者认为:"公民所享有的文化权利内容极其广泛,但是,这些权利有一个共同的特点就是,公民文化权利都是为了满足公民个人的精神需求的,是一种精神性的权利。"②享受文化权利需要权利主体具有一定的文化知识水平和社会提供的信息,那样权利主体必须获得教育与信息资源。因此,如果采取广义的文化定义,则文化权利还包括了获得教育和信息的权利。③

经济权利和文化权利具有内在的联系,经济权利的匮乏往往窒息和阻碍个人在文化生活方面的需求和享有,会诱发和增加"文化性贫困"。但经济权利和文化权利的权利目标并不相同,一个侧重于经济利益的保障,一个侧重于文化利益的保障和发展。在现代高速发展的市场经济模式下,"即使国民的收入水平提高,经济性贫困得以消除了,有时不一定就能使文化性贫困也得以消除,反而会带来文化性贫困的增大。"④比如高度城市化就带来城市人口生存压力加大、居住条件的恶化以及精神上的压抑。因此,文化权利的目标是发展公民个人健全的人格和健康的心理结构,逐步改造和克服人性中的弱点,增加个人的文明素质和精神修养,这是精神利益保障的需要。

总的来看,不管广义还是狭义理解,文化权利体现了人类生活中精神层面的追求,是在生存基础上人们参与思想文化发展和享受文化成果的需要,主要涉及公民教育以及文化参与、文化发展等问题,与经济权利所强调的经济自由和经济利益存在比较明显的差异。我国的"国家人权行动计划"将受教育权利和文化权利与其他权利分别开来就体现了这种差别。

第四,经济权利与福利权利。

理解经济权利还要注意另一个相关的概念,即福利权。经济、社会和文化权利委员会前主席菲利普·阿尔斯通在谈到这个权利的时候认为,"福利

---

① 万鄂湘、毛俊响:《文化权利内涵刍议》,载《法学杂志》2009 年第 4 期。
② 莫纪宏:《论文化权利的宪法保护》,载《法学论坛》2012 年第 1 期。
③ 〔波兰〕雅努兹·西摩尼迪斯:《文化权利:一种被忽视的人权》,黄觉译,载《国际社会科学杂志(中文版)》1999 年第 4 期。
④ 〔日〕大须贺明著:《生存权论》,林浩译,吴新平审校,法律出版社 2001 年版,第 26 页。

权"中的"福利"往往具有慈善和任意的因素,并不能反映经济和社会权利所有的关注范围。而如同本书后面将会提到的,经济权利关注社会中的弱者,追求实质的平等,但不是简单的慈善。在国内,有人认为,"福利权(welfare rights)是一种与公共福利制度,主要为社会保障制度相关联的权利,是一种接受福利利益或援助的权利。关于它的定义是宽泛而动态的,可以伴随一国公共制度的发展而不断丰富或变更其内涵。"①从这种福利意义上看,狭义的社会权利与福利权具有更多的相似程度,相对于经济权利来说属于更高层次的权利要求。

当然,经济权利虽然可以与社会权利、文化权利适当独立开来,但它们并不是绝对独立、毫不相关的,而是相互影响的,比如国家整体经济状况的贫困对于社会权利和文化权利的实现是一个巨大的障碍,但经济权利状况改善不代表国家的社会保障(社会权利)就会同步跟进;社会保障水平的提高对于经济权利的保障具有重要的支持作用,但过高的社会保障水平也可能影响经济的发展,阻碍经济权利的进步。实际上,在人权理论中,人权(包括公民、政治权利与经济、社会、文化权利)具有不可分割性已经成为共识。本书虽然对经济权利进行单独分析,但在很多地方仍坚持人权的不可分割性要求。因此,本书的划分只能是一种宽泛或者模糊的理解。由于本书的重点是分析经济权利,所以在本书中,社会权或社会权利如果没有特别说明,一般是在狭义的含义上,也就是与经济权利并列的意义上使用,只有统称这三类权利的时候才会特别说明是广义的"社会权"。

二、经济权利的构成

经济权利理论作为一种广泛的思潮,首先不是出现在国际人权法中,而是发端于各国宪法规范文本。经济权利最初与经济自由有关,近代经济自由的核心是财产权。英国古典自然法学派核心人物洛克就认为:"人们联合成为国家和置身于政府之下的重大的和主要的目的,是保护他们的财产。"② 1789法国《人权宣言》首次宣布"财产权神圣不可侵犯",1791年法国宪法以《人权宣言》为序言,由此开创了宪法保障经济权利的先河。但从对各国宪法文本的统计来看,大部分国家的宪法文件中并没有使用"经济权利"这样的术语。实际上在20世纪中叶以前,各国的国内法和国际法基本上都没有

---

① 胡敏洁:《转型时期的福利权实现路径——源于宪法规范与实践的考察》,载《中国法学》2008年第6期。
② 〔英〕洛克著:《政府论(下篇)》,叶启芳、瞿菊农译,商务印书馆1964年版,第77页。

经济权利这样一种权利概念。而从各国的法律实践来看,明确经济权利作为一项宪法权利并规定其宪法内容的,到目前为止还没有看到比较好的立法实例。"分散在宪法文本中的'经济权利'只能在宪法解释意义上被视为与'经济权利'相关的权利。迄今为止,理论界和宪法制度上对'经济权利'还缺少整体意义上的宏观把握和结构性描述。"① 对经济权利进行宪法规范研究的困境其实与经济权利出现较晚以及立法薄弱密切相关。

以财产权为核心的经济权利思潮兴起以后,并没有很快形成比较丰富的权利观念,实际上,经济权利的相关内容在 1948 年《世界人权宣言》制定之后才开始出现在国际人权法中,到 1966 年,《经济、社会和文化权利国际公约》对《世界人权宣言》中提出的"经济、社会和文化权利"以法律形式加以具体确认,这样经济权利才正式成为国际人权法中的权利范畴。虽然《经济、社会和文化权利国际公约》确认了经济权利的法律地位,但不同的人对于哪些权利属于经济权利、哪些权利属于社会权利的理解也一直存在着分歧。

国内有学者认为,广义的社会包括了政治、经济、文化和宗教等一切人类生活的领域,而狭义的社会主要是指福利意义上的社会,在宪法上主要体现为社会保障权利方面的规定。因此狭义的社会权利不应当包括经济权利在内,而经济平等、经济自由、经济自主等概念则都应当在经济权利的范围内讨论。② 按照这种看法,结合《经济、社会和文化权利国际公约》的条文,公约所规定的"经济权利"则只包括工作权(第 6 条)、享受公正和良好的工作条件的权利(第 7 条)、组织和参加工会的权利及罢工权(第 8 条),而其他条款规定的权利则可以列入社会权利和文化权利。笔者赞同这种观点对社会权利进行的狭义理解,但同时认为这种观点对经济权利范围的认定存在缺失,至少这种观点没有包括财产权。《世界人权宣言》第 17 条确认财产权是一项基本的人权,而从语义上说,经济利益的最重要体现就是财产,财产权是与经济权利具有最密切关系的术语。虽然《世界人权宣言》将财产权放在了公民与政治权利的框架中,但财产权明显具有双重性,它既能够"确保人们获得适当生活水准,另一方面它还是独立以及由独立带来的自由的基础。"③

在国外,曾担任过联合国人权委员会独立人权专家的挪威学者阿斯比约恩·艾德(Asbjorn Eide)先生认为:"经济、社会和文化权利是较为复杂的综

---

① 莫纪宏著:《实践中的宪法学原理》,中国人民大学出版社 2007 年版,第 280 页。
② 吴越著:《经济宪法学导论——转型中国经济权利与权力之博弈》,法律出版社 2006 年,第 123 页。
③ 〔挪威〕A. 艾德:《作为人权的经济、社会和文化权利》,载〔挪威〕艾德等主编:《经济、社会和文化权利教程》(修订第二版),中国人权研究会组织翻译,四川人民出版社 2004 年版,第 16 页。

合体的相互关联的三个组成部分……社会权利的核心是获得适当的生活水准的权利。这种权利要求每个人至少享有必需的生存权——适当的食物和营养的权利,衣着、住房和必要的照顾。与此权利密切相关的是家属获得帮助的权利。为了享受这些社会权利,另外需要享受一定的经济权利:财产权、工作权、社会保障权……文化权利与其他权利如受教育权有密切关系,但该项权利(指受教育权——引者著)也是经济和社会权利必不可少的组成部分。为了更合理地利用财产以确保适当的生活水准,为了获得理想的工作以便在工作中有良好表现,以及为了能够更理想地利用由财产、工作或社会保障带来的收入以达到适当的生活水准,教育正日益变得重要起来。"①与此类似,国外其他学者也认为,经济与社会权利主要涉及工作权、获得公正适宜工作条件权、社会保障权、体面的社会生活水准权,包括足够的食物、衣着和住房,获得足够医疗照顾权,以及教育权。此外,作为集体权利的获得清洁自然环境权和发展权也应该属于经济与社会权利。② 此外,也有国外学者认为经济权利的核心意义是获得资源、摆脱贫困。"由于经济权利是人权,它们基于我们人的本性而成为属于全人类的权利。这就意味着所有的人都有一种内在权利去获得资源以过一种最基本的体面生活。经济权利或许意味着更多,但绝对至少有这样的要求。任何地方任何人遭受了非自愿的严重贫困,那么他的经济权利就受到了侵犯。"③从国外学者的论著来看,直接界定经济权利也比较少。

笔者认为,对于经济权利不能仅根据《经济、社会和文化权利国际公约》的条文进行认定,而应从人权的基本理念和经济、社会、文化权利产生的历史背景,以及经济权利的经济特性去分析。在西方国家的传统人权观念中,人权的基本目标是要摆脱来自国家的侵犯。所以,西方的传统人权是广义的政治自由权,即使财产权也被纳入政治自由之中。在这种观念下,古典政治宪法之下的国家责任是消极的。宪法只需确认私人财产所有权,同时保障契约自由就可以维持所有权关系和财产在民事主体之间的流转,就可确保经济自由。但是,19世纪中叶到20世纪初的历史表明,现代大工业的发展改变了国家与社会的二元划分结构,传统的"夜警式"国家仅仅靠消极的维持秩序

---

① 〔挪威〕A.艾德:《作为人权的经济、社会和文化权利》,见〔挪威〕艾德等主编:《经济、社会和文化权利教程》(修订第二版),中国人权研究会组织翻译,四川人民出版社2004年版,第15—16页。

② Peter R. Baehr. *Human rights: universality in practice*. Antony Rowe Ltd, Chippenham, Wiltshiren, 1999, p.34.

③ Sharee Hertel, Lanse Minkler, *Economic Rights*, Cambridge University Press, 2007, p.1.

来促进经济自由已无法应对社会矛盾和社会问题。至 20 世纪初,社会思潮和国家作用的加强推动了法律和权利观念的改变,以德国为代表,在一些国家的宪法中出现了经济权利和社会权利。"这一转变同时促成了宪法理念、宪法范式及宪法基本权利体系的变化,并由此导致了国家权力运行方式的改变。在宪法理念上,这一变化昭示着宪法由注重自由转向自由与平等并重,这是个人本位向社会本位、个人主义向团体主义转变的必然结果;在宪法范式上,古典政治宪法向现代经济宪法转变;在基本权利体系方面,基本权利体系中除公民权利、政治权利之外,又出现了一种可称为经济权利的权利种类。"[1]经济权利的出现对国家提出了更多更明确的积极义务,国家的作用必须加强,这与西方国家的传统政治理念存在冲突。第二次世界大战后,人权跨越国界成为国际法中的问题,同时对人权的理解也发生了改变,积极的、创造性人权受到重视。《经济、社会和文化国际权利公约》在序言中就说:"只有在创造了使人可以享有其经济、社会及文化权利,正如享有其公民和政治权利一样的条件的情况下,才能实现自由人类享有免于恐惧和匮乏的自由的理想。"公民相对于国家来说所拥有的经济、社会权利就是拥有经济利益的保障、拥有合适的社会保障和能够参加文化活动。从经济权利的诞生背景来看,经济权利的核心理念已经在于追求社会平等,加强国家对社会普通公民的义务,而不是简单地赋予公民自由。

因此,人权中的经济权利既是保障自由的基础,也是公民享有良好社会生活的条件,又是实现社会经济平等的重要手段。如莫纪宏教授所说,"在现代社会,宪法中确立的经济权利应该是一个完整的经济权利体系,既包括传统的财产权,也包括现代人权意义上的劳动权、选择职业的自由、组织和参加工会的权利,同时,还应当包括经济活动主体的生产经营权、消费者的合法权益、经济主体的平等权以及公民的最低限度的物质帮助权。"[2]这种观点在国内学界具有一定的代表性,比如杨春福教授也认为,"经济权利是公民享有的因国家对私人经济生活的干预而获得的一种参与经济生活的权利。经济权利的内容主要包括劳动的权利、男女同工同酬的权利,未成年人的劳动保护的权利、休息的权利、组织和参加工会的权利、罢工的权利、在失去工作能力的情况下获得社会抚养和救济的权利、在失业之时享受生活保障的权利、获得职业教育的权利等。此外,经济权利还包括一些个人参与企业管理

---

[1] 郑贤君:《论宪法上的经济权利》,载《中共长春市委党校学报》2004 年第 4 期。
[2] 莫纪宏著:《实践中的宪法学原理》,中国人民大学出版社 2007 年版,第 314 页。

和决策的权利。"①

在我国,官方的法律文件中对经济权利也缺乏明确具体的规定。目前可以参照引用的是中国政府发布的两次"国家人权行动计划"。从目前公布的内容来看,两次行动计划在第一部分"经济、社会和文化权利"都共同列举了七项权利,即:(一)工作权利;(二)基本生活水准权利;(三)社会保障权利;(四)健康权利;(五)受教育权利;(六)文化权利;(七)环境权利。②从"国家人权行动计划"对权利的列举来看,将"基本生活水准权利"和工作权利并列在社会保障权利前面,可以认为其属于经济权利类。而社会保障权利、健康权利可以认为是社会权利类,受教育权利与文化权利属于人权中的文化权利类。但这种划分也并非完全准确,比如基本生活水准权利肯定应该包括基本健康的保障。

结合学者们对经济权利的理解、国际人权公约以及我国政府在"国家人权行动计划"中列举的相关内容,根据经济权利所具有的直接经济利益特性以及特殊的价值目标,笔者对人权中经济权利的范围采取一种广义但又有所限制的理解,经济权利是包括财产权、工作权、经济自由和经济平等权、适当生活水准权等在内的一组或一系列权利(本书在第六章对这些具体经济权利进行详细介绍)。

对于人权中经济权利的理解,以下还有几点说明。

其一,这里的经济权利是具有直接经济属性或价值目标的若干具体权利的集合体,而不是特定的某种权利。本书对经济权利范围的认定采取了一种法定权利与推定权利相结合的做法,既根据国际人权法的基本规定、我国政府认可的基本权利分类,又结合权利理论进行学理上的扩展。当然,理论上的经济权利并不完全和国际人权公约或某国家的宪法规范相对应。

其二,在宪法学上,学界对经济权利外延的界定,主要是以我国的宪法规范文本为依据进行的,是公民个人经济权利的研究,基本不包括集体经济权利。从国际人权法的规定来看,由于人权主要是针对个体的、自然人的权利,尤其是作为第二代人权的经济权利。因此,本书所说的财产权、工作权、经济自由权、经济平等权以及适当生活水准权等具体经济权利主要是指自然人所享有的基本权利,而不包括企业或法人组织的经济性权利。但随着第三代人

---

① 杨春福著:《自由·权利与法治——法治化进程中公民权利保障机制研究》,法律出版社2007年版,第279—280页。

② 《国家人权行动计划(2009—2010年)》与《国家人权行动计划(2012—2015年)》相比,在第一部分列举的经济、社会和文化权利多了两项,即:(八)农民权益的保障、(九)四川汶川特大地震灾后重建中的人权保障,这两项内容在新的人权行动计划中没有。

权中的经济发展权被广泛认可,人权意义上的经济权利不仅仅是个人经济权利,还可以包括集体经济权利。也就是说,如果把发展权利理解为一种经济性的权利,则经济权利可以是集体的权利,也就是民族、国家发展经济的权利。不过有关发展权利不是本书的分析重点,所以本书对于集体发展经济的权利不作详细分析。①

其三,对于适当生活水准权,我国的国家人权行动计划中使用的表述是"基本生活水准权",笔者认为,这二者是一致的。《国家人权行动计划(2009—2010年)》中提出,"继续采取有效措施,促进城乡居民特别是中低收入居民收入的逐步增长,完善最低生活保障等制度,努力维护城乡居民获得基本生活水准的权利。"从政府文件的目标上解析,城乡居民的基本生活水准是随着经济发展不断改进的,而不是为了停留在维持生存意义上的基本生活,因而,本质上是要实现不断改善的适当生活水准。从人权的理论界来看,更多人习惯适用国际人权文件中的"适当生活水准权"(the right to an adequate standard of living)的表述,因为这种标准有直接的国际人权法依据。《世界人权宣言》第25条第1款规定:"人人有权享受为维持他本人和家属的健康和福利所需的生活水准。"笔者认为,为了体现经济权利与经济发展的关联本质,用适当生活水准权这种表述更加合适。

三、经济权利的人权位阶

经济权利作为一个明确的权利范畴是20世纪以后形成的,因此在人权历史上,它的历史地位不同于传统的政治性权利。人权运动最早可以追溯到英王约翰在1215年被迫签署但声名远扬的《大宪章》,到17、18世纪时期古典人权思想大放异彩,而法律上的"人权"一词也首次出现在1789年法国大革命后的《人权与公民权利宣言》,此后人权成为西方世界的一种主流观点和斗争工具。19世纪以后,在西方主要资本主义国家,人权完成了反抗旧制度的历史使命,以政治性自由权为核心的古典人权观念受到冷落,实证主义抬头,人权观念直到二战结束之后才又重焕光彩,形成了现代人权观念。现代人权观念在第二次世界大战期间提出,战后得到系统阐述。二战后,各国对人权基本都加以认同,保障人权成为国家运转的宗旨之一。在这种国际背景下,以促进各国对人权的尊重为宗旨,联合国在1948制定了《世界人权宣

---

① 有关发展权的研究,参阅汪习根著:《法治社会的基本人权——发展权法律制度研究》,中国人民公安大学出版社2002年版;姜素红著:《发展权论》,湖南人民出版社2006年版。国外学者也赞成将环境权和发展权作为经济、社会权的内容,参阅 Peter R. Baehr. *Human Rights: Universality in Practice*. Antony Rowe Ltd, Chippenham, Wiltshiren, 1999, p.34.

言》，列举了一系列政治、经济、社会、文化方面的基本人权，将人权从西方国家的地区性范畴扩展成为世界各国共同追求的普适性价值。在随后的人权公约起草过程中，国际关系背景发生巨大转变，受冷战思维和行动的影响，如何将《宣言》中的权利观念转变成为国际法上的权利成为两大阵营以及不同国家的争论焦点，西方国家习惯于承认公民和政治权利，但社会主义和一些新兴民族独立国家则坚持经济、社会、文化权利的国际人权法地位。由于《宣言》中明确承认了经济、社会、文化权利，最终联合国起草了两份人权公约，这就是著名的《公民与政治权利国际公约》和《经济、社会和文化权利国际公约》。

从人权发展的历史概况可以看出，二战后的国际人权运动使人权的内容得到大幅扩展，"经济、社会、文化权利"作为"第二代"人权进入人权体系。由于《经济、社会和文化权利国际公约》采取了整体规定的模式，没有划分哪些是经济权利，哪些是社会权利，哪些是文化权利，这给相关理论研究工作带来很大影响，因而研究者对"经济权利"的理解和称谓很不统一，有的称为"经济权利"，有的称为"社会经济权利"，有的称为"经济社会权利"。笔者认为，不管研究者如何称谓，根据目前的国际人权公约以及相关的理论研究，"经济权利"作为"人权"之下的一个子范畴从逻辑上说是可以成立的。既然经济权利是人权下的一个子范畴，那么人权所具有的基本特征和属性都可以体现在经济权利上，而经济权利所具有的独特性也可以反过来丰富人权思想，并推动人权实践的发展。而且，笔者赞同人权的代际理论，经济权利属于"第二代"人权，只是本书对人权的"代际理论"的理解也是坚持一种历史发展的观点，第一代人权和第二代人权之间是不断发展进步的关系，而不是新旧替代的关系。

第三节 经济权利的制度历程

1966年联合国大会通过了《经济、社会、文化权利国际公约》，使"经济权利"这个词语正式成为国际人权法中的法律术语，为了加强对经济权利的认识，有必要梳理一下人权发展历史上有关经济权利的制度规范。按照本书对经济权利的理解，可以发现经济权利在一些国家的国内法律中早就出现了，比如财产权和工作权早就出现在一些西方国家的宪法中。因此，本节简单梳理经济权利在一些国家宪法和国际人权文件中的制度体现。

一、近代宪法中的经济权利

西方近代的人权观念是欧洲文艺复兴、宗教改革和思想启蒙运动的结果,这三大运动促使了西方的思想解放与思想对人自身的回归。随着资本主义经济的兴起,自由、平等等理念深入人心,人权思想逐渐系统化,并且落实为具体的实践活动。启蒙思想家的自然法与自然权利思想促成了人权理论的形成,而资产阶级革命胜利之后,近代资本主义各国也努力通过宪法和其他法律来确保人权,人权从理论状态逐渐进入实践阶段。以《独立宣言》《人权宣言》为标志性文件,近代人权观念通过宪法的形式得以成为法律上的权利。在英国,1628年贵族和众议员在国会召开会议,向查理一世提交了《权利请愿书》,要求国王遵守《大宪章》的规定,不得随意征税,不得侵犯个人自由和阻碍各种经济活动的自由。"凡自由人除经其同侪之合法裁判,或依国法外,皆不得加以拘捕、监禁,或剥夺其管业权、各项自由及自由习惯,或置诸法外,或加以放逐,亦不得以任何方式加以毁伤。"《权利请愿书》重申了《大宪章》的自由精神,对国王提出了明确的权利限制。1688年光荣革命后,资产阶级取得了对封建势力的整体性或全局性胜利,1689年议会通过了《权利法案》,首先就申明:"国会两院依法集会于西敏寺宫,为确保英国人民传统之权利与自由而制定本法律。"在美国,1776年第二届大陆会议在费城召开,通过了由托马斯·杰斐逊起草的《独立宣言》,第一次向世界表达了人类对权利的向往:"我们认为下面这些真理是不言而喻的:人人生而平等,他们都从他们的'造物者'那边被赋予了某些不可转让的权利,其中包括生命权、自由权和追求幸福的权利。"后来的美国宪法《第4修正案》规定:"人民有保护其身体、住所、文件与财产的权利、不受无理搜查与扣押,此为不可侵犯的权利。"《第5修正案》规定:"在任何刑事案件中不得强迫任何人自证其罪,未经正当法律手续不得剥夺任何人的生命、自由或财产;凡私有财产,非有相当赔偿,不得占为公有。"在法国,《人权宣言》第2条规定:"任何政治结合的目的都在于保存人的自然的和不可动摇的权利。这些权利就是自由、财产、安全和反抗压迫。"第17条规定,"财产是神圣不可侵犯的权利,除非当合法认定的公共需要所显然必需时,且在公平而预先赔偿的条件下,任何人的财产不得受到剥夺。"这些规定体现了对经济自由和财产权的重视。

总体上,"到二战前,全球资本主义市场体系已经形成,其基础是围绕着资本主义自由竞争、自由贸易和自由投资所建立起来的世界自由经济体系,其核心价值是以公民权利和政治权利为内涵的代议制民主政体。"①从权利观念的制度历史来看,20世纪中叶以前,国内法和国际法都没有明确提出经济权利的概念,只存在经济权利的一些具体权利形态。如财产权、经济自由,其中美国《独立宣言》提出一个比较新颖但也比较模糊的权利:追求幸福权。因而,在人权历史上,现在所说的经济权利的部分权利形态,尤其是私有财产权和经济活动自由比较受到重视。第二次世界大战中,德、意、日法西斯国家对人权的极大侵犯引起了国际社会对人权的普遍关注和集体维护,倡导人道主义、增强人权意识、在世界范围内建立一种有效的人权国际保护制度成为战后国际社会的普遍共识。二战后,国际社会对人权问题广泛接受,人权真正进入国际法领域,现代意义上的国际人权法得以产生和发展,经济权利才正式出现。

二、全球性人权文件中的经济权利

国际人权运动的初步形成是在20世纪初,在这之前西方社会也存在一些国际条约涉及人权问题,但基本上早期的国际条约都不涉及经济权利。第一次世界大战以后,人权与国际法之间的关系愈加密切,"传统国际法通过这些条约间接地保护了某些个人权利,因为这些条约所确立的禁止奴隶制和奴隶贸易、废除强迫劳动、保护少数者、外交保护、国际劳工保护和在战争中贯彻人道精神的法律原则和制度最重要的特征就是承认个人享有作为人的权利,承认这些权利受到国际法的保护。"②在这种背景下,经济权利开始进入了国际人权法领域。我们这里对经济权利的考察主要从20世纪以后的相关全球性国际公约出发,适当涉及更早之前的国际公约。

(一) 一战以前国际法中的经济权利

人权问题的国际化最早出现在19世纪中叶,但一战以前的国际公约多侧重于政治、思想自由以及人身自由问题,其中有些国际条约间接涉及经济权利,这方面主要例证是有关废除奴隶制和禁止奴隶贸易的国际公约。奴隶制作为一种古老野蛮的制度存在于世界各地的古代世界,并延续至近代。奴隶制度下,奴隶是主人的财产,没有个人独立的人格,更不会有个人的政治、经济权利和自由。在近代,美洲新大陆发现以后的一段时期内,奴隶贸易使大量的非洲黑人遭受贩卖、折磨和最后的奴役。到19世纪,由于黑人的反抗和资本主义商品经济的发达导致奴隶市场的萎缩,奴隶制和奴隶贸易开始遭

---

① 朱锋著:《人权与国际关系》,北京大学出版社2000年版,第37—38页。
② 张爱宁著:《国际人权法专论》,法律出版社2006年版,第62页。

到强烈的谴责,被认为严重违反人道主义的要求,一些国家开始在国内和国际领域禁止奴隶贸易,并主张废除奴隶制。美国内战后奴隶制被废除也促进了国际废奴运动的发展。在第一次世界大战之前,有关禁止奴隶贸易的文件有:1815年少数欧洲国家在维也纳签署的《关于取缔贩卖黑奴的宣言》,1841年英、奥、法、普、俄在伦敦签署的《关于取缔非洲奴隶贸易的条约》,1885年英、美、法、德、俄等14个国家在柏林会议上通过了《柏林会议关于非洲的总议定书》,1890年19个国家签订了《布鲁塞尔关于贩卖非洲奴隶问题的总议定书》。① 虽然这些国际法文件中有些文件在本意上并不是为了保障非洲人的权利,如柏林的总议定书就是欧美主要国家瓜分非洲殖民地的分赃决议。② 但这些国际条约和文件对于禁止贩卖奴隶,保障非洲人民的政治、经济、社会权利仍具有一些积极作用。

(二) 一战至二战之间国际法中的经济权利

第一次世界大战的巨大破坏给人类以惨痛的教训,也使欧洲的政治格局发生巨大变化,在这种背景下,第一个普遍性国际组织——国际联盟建立起来。虽然国际联盟是一个软弱组织,在维护世界和平和保障人权问题上没有真正发挥应有的作用,但国际联盟的成立、《国际联盟盟约》以及其他国际联盟条约的订立、国际劳工组织这样的专门性国际组织的出现,还是使人权的国际保护前进了很大一步。两次世界大战之间,人权的国际保护突出体现在保护少数者、国际劳工保护、禁止奴隶制、战争法的人道主义规则等方面。所以有人认为国际联盟对国际人权事业的贡献表现在三个方面:一是委任统治制度,二是国际劳工保护,三是少数人权利保护。③ 这些国际人权问题都涉及经济权利。

《国际联盟盟约》第22条提出,委任统治的目的是实现前殖民地"此等人民之福利及发展成为文明之神圣任务",同时强调"委任统治之性质应依该地人民发展之程度、领土之地势、经济之状况及其他类似之情形而区别之。"第23条(乙)款"承允对委任统治地内之土人保持公平之待遇。"④ 一战结束后自由资本主义经济体系在全球依然是主导的趋势,《国际联盟盟约》对委任统治的规定也体现了自由资本主义的要求,各个殖民地即使实行委任

---

① 王铁崖主编:《国际法》,法律出版社2003年版,第196页。
② 朱锋著:《人权与国际关系》,北京大学出版社2000年版,第28页。
③ 〔美〕托马斯·伯根索尔著:《国际人权法概论》,潘维煌、顾世容译,中国社会科学出版社1995年版,第4—6页。
④ 董云虎、刘武萍编著:《世界人权约法总览》,四川人民出版社1990年版,第924—925页。本文有关《国际联盟盟约》的中文翻译均来自此书。

统治,仍然要对各国贸易和投资实行开放和平等政策(见《国际联盟盟约》第22条第5款)。这种规定在形式上对不发达国家和殖民地国家的居民的经济权利进行了平等规定,但实质上并不公平,更多是在维护发达资本主义国家的利益。后来《联合国宪章》在国际托管问题上变为规定"于经济、社会及商业事件上,保障联合国全体会员国及其国民之平等待遇"(《联合国宪章》第75条)。

《国际联盟盟约》第23条还规定国际联盟下设国际劳工组织,《国际劳工组织章程》也成为《凡尔赛和约》的一部分。《国际劳工组织章程》序言规定,该组织的主要目的是从正义和人道主义出发,改善劳动状况。具体目的包括:限制工作时间、防止失业、保护儿童和青年男女、规定年老及残疾之养老金、保障外籍工人利益、承认结社的权利、组织职业和专门教育等。至二战前的1939年,国际劳工组织大会一共通过67个国际公约和66个建议,涉及有关工作的多种具体权利。[①] 这些公约和建议为劳工权利保护设定了国际标准,其中许多标准与人权有关。后来,1946年在联合国的主持下,国际劳工组织通过了新的章程,并成为联合国的下属机构。而且,《世界人权宣言》也确立了与工作有关的经济权利,并得到《经济、社会、文化权利国际公约》的认可。

一战后的少数人权利保护首先是为了解决欧洲尤其东欧民族主义高涨而引起的独立和领土扩展问题,避免历史上由于少数者问题引起东欧地区的紧张和冲突,在这样的背景下,一系列保护少数者的条约、声明等国际文件应运而生。在《国际联盟盟约》起草过程中,保护少数者的条款曾经一度出现在草案中,但是最后由于各成员国担心这种保护会有损国家主权,《国际联盟盟约》最终没有包含任何关于少数者的条款。国际联盟保护少数者的具体方法包括在巴黎和会期间缔结"保护少数者条约"、在一般的和约中插入保护少数者的特别条款、在其他条约中插入保护少数者的特别条款和一些国家在加入国际联盟时单方声明保护少数者。[②] 这些条约和声明涉及许多国家特定的少数人群体的权利,"尽管在内容上规定不一,但是一般说来这些少数人条约都规定了平等保护和特别保护两个方面的内容,条约确保所有居民的生命和自由,无论其宗教信仰的平等对待和平等享受公民和政治权利,同时对于种族、语言和宗教上的少数人在参与公共机构事务和教育、文化、语

[①] 有关二战前国际劳工组织的介绍,参见白桂梅等编著:《国际法上的人权》,北京大学出版社1996年版,第33—42页。

[②] 白桂梅等编著:《国际法上的人权》,北京大学出版社1996年版,第22—23页。

言、宗教自治方面予以特别保护。"①这些规定偏重于政治权利,对经济权利多为间接涉及,后来联合国在《公民权利与政治权利国际公约》规定了少数人权利问题,《经济、社会和文化权利国际公约》则不再涉及。

(三) 二战后国际人权法对经济权利的规定

1944年8月至10月,美、苏、英、中四大国举行了筹建联合国的敦巴顿橡树园会议,苏、英、中三国同意美国提出的联合国"应就推动人权及基本自由的尊重而进行研究和提出建议"的方案,达成了《关于建立普遍性的国际组织的建议案》,并共同提倡:"未来联合国应促成对社会、经济及其他人道主义问题的解决,推动对人权及基本自由的尊重。"1945年联合国制宪会议召开,与会各国通过了《联合国宪章》。《联合国宪章》的制定标志着人权保障扩展到国际政治和国际法领域,并逐渐变成世界性的潮流。但《联合国宪章》并不是一份严格意义上的国际人权法文件,它主要表达的是人权精神。《联合国宪章》没有对人权进行说明,也没有对经济权利作出规定。《联合国宪章》只是在序言中宣布:"我联合国人民同兹决心免后世再遭今代人类两度身历惨不堪言之战祸,重申基本人权,人格尊严与价值,以及男女与大小各国平等权利之信念。"②《联合国宪章》第55条规定,"为造成国际间以尊重人民平等权利及自决原则为根据之和平友好关系所必要之安定及福利条件起见,联合国应促进:(子)较高之生活程度,全民就业,及经济与社会进展。(丑)国际间经济、社会、卫生、及有关问题之解决;国际间文化及教育合作。(寅)全体人类之人权及基本自由之普遍尊重与遵守,不分种族、性别、语言、或宗教。"第62条第2款授权经社理事会"为增进全体人类之人权及基本自由之尊重及维护起见,得作成建议案。"第68条授权经社理事会"设立经济与社会部门及以提倡人权为目的之各种委员会,并得设立于行使职务所必需之其他委员会。"这两条并没有"列明经社理事会就人权问题提出议案的对象,也未规定理事会是否可以就人权问题发起研究并提出报告,这使得经社理事会的活动有了更大的余地。"③但这两条规定为经济权利成为联合国法律体系中的法定权利提供了基础,对经济权利加以研究或提出建议成为经社理事会职能的应有之义。

1946年,经社理事会根据《联合国宪章》第68条的授权,成立了以美国

---

① 周勇著:《少数人权利的法理》,社会科学文献出版社2002年版,第60页。
② 董云虎、刘武萍编著:《世界人权约法总览》,四川人民出版社1990年版,第928页。本书有关《联合国宪章》的中文翻译均来自此书。
③ 张爱宁著:《国际人权法专论》,法律出版社2006年版,第82页。

前总统罗斯福的遗孀艾莉诺·罗斯福（Mrs. Eleanor Roosevelt）为主席，中国的张彭春为副主席，黎巴嫩代表马立克（Charles H. Malik）为特别报告员的联合国人权委员会，着手建立国际人权宪章体系。委员会的职责是弥补《联合国宪章》没有就人权的具体概念作出清晰解释和说明的缺憾，致力于起草一项新的国际人权文件，以便对宪章加以补充。1948年12月10日，第三届联合国大会通过了《世界人权宣言》，《世界人权宣言》把承认每个人的"固有尊严及其平等的和不移的权利"视为世界自由、正义与和平的基础，并把信仰自由、言论自由和免于恐惧和匮乏的权利正式确立为基本人权。

《世界人权宣言》是一份建议性宣言，是联合国准备制定"世界人权宪章"以及整个国际人权公约体系的第一份系统的纲领性文件。《世界人权宣言》第1条和第2条确立了基本的指导思想是自由、平等和不歧视；第3至21条规定了人人应该享受的公民权利和政治权利；第22至28条规定了人人应该享受的经济、社会和文化权利。第22条是一项基础性规定，"每个人，作为社会的一员，有权享受社会保障，并有权享受他的个人尊严和人格的自由发展所必需的经济、社会和文化方面各种权利的实现，这种实现是通过国家努力和国际合作并依照各国的组织和资源情况。"①这条规定确立了经济权利的人权属性，依据人权的基本逻辑阐述了人人作为"社会的一员"而应当享有经济、社会、文化权利。第23条规定确定了与工作有关的四个方面权利：工作权、同工同酬权、获得公正合理报酬权、组织参加工会权。第24条规定休息和闲暇权，第25条规定享有社会保障的权利和适当生活水准权，这一条规定扩展了第23条第3项关于社会保障的规定。

由于《世界人权宣言》采取决议的形式而非国际条约，所以在联合国大会通过《世界人权宣言》之初，《世界人权宣言》对联合国会员国没有法律约束力。但是，"宣言的效力已经远远超过联合国大会通过的一般决议或其他宣言，以至于许多国际法律工作者认为宣言是一个使联合国会员国产生法律义务的规范性文件。"②虽然《世界人权宣言》将财产权放在了公民权利和政治权利范畴之内，也没有规定经济活动自由权，但是从财产权所具有的基本人权价值以及《世界人权宣言》有关自由的规定来看，完全

---

① 董云虎、刘武萍编著：《世界人权约法总览》，四川人民出版社1990年版，第63页。本书有关《世界人权宣言》的中文翻译均来自此书。
② 徐显明主编：《国际人权法》，法律出版社2004年版，第63页。

可以将财产权和经济自由列为经济权利的范畴。①《世界人权宣言》第17条规定了保障人人有单独的财产所有权和与他人一起合有的所有权,并禁止任意剥夺财产。但是后来在起草两个人权公约时,由于争议,未能将财产权包括进去。②《世界人权宣言》的通过使经济权利明确成为国际人权法的内容,也是对西方传统人权观念的一个突破,也正是以此突破为基础,后来联合国又进一步通过了两大人权公约,而1966年的《经济、社会和文化权利国际公约》对经济权利进行了集中规定。

《经济、社会和文化权利国际公约》的条文大致按照宣言所规定的三类权利进行排列,但具体的权利没有进行明确的类别划分。根据本书界定的经济权利,《公约》涉及经济权利的条款主要包括:与工作权利有关的第6、7、8、10、11条。第6条规定:"本公约缔约各国承认工作权,包括人人应有机会凭其自由选择和接受工作来谋生的权利,并将采取适当步骤来保障这一权利。"国家为保障公民的工作权还应实施技术和职业培训。第7条强调"本公约缔约各国承认人人有权享受公正和良好的工作条件。"这一条还特别要求国家能保障实现工人的最低限度报酬、同工同酬、工作安全、晋级和休息权利。第8条规定,人人有权组织工会和参加他所选择的工会,并有权罢工,但罢工权的行使要受到法律的限制。第10条对妇女和儿童、少年的工作权的特殊保护作了规定。第11条是关于适当生活水准权和免于饥饿的权利的规定,这里面包含了最低限度物质帮助权。

除了《经济、社会和文化权利国际公约》外,二战以后其他一些有关妇女、儿童、残疾人等权益保障的全球性国际公约也都直接或间接涉及经济权利问题。如1980年的《消除对妇女一切形式歧视公约》第11条规定:"缔约各国应采取一切适当措施,消除在就业方面对妇女的歧视,以保证她们在男女平等的基础上享有相同权利。"第13条规定:"缔约各国应采取一切适当措施,消除在经济和社会生活的其他方面对妇女的歧视,以保证她们在男女平

---

① 财产权具有双重特性,它既可以看作政治权利(它是传统人权的基本内容之一),也可以看做是经济权利。虽然财产权作为一项普遍性人权在世界各国并不存在争议,但对财产权的保护存在差异。由于社会主义和资本主义国家基本经济制度的差异,在后来联合国制定的两大人权公约中,都没有提及财产权,"原因在于各国经济制度的多样性,以及联合国里代表各种思想和政治利益的集团不能取得一致意见。""在最初起草公约(指《公民权利与政治权利国际公约》)时,美国代表认为在人权文件中不提及对西方传统十分重要的私有财产权,对多数美国公民来讲是难以想象的。前苏联代表也不反对在公约中写进有关私有财产权的规定,但却不完全同意美国的条文草案。"最终由于分歧太大,导致两个人权公约都回避了财产权的规定。详见徐显明主编:《国际人权法》,法律出版社2004年版,第71—72页。

② 〔芬兰〕C.克洛斯:《财产权》,载〔挪威〕A.艾德等主编:《经济、社会和文化权利教程》(第二版),中国人权研究会组织翻译,四川人民出版社2004年版,第158—159页。

等的基础上有相同权利,特别是:(a)领取家属津贴的权利;(b)银行贷款、抵押和其他形式的金融信贷的权利;(c)参与娱乐活动、运动和文化生活所有各方面的权利。"1989年第44届联合国大会通过了《儿童权利公约》,其中第28条规定:"缔约国确认儿童有受教育的权利,为在机会均等的基础上逐步实现此项权利。"2006年12月13日,联合国通过了《残疾人权利公约》,其中第4条的"一般义务"规定,"一、缔约国承诺确保并促进充分实现所有残疾人的一切人权和基本自由,使其不受任何基于残疾的歧视。二、关于经济、社会和文化权利,各缔约国承诺尽量利用现有资源并于必要时在国际合作框架内采取措施,以期逐步充分实现这些权利,但不妨碍本公约中依国际法立即适用的义务。"这些专门性人权公约对经济权利的规定有利于实现特定社会主体的经济权利。

三、区域性国际人权文件中的经济权利

区域性国际人权文件主要在二战以后出现。区域性国际人权文件一般由区域性国际组织通过,经一定数量国家签署、批准并生效。按照目前的区域划分,主要包括欧洲人权条约、美洲人权条约和非洲人权条约,亚洲目前还没有专门的区域性人权文件。这些已有的区域人权文件中也都涉及经济权利,这里作简单介绍。

欧洲人权文件主要包括《欧洲社会宪章》《欧洲人权公约》及《欧洲联盟基本权利宪章》等。《欧洲人权公约》于1950年11月4日在欧洲理事会主持下于罗马签署,1953年9月3日生效,该公约主要规定公民和政治权利,没有明确的经济权利规定。1952年《欧洲人权公约》的第一议定书在公约所阐明的权利的基础上,新增加了三项权利:财产权(第1条)、受教育权(第2条)和自由选举权(第3条),其中财产权是新增的经济权利。《欧洲社会宪章》由欧洲理事会成员国于1961年10月18日在都灵缔结,1965年10月18日生效。《欧洲社会宪章》第一部分指出各缔约国拥有实现各自政策宗旨的19项权利原则,其中包括:选择职业的自由、有权享受公平的报酬、儿童和青年人有权享受特殊保护、社会保障权,等等。第二部分规定了劳动权等普遍权利,如工作权,公正、安全和卫生的工作条件权,公平报酬权,结社权和集体交涉权,工人的劳动保障和职业培训权,以及儿童、青年、女工受保护的权利,等等。《欧洲联盟基本权利宪章》由欧盟议会、欧盟理事会和欧盟委员会于2000年12月7日在尼斯签署,这是继欧洲理事会的《欧洲人权公约》《欧洲社会宪章》等之后又一个欧洲重要人权文件。在《欧洲联盟基本权利宪章》第二章"自由"部分,第16条规定欧盟各国应保证营业自由,这是人权公约中

对经济自由的首次明确规定,第17条规定财产权。在第四章"团结"部分则规定了与工作有关的权利,包括工作知情权、就业安置权以及社会保障权。

美洲人权文件包括《美洲国家组织宪章》《美洲人民权利和义务宣言》《美洲人权公约》及其议定书等。1948年3月20日至5月2日,美洲国家第九次国际会议在哥伦比亚首都波哥大举行,会议正式宣告成立美洲国家组织,并通过了《美洲国家组织宪章》。同时,鉴于美洲各国已将保护人类基本权利当做其主要目的,人权的国际保护应成为发展中的美洲法律的主要目标,故会议通过了由美洲国家司法委员会负责起草并完成的《美洲人民权利和义务宣言》。《美洲国家组织宪章》专门订立了人权条款,第3条规定"美洲国家宣布人人享有基本权利,不分种族、国际、血统和性别。"第13条规定,"各国均有权自由并自然地发展其文化、政治与经济生活。在这种自由发展中,各国应当尊重个人的权利与普遍的道德原则。"第29条规定,人人具有获得社会福利和精神发展的权利,第28条规定,居民有获得适当生活条件的权利和受教育的权利。《美洲人民权利和义务宣言》的制定是为了更加全面地对《美洲国家组织宪章》中有关人权条款进行解释。[1] 该宣言在第11—16条规定了相关的经济、社会和文化权利。其中第14条规定了工作权、合理报酬权以及选择职业的权利。第16条规定社会保险权,即人人享有社会保险的权利,保护其免受失业、衰老及因自己无法控制的原因而造成的伤残的影响,这些伤残使其本人在身心两方面都不可能维护自己的生计。《美洲人权公约》于1969年11月22日美洲国家间人权特别会议上通过,1978年7月18日生效。《美洲人权公约》在序言部分重申了《世界人权宣言》的原则:"只有创造了使人可以享有其经济、社会和文化权利以及享有其公民和政治权利的条件下,才能实现自由人类享受免于恐惧和匮乏的自由和理想。"该公约主要规定的公民与政治权利,只有第21条规定了财产权利(也是放在公民与政治权利之中)。对于经济权利,公约没有明确规定,只是在第三章提出了一个"不断发展"的倡议:"各缔约国承诺在国内并通过国际合作采取措施,特别是那些具有经济和技术性质的措施,从而通过立法或者其他适当的方法不断取得美洲国家组织宪章所规定的、经布宜诺斯艾利斯议定书修正的经济、社会、教育、科学和文化标准方面所包含的各种权利的完全实现。"

非洲人权文件体系建立的时间比较晚,主要的人权文件包括:《非洲统一组织宪章》《非洲人权和民族权宪章》和《关于建立非洲人权和民族权利法

---

[1] 谷盛开著:《国际人权法:美洲区的理论与实践》,山东人民出版社2007年版,第18—19页。

院的议定书》等。其中《非洲人权与民族权宪章》对经济权利有所规定。该宪章于1981年6月27日由非洲统一组织通过。其中,第14条规定:"财产权利应受到保障。除非为了公共需要或者为了整个社会的利益并依照适当的法律规定,否则不受侵犯。"第15条是工作权的规定,"人人有权在公平合理和称心如意的条件下工作,并且享受同工同酬的待遇。"

第二章　古典人权运动的批判

翻开历史的画卷,回望人权发展的历史,我们可以以第二次世界大战作为一个历史的分界点,将人权的历史运动分为两个阶段,一是古典人权运动阶段,二是现代人权运动阶段。① 古典人权运动是在西方主要工业国家从资产阶级革命阶段兴起并延续至二战结束时期的一种社会运动,古典人权运动以实现政治性的权利和自由为主要内容。而现代人权运动则是萌芽于20世纪初,兴起于二战结束后并持续至今的一种全球性社会运动,追求的人权内容除了政治性权利之外,经济、社会权利以及后来的发展权等都受到重视。从人权内容的划分上,第一阶段主要以第一代人权为主要内容,而第二阶段则包括了第二代和第三代人权。虽然人权运动无法进行截然的时间点划分,但这两个阶段人权运动的内容、范围、主体、参与地区都有显著的区别。本章以古典人权运动的基本历史脉络为出发点,通过分析古典人权运动的缺陷,探索人权的新发展。古典人权运动的缺陷成为后来经济权利得以进入人权体系的历史根源,经济权利的兴起在很大程度上是对古典人权运动缺陷的矫正,体现了人权的一种发展、完善过程。

第一节　古典人权运动概况

人权运动是一个历史过程,在思想萌芽上可以追溯到古希腊,而近代的人权运动则是中世纪后期开始的,我们通常会追溯到英国的《大宪章》,不过从人权的目标来说,《大宪章》只是英王约翰和教会、贵族之间就权力分配达成的一纸协议,与人权没有什么关系。后来资产阶级的思想家们率先高举"人权"、"权利"的旗帜作为反抗的工具。"最初,人权是与特定的阶级利益

---

① 这里借鉴了瑞典学者胜雅律的看法,他在《从有限人权概念到普遍人权概念——人权的两个阶段》一文中建议,以"人权的两个阶段"理论补充"人权的三代"理论。胜雅律认为,两个阶段的转折点是联合国的《世界人权宣言》(1948年12月10日)。从这个宣言以来,人权——从理论上讲——才说"普遍的"。该宣言以前,按照《世界人权宣言》标题的逻辑,人权——从理论上讲——则是非普遍的。参见沈宗灵、黄枬森主编:《西方人权学说(下)》,四川人民出版社1994年版,第253页。笔者认为,两个阶段理论与三代理论之间并不矛盾。

联系在一起的,新兴的资产阶级将人权作为反对政治独裁势力和守旧社会组织的思想上和政治上的斗争武器。"①作为一种意识形态的人权,或者说普遍意义上的道德权利,在初期充分发挥了它的斗争与反抗作用。自18世纪爆发出要求人权的强烈呼声以来,人权斗争的成果是显著的。随着资产阶级革命在西欧的胜利,资产阶级藉以反对封建制度的人权概念和人权理论逐步在西欧主要国家被法律化、制度化,并诞生了一系列经典的人权法律文件,人权在制度上实现权利的法定化。资产阶级革命的胜利带来了人权运动的巨大成就,使西方社会在法制的革新和权利的保障方面取得了巨大的成就。

一、古典人权思想的形成

在欧洲,自人权观念被明确提出之后,至今已有数百年的历史,但人权思想的萌芽可以追溯到古希腊时代。在起源上,人权思想与西方传统的自然权利(natural rights)观密切相关。西方古代哲学中的自然权利、正义、公正和民本思想等先进理念成为人权思想的基本萌芽,自然权利论也成为近代的"天赋人权"论的早期形态。古希腊斯多葛学派的信徒就坚持认为按照自然法则,所有的人都是平等的,应一视同仁。古罗马的西塞罗以永恒的、普遍的自然法则为前提推导出人类平等的法律观。罗马帝国后期,基督教开始盛行,基督教把人的自然平等上升为生命创造意义上的平等,即每个生命都来自于共同的造物主——上帝。而近代人权观念则是欧洲文艺复兴、宗教改革和思想启蒙三大运动的结果,这三大运动促使了西方的思想解放。随着资本主义经济的兴起,自由、平等理念深入人心,人权思想也随之逐渐系统化,并且落实为具体的实践活动。

欧洲的中世纪经常被称为黑暗的时代,"人类精神也由觉醒进入了黑夜,古希腊理性主义中作为人类的本质的理念就同希伯来精神中上帝相契合,形成了中世纪整体对个体的专制。"②在精神上,中世纪的人们虽然获得了灵魂上的安顿和精神的慰藉,但他们却被套上了专制和基督教礼堂独断的双重枷锁,由上帝的主人变成了上帝的奴仆,不仅失去了人的尊严和人格,也失去了思想和行动的自由。在制度上,"教会试图使道德法律化,同时令法律道德化;它对各种罪孽实施法定管辖权,而且影响世俗法律,使之与道德原则相一致。"③中世纪经院哲学的基本倾向是为神学作论证,因而压制人的思

---

① 〔美〕科斯塔斯·杜兹纳著:《人权的终结》,郭春发译,江苏人民出版社2002年版,第2页。
② 衣俊卿著:《文化哲学》,云南人民出版社2001年版,第256页。
③ 〔美〕伯尔曼著:《法律与宗教》,梁治平译,中国政法大学出版社2003年版,第54页。

想自由和创造性,进而扼杀了人性。14世纪以后,资本主义生产关系已经在封建制度内部形成,威尼斯等地形成了先进的资本主义经济模式,但资产阶级仍处在封建制度和宗教神学的桎梏之中。基督教神学的精神强制最终激起人们对思想自由的憧憬,而西方精神解放运动促使了人们对自由传统的回归。14世纪开始,发端于意大利南部的人文主义运动很快就席卷了欧洲,人文主义者用文学艺术的通俗形式大规模地宣传人性论和人道主义,主张个性自由、思想解放和人类平等,批判中世纪的禁欲主义和来世幸福的说教。人文主义者从古希腊、古罗马寻找到了自由思想的素材,文艺复兴运动由此兴起。文艺复兴旨在反对封建特权和神权至上的理念,既是一种观念的革命,也是寻求人自身自由的斗争,它孕育了一大批宣传进步思想的先锋和文化大师。而且,当时的人文主义思想家也从开始用人的理性、智慧、幸福等观念来表达对人权的诉求。

随着资本主义经济制度的发展和文艺复兴对思想的影响,宗教的控制力也受到了挑战。16世纪初,一些代表资本主义势力的进步思想家以思想和信仰自由来反对神学对人的思想的束缚,并通过思想的解放摆脱宗教对世俗经济、政治生活的控制,即形成宗教改革运动,主要代表人物有马丁·路德、兹文利、加尔文等。路德主张将世俗权力由教会移交给国家和国王,符合当时新兴资本主义经济发展的需要。而加尔文创立的新教对近代西方人权观念的兴起所起的作用更为直接,加尔文教鼓励宗教的世俗化,把商业的成功看作为神选的标志,鼓励人们在个人权利平等和自由的基础上追求个人幸福,在鼓励权钱欲和功利心的同时又要求人们表现出一定的克制。马克斯·韦伯后来将这些内容精彩地概括为新教伦理。到资产阶级大革命时代,"天赋人权"学说将宗教信仰与新兴市民阶级所渴望的自由、平等的权利学说融为一体,成为近代西方人权思想的一大特色。宗教改革对人权的影响主要包括:促进了宗教信仰自由,发展了自由和民主思想,促进民众教育以及鼓励个人主义,等等。①

在文艺复兴和人文主义思潮的引导下,西方最终在17、18世纪爆发了以自由、平等、博爱、人权和民主为核心目标的启蒙运动。由于宗教改革打击了教会的势力,世俗权力得以主导社会生活,为资本主义的自由发展争取了制度上的空间。而罗马法的复兴更适应了当时城市和商业发展过程中新兴市民阶级的利益需求,增强了人们对法律的信任,人们在法的实现中找到了自由的目标。在思想解放运动中,西方的古典自然法学派对人权思想的系统化

---

① 张爱宁著:《国际人权法专论》,法律出版社2006年版,第50页。

功不可没。古典自然法学派继承了古希腊的自然法和自然权利思想,在文艺复兴运动的基础上逐渐形成了"天赋权利"理论。自然法学派坚持自然法的存在,认为存在自然正义和自然权利,这种正义和权利在地位上超越了现实社会制度,现实的制度必须服从于自然正义和自然权利的要求。自然法学派的基本观点是,每个人作为人都享有生命权、自由权、平等权和财产权。这些权利是人类固有的权利,不可转让、不可剥夺,是普遍的、永恒不变的。古典自然法学派的代表人物如格老秀斯、斯宾诺莎、霍布斯、孟德斯鸠、卢梭、杰弗逊、潘恩等,基本都认为,自然法源自人的本性或理性,人有出自自然本性的平等和自由。而人在理性的指导下,坚持的首要原则是自我保存。为了实现自我保存,人必须有生命权、自由权、平等权、财产权等不可剥夺、不可转让的自然权利。这些自然权利就成为人的基本权利,也就是近代人权的基本内容。

人拥有自然权利,而人依据本性又是社会性动物,要过社会生活,人必须把自然权利和社会实际生活联系起来。自然法学派通过"社会契约论"来解决这一问题。他们假定人原本生活在自然状态,受自然法的支配,自然赋予人们享有自然权利,如生命权、自由权、平等权、财产权等。但自然状态存在缺陷,为了更好地实现人的本性,人们通过缔结社会契约而进入政治社会。"寻找一种结合的方式,使它能以全部共同的力量来卫护和保障每个结合者的人身和财富,并且由于这一结合而使每一个与全体相联合的人又只不过是在服从自己本人,并且仍然像以往一样地自由。"①这种结合的形式就是国家。在缔约过程中,人们让渡一部分或全部自然权利,形成国家的权力。尽管思想家们对自然状态的描述不尽相同,对社会契约的理解也存在差异,但古典自然法学家们都认为,人们是根据自然权利而且是带着自然权利进入国家状态的,人们将自然权利让渡给国家不过是为了使这些权利得到更好的实现。人民所保留的自然权利在国家状态中的基本体现就是人权,自然权利以人权的形式得以继续存在。而让渡给国家的自然权利则变成了公民的法律权利。1789 年法国的《人权宣言》明确区分人权(rights of man)和公民权(rights of citizens),正是反映了这种意向。②

二、古典人权运动的观念基础

作为人权思想逻辑基础的价值观念或者说观念基础,比明晰的人权思想

---

① 〔法〕卢梭著:《社会契约论》,何兆武译,商务印书馆 2003 年版,第 19 页。
② 夏勇著:《人权概念的起源》,中国政法大学出版社 1992 年版,第 134 页。

更久远,可以追溯到古希腊时代。夏勇先生曾对西方古代人权思想的萌芽进行过考察,认为人权思想萌芽在逻辑上由三个方面构成:一是终极权威观念,终极权威的观念产生了可以不依赖于现实法律而存在的权利观念;二是平等人格观念,平等人格观念主张在人的地位上平等;三是本性自由观念,即人具有作为权利主体的资格,这种自由观念具体又包括自利观念、尊严观念、自主观念、斗争观念。① 这些逻辑基础实际上构成了人权思想的内在价值,而这些价值观后来被资产阶级革命时期的思想家利用和放大,用以证明人权的合理性、合法性。这些内在价值观是人权思想形成的根源,同样也是古典人权缺陷所赖以产生的基础。古典人权思想经历古希腊的萌芽和中世纪的发展,至资产阶级革命时期最终成形,虽然在这一过程中人权思想的价值观是多方面和不断变化的,但核心的价值基础有三个方面:自然平等、主体自由和反抗专制。

(一) 自然平等

平等观念与自然法观念的萌芽与发展密切相关。不管是东方还是西方古代社会,社会中的正常秩序是以人与人的不平等为基础而构建的,比如柏拉图就明确指出,人生来就是不平等的,这种不平等确定了社会中每一个成员的职责,这是理想国的要求。但在古希腊,还孕育出了自然法的观念,自然法与古希腊的自然观念密切相关。自然指物质世界,是某种元素或规律的结果,古希腊思想家希望把自然、宇宙解释为某种单一原则的表现。古希腊的智者们关注自然本源,用朴实的物理观念解释自然界,并把这种自然秩序观念应用到社会政治、道德领域,形成自然正义观。如同梅因所说,"后期希腊各学派回到了希腊最伟大知识分子当时迷失的道路上,他们在'自然'的概念中,在物质世界上加上了一个道德世界。他们把这个名词的范围加以扩展,使它不仅包括有形宇宙,并且包括了人类思想、惯例和希望。这里,像以前一样,他们所理解的自然不仅仅是人类社会的道德现象,而且是那些被认为可以分解为某种一般的和简单的规律的现象。"②将自然规律应用于人类社会,于是就形成自然法的观念,并以自然法作为行动的目标和准则。"这样一来,人们对正义的追求便仍然沿着自然哲学的路线前进——追求变化中的不变和多样性中的统一性,这种正义被看做是体现自然秩序和宇宙大道的永恒正义。"③自然法被赋予了绝对性,成为世界所必然遵守的规则,自然法

---

① 夏勇著:《人权概念的起源》,中国政法大学出版社1992年版,第86—87页。
② 〔英〕梅因著:《古代法》,沈景一译,商务印书馆1995年版,第31页。
③ 夏勇著:《人权概念的起源》,中国政法大学出版社1992年版,第90—91页。

也就超越了实在法,成为论证权利和反抗不合理制度的依据。"自然法在各时代以不同的形式为社会、政治制度和演进提供了动力,这是因为它总是追求某种高于实在法的理念,诉诸某种超越实在法的权威。这种权威一方面被用于反对现存制度和实有权利,另一方面被用于论证某种应然制度和应有权利。"①

由于当时社会中普遍存在的是不平等的制度和正义观念,于是自然法及自然正义观念就成了反对不平等的依据。古希腊斯多葛学派的代表人物芝诺及其追随者将"自然"理解为一种支配性原则,这种支配性原则本质上是一种理想的品格。芝诺认为整个宇宙乃是由一种实质构成的,这种实质就是理性。而根据自然原则或者理性的要求,人类世界不应当因其正义体系不同而建立不同的城邦国家。因此,斯多葛学派创立了一种以人人平等的原则和自然法的普遍性为基础的世界主义哲学。② 这样,在自然法和自然正义的基础上,形成了自然平等的观念。斯多葛的哲学家深信,人在本质上是平等的;因性别、阶级、种族或国籍不同对人进行歧视的做法是不正义的,是与自然法背道而驰的。

从人权的平等价值来看,斯多葛学派的思想已经具备了人权思想的某些重要因素,尤其是人人平等的观念。自然平等的观念表明人作为自然的一部分,在分享"自然"的特性上是平等的,具体说就是人在理性上是平等的。理性即是人的本性,又是宇宙的本性,斯多葛学派通过对自然的抽象和对人的抽象,剥夺了人的现实差异,为论证人的自然权利(后来发展成为人权)上的平等和应受尊重提供了基础。只要人的理性存在,其所有的权利就是平等的,不可剥夺和不可让渡的。虽然斯多葛学派并未完全形成这样的观念,但自然理性观念为自然权利以及人权的平等性奠定了基础。后来古罗马人继承了古希腊的法律正义概念,斯多葛学派的平等观念在罗马帝国时期的政治哲学和法理学也赢得了一席之地,如西塞罗就形成了法律普遍适用和世界主义的法律观。

进入中世纪以后,古希腊时期形成的自然法与自然平等观念被糅合进基督教的教义和基督教法律哲学之中,但充满了神学意味和保守特性。抽象的自然被转化为绝对的"存在物"——上帝,而平等观念则转化为"上帝造人"意义上的平等。基督教早期的思想家奥古斯丁认为政府、国家、法律、财产都

---

① 王启富、刘金国主编:《人权问题的法理学研究》,中国政法大学出版社2003年版,第71页。
② 〔美〕E. 博登海默著:《法理学:法律哲学与法律方法》,邓正来译,中国政法大学出版社1999年版,第13页。

是罪恶的产物,根源于人类的堕落,而教会作为上帝永恒法的保护者,对国家就拥有了绝对的权威。中世纪神学家托马斯·阿奎那成功地将国家和法律融入教会的逻辑之中:国家法律及其强制性是对罪恶的必要惩罚,具有存在的合理性。世俗的法律也要服从上帝的永恒法和自然法,而人们由于具有理性,懂得自然法的基本原则,也就参与到了上帝的永恒法之中。这时候的平等观念不仅可以理解为"上帝面前的平等",还可以理解为服从义务——即服从教会和国家法律所规定的义务上的平等。总体上,宗教思想里自然法与平等已经变成基督教维护现存状况的工具。

中世纪后期,随着宗教改革和文艺复兴,对人自身的回归使得自然平等观念从宗教中挣脱出来,成为市民社会中个人法律上的平等。在资产阶级革命时代的思想家那里,古希腊斯多葛学派的自然观念和自然法得到回归,自然权利重新被重视,抽象意义的人人平等又成为流行的话语。以卢梭、洛克为代表的自然法思想家根据自然本源观,得出人权来源于人的自然本性,而自然本性是天赋的、不可剥夺的、平等的。洛克认为,自然状态下人的权利是平等的,"这也是一种平等的状态,在这种状态中,一切权力和管辖权都是相互的,没有一个人享有多于别人的权力。极为明显,同种和同等的人们既毫无差别地生来就享有自然的一切同样的有利条件,能够运用相同的身心和能力,就应该人人平等,不存在从属受制的关系。"①自然平等的观念最终在资产阶级革命的宣言中成形,平等意味着平等的权利、机会,意味着政治上的一视同仁,以同一标准对待所有的人。而由于人权是一种反抗斗争的需要,摆脱等级、身份的束缚是第一要务,平等也就成为了人权的第一要义。

(二) 主体自由

平等和自由是两个密不可分的范畴,主体地位平等,但如果主体不自由,平等也是一句空话。由于"上帝面前人人平等"乃至"法律面前人人平等"仅表明了一种状态,并不等于平等的权利。至于理性,只是表明人能够认识和服从自然秩序与社会秩序,"理性概念本身与个人自由并无必然关系"。② 因此,"要使自然平等的观念产生出自然权利之果来,还需要使个人从义务主体转化为权利主体,使自然法从意味着自然义务转化为自然权利。这一转化即是个人获得独立、自由和权利的过程。"③所以,人权的形成还需要自由观念,近代人权思想的另一个本源意义上的价值基础就是自由。

---

① 〔英〕洛克著:《政府论》(下卷),叶启芳、瞿菊农译,商务印书馆1982年版,第3页。
② 夏勇著:《人权概念的起源》,中国政法大学出版社1992年版,第106页。
③ 王启富、刘金国主编:《人权问题的法理学研究》,中国政法大学出版社2003年版,第74页。

个人获得独立的过程在西方起源于古希腊的梭伦改革,从那以后,西方的社会发展过程就是逐步持续地走向个体化,英国的梅因将这一个过程概括为"从身份到契约的运动"。在古希腊,随着希腊城邦的解体,城邦社会对公民的束缚得以消解,在整体性的社会联系消除后,个人独立的观念开始出现,追求个人自主和个人独立成为希腊后期哲学的一个突出特征,这一思想在古罗马得到了有限的继承。古罗马的"个人"仅适用于古罗马的部分公民,也就是"家长"及某些后来取得自由的公民。"罗马古时,只有贵族家长是权利义务主体,市民中的家属以及平民则都不是。以后由于战争的需要,参军作战的家属和平民可以取得部分公权和私权,在一定程度上成为权利义务主体。"①到了共和国后期及帝国时期,独立个体的范围更加扩大,男性"家子"开始普遍享有公权和财产权,妇女、拉丁人和外国人逐渐取得部分公私权利,尤其是到212年,大批罗马世界的人口被授予市民籍,市民与非市民之间的区分大大失去了其重要性。罗马的法律实践为个体独立和个体自由提供了历史基础,西塞罗在此基础上得出了"为了自由,我们才服从法律"这样的著名论断。

中世纪,教会改变了罗马时代形成的个体独立和自由观念,教会控制了一切,个体成为依附于教会的延伸物。个人因为原罪而必须依附和服从教会,个人所能做的事情就是通过教会救赎自己,他们被套上了专制和基督教礼堂独断的双重枷锁。在制度上,"教会试图使道德法律化,同时令法律道德化;它对各种罪孽实施法定管辖权,而且影响世俗法律,使之与道德原则相一致。"②不过,在中世纪的基督教世界里,同样一直存在着坚持自由意志论的人以及自由法定化的做法。比如中世纪的唯名论者邓斯·司各脱就主张没有上帝的恩赐,人也可以遵从自然法,人可以通过自己的意志活动享有永恒的幸福。"神与自然的分离以及神之意志的绝对性使神的隐遁和最终脱离尘世变得更为容易。"③基督教神学的精神强制最终激起人们对思想自由的憧憬,精神解放运动促使了人们对自由传统的回归,文艺复兴运动兴起。文艺复兴旨在反对封建特权和神权至上的理念,既是一种观念的革命,也是寻求人自身自由的斗争。到了16、17世纪,自然法的绝对性和个人存在唯一性的结合顺畅地形成了个人自由、平等的自然权利观。

到了资产阶级革命前夕,自由主义思想已经成为人权的一个核心内容,

---

① 周枏著:《罗马法原论》,商务印书馆1994年版,第106页。
② 〔美〕伯尔曼著:《法律与宗教》,梁治平译,中国政法大学出版社2003年版,第54页。
③ 〔美〕科斯塔斯·杜兹纳著:《人权的终结》,郭春发译,江苏人民出版社2002年版,第64页。

17世纪至19世纪中叶欧美思想家在人权本源问题的基本观点之一就是自由。霍布斯就认为,"自然使人在身心两个方面的能力都十分相等。"①"自由一词就其本意来说,指的是没有阻碍的状况,我所谓的阻碍,指的是运动的外界障碍,对无理性与无生命的造物和对于有理性的造物同样可以适用。"②卢梭则提出"人是而自由的","放弃自己的自由,就是放弃自己做人的资格,就是放弃人类的权利,甚至就是放弃自己的义务。"③洛克提出在自然状态下,大家服从的是自然法,"而理性,也就是自然法,教导着有意遵从理性的全人类:人们既然都是平等和独立的,任何人就不得侵害他人的生命、健康、自由或财产"。④洛克据此还提出了一套天赋而不可取消的个人权利,这些权利就是"生命、自由和财产"。这种对自由的强调为日后资本主义社会下层结构中各种因素的自由交换原则的形成奠定了基础。

近代人权思想是随着资本主义商品经济发展而兴起的,而商品经济发展的一个重要条件是可以自由地进行商品交易,所以人权思想必须依赖于主体自由观念。美国的潘恩就认为,自由是最重要且最基本的权利,没有它,经济利益几乎是空谈。在古典人权思想中,自由是消极地排除国家权力介入个人领域,以保障个人决定意思及活动之自由,因而又被理解为不受国家干涉的消极自由。在这种消极自由基础上形成以财产自由为核心的经济自由主义,推动了自由资本主义的繁荣。自由始终是人权的中轴和灵魂,它决定着作为人权主体的人的最终目的与归宿。

(三)反抗专制

近代人权思想的第三个内在价值观是反抗精神,也就是反抗旧的专制制度的束缚。人权的形成依循自然法到自然权利再到人权这样一个路径,而自然法、自然权利都是超越于现实、指导现实的理想性范畴,其中所隐含的理念是对现实的批评和反抗。"人权追随着激进的自然法,在它诞生之初就有反压迫、反常规的先验基础。"⑤

先从自然法的斗争性说起,自然法实际上体现了思想家对现实的反抗。古希腊的思想家赫拉克利特就认为,相互对立的事物是相互依存的,没有对立物存在,就没有事物本身的存在。没有非正义,正义也就不为人所知,"战

---

① 〔英〕霍布斯著:《利维坦》,黎思复、黎廷弼译,商务印书馆1985年版,第92页。
② 同上书,第162页。
③ 〔法〕卢梭著:《社会契约论》,何兆武译,商务印书馆2003年修订第3版,第12页。
④ 〔英〕洛克著:《政府论》(下卷),叶启芳、瞿菊农译,商务印书馆1982年版,第4页。
⑤ 〔美〕科斯塔斯·杜兹纳著:《人权的终结》,郭春发译,江苏人民出版社2002年版,第7页。

争无所不在,正义来自斗争"。①在公元前5世纪,古希腊的智者提出自由和平等,然而当时社会的主流思想是不平等的正义观念,社会政治、经济生活实践也充满不平等。后来的斯多葛学派就认为,按照自然法,人是平等的,奴隶制是违反自然的。苏格拉底将对自然的抽象研究转用于对社会的研究,把法律和自然等同,也就把合法与正义等同。柏拉图则通过《理想国》试图将正义提升为一种普遍的伦理思想,使正义完全不受历史语境的影响。在亚里士多德的思想中,自然法或正义成为城邦应该遵守的规则,只是城邦中并不具有完美的正义。亚里士多德的自然法和正义观念具有了明显的政治实用主义色彩,成为反对现行制度、实现完美城邦政治的手段和目标。因此,自然或自然法是对现实的一种超越,坚持自然法的观念,则是对现实的一种反抗。"自然是哲学的武器,是反权威、反法律的不安定的革命的普罗米修斯之火。哲学'发现'了自然,并从价值论的高度将理性从权力的捍卫者那儿解放出来,从而导致自然权利的产生。"②自然权利是一种"理想之境",虽然不具有完全的客观性,但却可以从思想和逻辑上认识,所谓合乎自然就是自然权利。

罗马帝国时期,基督教的流行把平等观念变成了上帝面前义务的平等,所要求的是服从和义务。中世纪欧洲社会的经济制度是农奴制封建庄园经济,政治上施行封建地主的特权和垄断,教会和国家极力维护着封建等级制度。社会的客观现实与传统的观念理想之间存在着不可消弭的悖论。于是,宗教神学家,如奥古斯丁、阿奎那都努力消除这种冲突,以形成一种能调和上帝与自然的正义观。通过调整相对自然法,阿奎那成功地将国家和法律融入神的命令中。这种做法极大地削弱了古希腊自然法和自然权利的正义性及所包含的政治价值。但宗教神学家的做法却保留了思想的批评性,即用未知但先定的天堂规则来评判人间的制度和罪恶,而这又符合自然法和自然权利的基本做法,为反抗性的人权思想的形成留下了空间。

17、18世纪是自然法、自然权利和人权战胜宗教和王权的时代,思想家们用抽象的近乎神性的理性与权利挑战了传统的权威,支持了西方社会从古代向近代、现代的转变,人权也就成为一种反抗性的旗帜和斗争的工具。古典自由者的自由、平等则成为人权斗争性的依据。霍布斯说,"在法律未加规定的一切行为中,人们有自由去做自己的理性认为最有利于自己的事

---

① 〔美〕科斯塔斯·杜兹纳著:《人权的终结》,郭春发译,江苏人民出版社2002年版,第24页。
② 同上书,第31页。

情。"①虽然霍布斯的观点晚年变得保守,但他也曾否认自成一统的教会,极力抨击教皇掌握的超越世俗的权力,在反对宗教的专权与腐朽上功勋卓著。虽然卢梭承认"人生而自由,但却无往不在枷锁之中",但他的主要目的却是前半句话。美国的潘恩强烈地批判了英国的君主政体与世袭制,"君主政体意味着我们自身的堕落和失败,同样,被人当做权利来争夺的世袭制,则是对我们子孙的侮辱和欺骗。因为,既然一切人生来都是平等的,那么谁也不能因为出身而有权创立一个永远比其他家庭占优势地位的家庭,并且,即使他本人也许值得同时代人相当程度的尊敬,但他的后人却可能绝不配承袭这种荣誉。"②依据自然法享有的自然权利是不可剥夺的,而现实的教会和王权却与这种要求背道而驰,于是反抗成了必然的结果,甚至是一种自然的权利。"当立法者们图谋夺取和破坏人民的财产或贬低他们的地位使其处于专断权力下的奴役状态时,立法者们就使自己与人民处于战争状态,人民因此就无须再予服从,而只有寻求上帝给予人们抵抗强暴的共同庇护。"③

美国的《独立宣言》和法国的《人权宣言》对古典人权所具有的反抗精神作了完美的总结。《独立宣言》所宣布的主要人权就包括生命权、自由权、追求幸福的权利和起义权(反抗权),"我们认为下面这些真理是不言而喻的:人人生而平等,造物者赋予他们若干不可剥夺的权利,其中包括生命权、自由权和追求幸福的权利。为了保障这些权利,人类才在他们之间建立政府,而政府之正当权力,是经被治理者的同意而产生的。当任何形式的政府对这些目标具破坏作用时,人民便有权力改变或废除它,以建立一个新的政府;其赖以奠基的原则,其组织权力的方式,务使人民认为唯有这样才最可能获得他们的安全和幸福。"《人权宣言》强调,"任何政治结合的目的都在于保存人的自然的和不可动摇的权利。这些权利就是自由、财产、安全和反抗压迫。"遵循这种反抗性理念的需要,其后西方国家宪法的一个基本目标是限制国家和政府的权力并为人民保留基本人权。在以后的历史发展中,人权领域的重大进步都源自于社会斗争或反抗,包括工作权利的承认、社会保障的取得、反对种族主义、女权运动和保障原住民权利问题。如果没有人权的反抗精神,这些观念中的道德权利就永远也不会变成法定权利并进而成为人们生活中所实实在在享有的现实权利。

---

① 〔英〕霍布斯著:《利维坦》,黎思复、黎廷弼译,商务印书馆1985年版,第164页。
② 〔美〕托马斯·潘恩著:《常识》,何实译,华夏出版社2004年版,第22页。
③ 〔英〕洛克著:《政府论》(下卷),叶启芳、瞿菊农译,商务印书馆1982年版,第139页。

三、古典人权运动的主要成就

第一,构建了法律化的人权体系。

在法律史中,从很早的时候开始,一些现在被称作"人权"的个人权利就得到了国内法律的承认,虽然当时没有使用"人权"这个词。启蒙思想家的自然法与自然权利思想促成了人权理论的系统形成,而资产阶级革命胜利之后,近代资本主义各国也努力通过宪法和其他法律来确保人权,人权从理论状态逐渐进入实践阶段。从权利的形态上看这是从应然权利向法定权利的转变过程。

在人权思想或观念的法律化过程中,英国的《大宪章》(这是英国资产阶级革命之前很早的一部宪法性文件)、《权利法案》,美国的《独立宣言》《人权法案》,法国的《人权宣言》以及其后各国的一些宪法都发挥了里程碑式的作用。如英国的《大宪章》第 39 条规定:"任何自由人,如未经其同级贵族之依法裁判,或经国法判决,皆不得被逮捕、监禁、没收财产、剥夺法律保护权、流放或加以任何其他损害。"美国《独立宣言》宣布:"我们认为下面这些真理是不言而喻的:人人生而平等,他们都从他们的'造物者'那边被赋予了某些不可转让的权利,其中包括生命权、自由权和追求幸福的权利。"法国《人权宣言》第 2 条规定:"任何政治结合的目的都在于保存人的自然的和不可动摇的权利。这些权利就是自由、财产、安全和反抗压迫。"总体来看,这些宪法或宪法性文件中所强调的基本人权包括:(1)生命权。(2)自由权。法国《人权宣言》在第 1 条、第 2 条和第 11 条明确宣告人的自由权。(3)平等权。美国《独立宣言》宣称所有的人生而平等。(4)财产权。资本主义的发展就是以财产权的保障为基础,同时也明确要求加强对私有财产权的保护,所以才形成"私有财产神圣不可侵犯"这样的理念。(5)反抗权。法国思想家卢梭认为,人民的反抗权是不可侵犯的,并认为它是人民的合理合法的行为。美国《独立宣言》宣布:"政府的正当权力,则系得自统治者的同意。如果遇有任何一种形式的政府变成损害这些目的的,那么,人民就有权利来改变它或废除它,以建立新的政府。"(6)追求幸福的权利。追求幸福是每个人的愿望,也是人权的一个重要方面。[①]

以《独立宣言》《人权宣言》为标志的近代人权观念虽然通过宪法的形式得以成为法律上的权利,但基本人权的实现并没有因为法律的规定而顺理成

[①] 以上权利的详细介绍参见南京大学法学院《人权法学》教材编写组编:《人权法学》,科学出版社 2005 年版,第 42—43 页。

章。西方国家以及后来的其他国家仍用了很长时间努力将一些理论上的基本权利变成事实上的政治、经济权利,这一过程直到今天仍在继续。

第二,开始了人权运动的国际化萌芽。

由于传统国际法被认为是专门用以调整国家之间关系的法律,只有国家才是国际法主体并享有国际法上的权利,个人只有通过他们的民族或所属的国家才能从国际法受益,所以直到第二次世界大战以前,人权问题基本上是被作为纯属国内管辖的事项来对待,只在特定几类人权问题上,存在着一些国际性的人权法律规范。

在国际关系中较早处理人的"权利"问题是在宗教方面,"宗教自由可能是被国际法承认的第一项人权",比如法国殖民地阿卡迪亚和魁北克根据《根特条约》(1713年)和《巴黎条约》(1763年)被割让给信奉新教的英国时,天主教徒的宗教权利也得到了保障,虽然他们在一段时间里未能在大英帝国享受到这些权利。[①] 此外关于少数人权利保护的国际条约也较早地将人权引入国际法。在第一次世界大战以前,国际废奴运动、劳工保护和国际人道主义运动对人权保护进入国际领域产生了重要的影响,其中国际废奴运动是人权的国际化一个突出成就。虽然奴隶贸易问题的解决充满曲折,西方工业国也并没有因为签署这些国际文件就彻底解决奴隶贸易问题,但这些废除奴隶贸易的活动是国际人权法早期萌芽的代表。到20世纪初,人权受到了"世界上第一个一般性和普遍性的国际组织"——国际联盟的重视,《国际联盟盟约》首次以国际组织规约的形式对人权保护作了规定(第22条、第23条)。第一次世界大战以后,各种保护少数者的条约、废除奴隶制和禁止奴隶贸易的条约、劳工保护条约和人道主义公约纷纷出现。总体来看,在第二次世界大战之前的国际关系和活动中,很少涉及人权问题,国际人权运动只是处于刚刚开始的萌芽阶段,没有形成"国际人权"的概念,更没有形成体系化的国际人权法。而且这些萌芽性的国际人权法和国际人权运动仍侧重于政治权利和自由,很少涉及经济社会性权利。

第二节 古典人权运动的缺陷

人权是美好的,但缺陷也客观存在,甚至制度上的权利也并不等于现实的权利。在西欧主要资本主义国家完成人权的法定化之后,现实中的人权状况并没有随着法律的颁布而立即改观,人权问题仍然广泛存在。通过对古典

---

① 〔加拿大〕约翰·汉弗莱著:《国际人权法》,庞森等译,世界知识出版社1992年版,第20页。

人权运动及其现实效果的历史考察,我们会发现人权运动所追求的平等、自由、独立等内容并没有充分实现。在国际关系中,人权的观念也没有得到重视或推行,西方先发展起来的工业国在世界各地疯狂地抢占殖民地、进行奴隶贸易,世界通行的仍是"丛林法则"。这些,本书将之称为古典人权运动的缺陷,从经济权利的研究角度看,这些缺陷为后来经济权利的形成奠定了社会基础。因此,除了了解人权运动的现实不足之外,还有必要反思古典人权思想自身的不足以及古典人权运动的现实缺陷,这种反思有助于我们加深对人权的理解和未来人权思想的建构。

一、古典人权运动的观念缺陷

传统的人权价值观基础支撑了人权思想的成熟、完善和走向实践,但这一个过程并不是完美无缺的,人权思想与制度也没有停止发展的脚步。特定历史时期所形成和通行的观念,从后来的眼光分析,总会存在着缺陷和不足,如果没有这些缺陷与不足,一种思想或观念就会走向灭亡,而不是再生与发展。根基于自然法和自然权利的古典人权思想对于资产阶级革命的胜利和资本主义社会的发展起到了巨大的推动作用,但同样也存在不可避免的缺陷。理论的美好与现实的残酷一直长期共存,这让我们不得不反思传统人权思想存在哪些问题。

(一)权利观念的政治属性太强

在古典人权思想下,人权的具体权能包括生命、财产、自由、平等、安全等,内容虽然很丰富,但都有一个共同的特点:即都是为了对抗政府暴政而设定的,也就是说,是一种政治上作为与政府权力相对立的范畴而存在。古典人权中的各项具体内容基本上都变成了政治权利,比如说自由,自由权强调权利主体的意志自由和行为自由,主体行使权利是出于主体的自由意志与免受一切非法的干扰的行为自由,这种"古典式"自由与国家的政治权力是相对立和排斥的,因而,那时的"自由只可要求国家不干预而不必然要求国家提供积极行为"。① 古典自由思想的集中体现是古典经济自由主义,其最核心的目的是反对国家对经济生活的干预,古典经济学家对此作了精确的阐述。如亚当·斯密认为,"总的来说,最好的政策,还是听任事业自然发展,既不给予津贴,也不对货物课税。"②"似乎必须把不列颠宣布为自由港,并对国

---

① 范进学著:《权利政治论》,山东人民出版社2003年版,第10页。
② 〔英〕坎南编著:《亚当·斯密关于法律、警察、岁入及军备的演讲》,陈福生、陈振骅译,商务印书馆1962年版,第196页。

际贸易不加任何阻碍。如果可能使用其他方法支付政府的费用,应该停止一切的税、关税、消费税等。应该准许和一切国家通商和进行贸易的自由,应该准许和一切国家买卖任何东西。"①再来看平等。古典人权思想强调平等的目的是为了反抗古代政治生活的不平等,首要目标是实现人在政治上的平等地位。古代政治生活的基本原则是权力本位,政治主体始终是某些少数人,社会通行等级制,政治权力处于世袭或者说垄断的状态,权力的垄断和人的等级性使社会中的大部分主体丧失了平等参与政治生活的权利,沦为政治上始终被支配的客体。政治权力的缺失影响了人们的政治地位和经济利益分配,作为后来人的资产阶级在砸烂旧世界的时候,强烈要求政治上的平等。

所以,资产阶级革命时期的人权思想是一种政治色彩极强的价值观念。"作为人应该享有的权利,普遍人权是在资产阶级反对封建专制制度、主张个性解放的过程中提出来的,并带有明显政治色彩的价值观念。"②这种浓厚的政治色彩与人权形成过程中的角色定位密不可分,人权起初主要是在工具意义上被提出来的,其基本作用是反对封建专制制度。资产阶级革命时期的启蒙思想家以及后来的自由主义者对政府的权力基本上是持一种不信任态度,如孟德斯鸠所说,"一切有权力的人都容易滥用权力,这是万古不易的一条经验"。③ 为了限制政府权力,手段之一就是借助自然法赋予公民权利,这就形成了与政治权力对应的、以自由为核心的人权。从本书的主题来看,人权被当做政治权利,国家的义务就是消极不作为义务,而人权所需要的物质基础则被列入了次要地位,古典自然法思想家在考虑人权的时候基本没有过多关注,西方各国的宪法对此也没有充分规定。这种在思想上对人权的物质基础的忽略与后文所描述的人权运动中的现实缺陷密切相关,政治性的人权保障了资产阶级的政治地位和经济自由,但对于无产者来说,抽象的政治平等、自由并不能解决现实的失业、贫困和缺乏社会保障。而且,资产阶级利用这种政治性的"话语权"还可以更加自由、平等地剥削无产者。

(二) 人权主体过于抽象和狭隘

首先,古典人权观念中的人是抽象的。人权的根基在于"人",但在古典人权思想中,人仅仅是一种哲学上空洞的"符号",是一种思想上、逻辑上的"预设"。"从自然状态出发来论证人的权利,自然便会推导出,这种权利是

---

① 〔英〕坎南编著:《亚当·斯密关于法律、警察、岁入及军备的演讲》,陈福生、陈振骅译,商务印书馆1962年版,第220页。
② 莫纪宏著:《国际人权公约与中国》,世界知识出版社2005年版,第23页。
③ 〔法〕孟德斯鸠著:《论法的精神》,张雁深译,商务印书馆1959年版,第184页。

作为抽象的普遍的'人'的权利,而不是具体的人的权利,不是作为具体国家的一个'公民'的权利"。① 这种人的观念是以自由主义和个体主义为根基的一种意识形态。"自由主义人权观的人权主体,从理论上看是普遍的人,但并不是经验的具体的人,而是自由主义理论所预设的普遍的'人',或者说是一个形而上学的'人',一个理想的、道德性的、长于计算的'经济人'和'公民',一个以商人为原型的'人'。"②古典思想家在形成自己人权思想的时候,也是在一种极其抽象的意义上来界定人的本质。按照古典自由主义者设计的民主社会来说,其发展趋势是人人的平等、一致、相似和趋同。"在这样的大众社会中,个人的独立、个人的特异、个人的首创与个人的多样性等等都在这样的社会特性中被消灭或者不复存在"。③

人权主体的抽象性与西方社会个人主义传统密切相关。古罗马灭亡后,从古罗马开始形成的个体人格观念被带入了教会。对于基督教来说,每一个人都是上帝所创造的,都在为自己的罪恶进行救赎。宗教改革后,基督教强调个体教徒遵守教义的义务,而经过文艺复兴和宗教改革,随着思想和艺术对人自身的回归,"人"的形象越来越清晰、独立。在社会关系中,个体的独立地位成为社会交往和规则形成的基础。"环境要求把人当做个人来对待,个人在社会中的地位必须得到法律的正式确认。法律所具有的确切性特点最适合于其成员被看做单个的个人而不是集团的社会。历史上,随着法律越来越复杂化,法律越是将人作为个人而不是群体看待,其着重点也就越集中在人的权利和义务上。"④个人主义(与价值贬褒无涉)是法律规则的性质以及法律所使用的概念的精确性所要求的。这样,在形成具体的法律思想和制度时,必然把个人抽象为一种没有差别的人,这是法律的本质要求,也是社会契约论得以形成的前提。古典人权视野下,所有的人都是一样的,都有同样的权利,没有人关注人与人之间所具有的现实差异。

其次,在古典人权观念中,权利主体也具有很强的狭隘性。从人权本身的目的来说,人权关注的是所有人,国家的界限和主体的范围都是模糊的,地域范围和主体特征从逻辑上说不能限制以自然权利为基础的基本人权。但

---

① 李宏图著:《从"权力"走向"权利"——西欧近代自由主义思潮研究》,上海人民出版社2007年版,第99页。
② 曲相霏:《自由主义人权主体观批评》,载徐显明主编:《人权研究》(第四卷),山东人民出版社2004年版,第39页。
③ 李宏图著:《从"权力"走向"权利"——西欧近代自由主义思潮研究》,上海人民出版社2007年版,第243页。
④ 〔英〕彼德·斯坦、约翰·香德著:《西方社会的法律价值》,王献平译,中国法制出版社2004年版,第164页。

从西方资本主义各国法律的规定和人权的现实状况来看,古典人权思想的主体范围是非常有限的。如同瑞典学者胜雅律所指出,人权观念根据《世界人权宣言》可以划分为两个阶段,"两个阶段的转折点是联合国的《世界人权宣言》(1948年12月10日)。从这个宣言以来,人权——从理论上讲——才说'普遍的'。该宣言以前,按照《世界人权宣言》标题的逻辑,人权——从理论上讲——则是非普遍的。"①在资产阶级革命时期的欧洲,人权只适用于文明的国家和理性的人口,即"文明"的欧洲各国,而非洲这样的殖民地和亚洲的落后地区则不适用于人权问题。即使在西方各国的国内,人权的主体也不是普遍的,所谓的人权只是用于有产者,而且是成年男子。妇女不是人权主体,"只有那些被认为有理性的人才配称为人,因此,妇女,因为被认为先验地非理性,也就是非人,次等人(或者劣等人)。"②法国大革命以平等、自由为目标,但法国国民公会1793年春肯定,"儿童,精神病人,未成年人,妇女和恢复权利之前罪犯,不是公民"。美国的《独立宣言》中的"人"是"男性欧洲人",根本不适应于黑人奴隶和印第安人。美国学者路易斯·亨金说:"《独立宣言》宣布'人人'都有某些不可转让的权利,并且,原则上宪法保护所有人的这些权利。但事实上,我们知道'人人'并不是指全人类,美国宪法也并非保护所有的人。奴隶就没有不可转让的权利。且其他黑人、佣仆、印第安人和妇女——甚至白人妇女——也都没有和白种男子同样的不可转让的权利,同时也就谈不上享有同等的宪法保护了。这种对普遍性原则的背离并非美国人权思想的组成部分,而是实现人权过程中的严重失败。美国宪法就是缓慢地实现《独立宣言》所作出的允诺的历史。"③法国大革命期间的女权运动者奥兰普·德·古施为了抗议《人权宣言》对妇女的排斥,提出了《妇女和女公民权利宣言》,结果她自己还被罗伯斯皮尔的门徒判处死刑。直到1944年以前,法国妇女并无选举权。主体的狭隘与人权的普适性存在着不可消弭的悖论。在人权历史上,西方思想家和政治家们一直不情愿承认这样一个丢脸的事实。这种主体狭隘为西方人在非洲、亚洲的侵略与虐杀行径提供了观念上的支持和自我合理感。

(三) 人权内容不够全面

从逻辑上来说,人权思想的基础——自然法——本身就是一种假定,在

---

① 〔瑞士〕胜雅律:《从有限的人权概念到普遍的人权概念——人权的两个阶段》,王长斌译,载沈宗灵、黄枬森主编:《西方人权学说》(下),四川人民出版社1994年版,第253页。
② 同上书,第256页。
③ 〔美〕路易斯·亨金,阿尔伯特·J.罗森塔尔编:《宪政与权利:美国宪法的域外影响》,郑戈、赵晓力等译,生活·读书·新知三联书店1996年版,第4页。

这种假定的前提下,形成了不容置疑的、超越法律的自然权利和"固有的"人权。《人权宣言》说:"在权利方面,人们生来是而且始终是自由平等的。只有在公共利用上面才显出社会上的差别。"这赋予了人一出生就具有抽象而普遍的人权,但是人事实上不可能是完全自由、平等的。"资产阶级提出了自由,这种自由本身又带有巨大的抽象性,往往找不到一个精确的标准来加以衡量。"①"一旦抽象的人性沾上点经验或历史性的内容,一旦我们把目光从宣言转向(有性别、民族、阶级和年龄差异的)具体化的人时,人性的平等和尊严就消失了……从这个意义上讲,人权只是一个现在的谎言,这必将在未来得到证实。"②所以,人权所强调的平等、自由只是一种愿望的陈述而不是一个事实的描绘,这种陈述表达了一种没有甚至无法彻底实现的理想,即所有人的权利和尊严都应该是平等的,所有人都应该是自由。当然,这种人权内容的抽象具有一定的合理性,因为要把人权作为一种反对封建专制制度和特权的工具和力量,必须进行抽象,形成一种意识形态。此外,要使人权能形成一种普遍性的观念,也必须进行抽象,否则就无法通行于社会。但人权内容的抽象也导致了严重的后果。在古典人权观念中,权利是抽象的平等和自由,但人们如何才能平等?又有哪些自由?如何实现这种平等自由呢?古典人权思想对此都没有解答。这种人权的抽象性实际上限制了人权自身的道德基础,即自由、平等的适用范围和作用力,因为具体个体实现平等和自由的条件是不一样的。马克思主义者认为,人是一种社会性动物,人的权利都具有社会性。在人权思想广为传播后,现实中的人权状况并没有因为思想的传播而立刻改进。

人权内容的不全面集中体现于对政治权利的偏重。而且,即使是自由、平等这样的政治权利,在现实中同样极其模糊和充满矛盾。被马克思热情地盛赞为世界上"第一个人权宣言"的《独立宣言》,在高声宣布"人人生而平等"的同时,却继续保留着罪恶昭彰的奴隶制。美国宪法秉承平等、自由传统,但最初却对公民的具体权利未作规定,后来不得不通过《权利法案》加以补充,而且奴隶制度在美国建国后仍保留了半个多世纪。古典人权内容的抽象与狭隘为20世纪后对平等、自由的重新理解奠定了基础。后来对有限自由的推崇、对实质平等的追求都与人权内容的抽象和狭隘密切相关,也为经济权利被重视提供了必要性,因为没有经济权利的人就无法享有人权。

---

① 常士訚著:《政治现代性的结构:后现代多元主义政治思想分析》,天津人民出版社2000年版,第10页。

② 〔美〕科斯塔斯·杜兹纳著:《人权的终结》,郭春发译,江苏人民出版社2002年版,第105页。

(四) 经济性权利匮乏

古典人权思想的内容基本上是政治性的,后来的人权文件中也主要规定政治性人权,不论是思想家的思想还是后来的宪法性文件,对经济性人权都缺乏足够的重视。在古典人权体系中,能够和"经济"关联起来的权利似乎只有经济自由和财产权。

启蒙时代的思想家多数是在政治意义上使用"自由"这一概念。"自由主义是一种基本的政治信念,一种哲学和社会运动,也是一种社会体制构建和政策取向。它还是一种宽容异己、兼容并包的生活方式。它把自由当做政府的基本方法和政策、社会的组织原则以及个人与社区的生活方式。"①自由主义是一种个体自由主义,从一般意义上说,当提到自由时,多数是指个人(公民)免受国家或政府的直接强制。虽然自由主要是政治意义上的,但这一概念可以应用于经济领域。按照霍布豪斯的概括,自由主义的基本内容包括:公民自由、财政自由、人身自由、社会自由、经济自由、家庭自由、地方自由、种族自由、民族自由、国际自由、政治自由和人民主权这样一些内容。②著名的古典经济学家亚当·斯密就把自由思想应用于经济活动规则之中,于是就形成了"经济自由"这一概念,后来变成了宪法上的财产自由权。

经济自由可以是权利,甚至是宪法规定的基本权利(尤其是近代宪法广泛制定以后),但不一定是人权。古典人权思想中,基本没有提到经济自由,所以对于经济自由是否是一项人权还存在着争议。③ 不论是自然权利思想,还是人权思想,都没有明确承认这样一种权利。从人权的本质来看,人权的基本理解是人之为人所应该享有的权利,在多数的思想家那里,人权往往是指人所享有的最基本的、以一定的道德要求为基础的权利。如亨金所说,"人权是个人在社会中的权利。"④米尔恩认为人权是一种"最低限度标准","更确切地讲,它是这样一种观念:有某些权利,尊重它们,是普遍的最低限度的道德标准的要求。"⑤所以,从直接的理论层面看,人权是不包括经济自由的,至少在人权思想的初期是如此认为的。只是由于自由是基本的人权,自由可以广泛应用于多个领域,从间接的角度看,经济自由应该是一种人权,而

---

① 顾肃著:《自由主义基本理念》,中央编译出版社2003年版,第1页。
② 霍布豪斯著:《自由主义》,朱曾汶译,商务印书馆1996年版,第2章。
③ 关于宪法的基本权利是否是基本人权,在理论上一直存在争议。参阅李步云、陈佑武:《人权与"权利"异同》,载徐显明主编:《人权研究》(第三卷),山东人民出版社2003年版。
④ 〔美〕路易斯·亨金著:《权利的时代》,信春鹰等译,知识出版社1997年版,第2页。
⑤ 〔英〕米尔恩著:《人权的权利与人权多样性——人权哲学》,中国大百科全书出版社1995年版,第7页。

这是 20 世纪以后的看法了。

古典人权思想中,财产权的地位比较高,这与资本主义商品经济的发展密切相关。在传统人权思想中,财产权与生命权、自由权一起构成了基本人权,其中生命权是一切权利的源泉,财产权则是实现这些人权的工具,没有财产权就谈不上基本人权。① 财产权是人类谋求生存、建立和拥有家园的权利,是生命权利的延伸,是人类自由与尊严的保证。但在古典人权思想中,财产权同样具有强烈的政治性和抽象性。财产权的目的是为了保证私人财产免受政府的非法侵犯,是为了对抗政府而提出的。从抽象性看,财产权强调它是人人都享有的普遍资格,意义在于确定其在人权内容中的重要性,而不在于确定具体权能。后来各国宪法所规定的财产权也具有这种性质,抛弃各类具体财产权的个性,凝练、萃取它们共同的东西进行概括性规定,确立保护公民财产权的原则,而不是为公民占有、使用和处分财产制定具体的行为规则。至于如何分配社会财富、如何获得财产、如何保护财产以及公民无法获得或没有财产时应该怎么办,这些问题并不是古典人权思想的旨趣所在。

所以,在古典人权体系中,真正与经济有关联的人权是政治化的财产权,经济自由与人权只有间接的关系。而对于其他的经济性权利,比如为了获得财产权就需要有工作权、教育权,当无法获得财产时就应该有社会最低保障权,古典人权思想都没有涉及。这些不足为后来经济权利受到重视提供了坚实的基础。

二、古典人权运动的现实缺陷

(一) 西方国家国内的人权缺陷

1. 社会分配严重不公。资本主义经济制度确实带来了商品经济的繁荣昌盛,新商路的不断开拓,市场的作用不断加强,社会财富迅速积累。资产阶级在其成长过程中,在反对封建专制主义、促进生产力发展和推动社会文明进步方面,起到了非常革命的和进步的历史作用。"资产阶级在历史上曾经起过非常革命的作用","资产阶级在它已经取得了统治的地方把一切封建的、宗法的和田园诗般的关系都破坏了"。② 没有人会否认资本主义在商品生产上的巨大效率,但人们也知道资本主义同样伴有强烈的财富分配不平等。美国的经济学者对 20 世纪末的美国社会财富分配状况做过一个直观的

---

① 所以有学者就认为西方一直有经济权利,比如唐纳里(Jack Donnelly),他就在文章中驳斥了西方工业民主过去和现在都反对经济权利的神话。Jack Donnelly, *The West and Economic Rights*, *Economic Rights*, in Sharee Hertel, Lanse Minkler(ed.), Cambridge University Press, 2007, pp.37—55.

② 《马克思恩格斯选集》(第一卷),人民出版社 1995 年版,第 274 页。

描述。"如果我们把美国人的收入分成 3 份,我们会发现那顶尖的 10% 的人口得到了 1/3,另外的 30% 的人得到了另外的 1/3,底层的 60% 的人得到最后的 1/3。如果我们把美国的财富分成 3 份,我们发现顶尖的 1% 的人拥有 1/3,另外的 9% 的人拥有另外的 1/3,底层的 90% 的人拥有剩下的 1/3。"[1]20 世纪末最发达的资本主义国家美国的经济不平等尚且如此,18、19 世纪的西欧资本主义各国的情况绝不会更好。恩格斯在 1842 年写的《英国工人阶级状况》一文中说,"工业发达的英国不但使人数众多的无产阶级成了自己的负担,而且使无产阶级中人数相当多的赤贫阶级也成了自己的负担,而英国要摆脱这个阶级是不可能的。这些人需待自己寻找出路;国家不管他们,甚至把他们一脚踢开。"[2]

工业化的大生产虽然带来了经济的繁荣和产品的丰富,但同样带来了社会阶层的分化和断裂,大部分工人成为贫困者,少数资本家成为社会主要财富的掌控者。资本主义商品经济产生和发展的过程,是劳动者和生产资料相互分离的过程,人被异化为劳动资本,生产资料转化为物质资本,最终破产的小生产者转为雇佣工人。近代以来的两大对立的阶级资产阶级和无产阶级就是在这一过程中产生的。早在 13、14 世纪,英国毛纺织业的发展和国际市场的开拓,促进了英国养羊业的迅速发展。在利润的驱使、市场的推动下,英国开始了大规模的"圈地运动"。在英国资产阶级革命成功以后,资产阶级政府利用国家强力加速圈地的进程。圈地运动使生产要素和劳动者分离,不仅为资本主义工商业的发展提供了必要的土地资源,而且为资本主义雇佣劳动提供了一无所有的劳动者。破产的农民被迫走上出卖自己劳动力的道路。随着工业革命的发展,社会财富日益集中到少数的资本家手中,而工人的贫困化日益加重。以英国为例,"随着物价的暴涨,工人的实际工资不断降低。如 1809 年至 1818 年的实际工资,比 1759 年至 1768 年降低 35%。据英国全国平均数字来看,名义工资有上升趋势。而作为当时英国工厂主发财致富的主要部门棉纺织业,在 1818 年至 1820 年名义工资,却比 1802 至 1805 年低了一半左右。19 世纪初叶,英国工人一个工作日的名义价格不过比 1514 年提高 3 倍或者最多不过提高 4 倍。可是谷物价格却涨了 6 倍,肉类和衣服的价格涨了近 14 倍。显然,工资的提高远远赶不上生活费用的上涨,工资和生活费用相比较,19 世纪 60 年代,抵不过 1514 年的 1/2。这些材料完全说明了

---

[1] 〔美〕戴维·施韦卡特著:《超越资本主义》,宋萌荣译,社会科学文献出版社 2006 年版,第 136 页。
[2] 《马克思恩格斯全集》(第一卷),人民出版社 1956 年版,第 556 页。

英国工人阶级在'世界工厂'地位确立后,实际工资不断地下降。"①工人工资的降低与社会财富的迅速积累就反映了一个突出社会问题,即经济分配的严重不平等。如同英国社会活动家和政论家锡德尼·维伯在20世纪30年出版的著作中所说,"在资本主义国家,一个人与另一个人之间,一个阶级与另一个阶级之间,不计他们本身的贡献,并且往往与他们的勤劳和对社会的用处成反比,存在着残酷的不平等,这并不是由于资本主义运用上的缺点而产生的,而是在它的本质里就已存在的。它不是暂时的现象,而是永久性的特征。"②所以法国的经济学家在19世纪初叶提出了要制定最低工资标准,保证社会分配。"布雷特(Buret)和维尔梅(Villerme)于1830—1840年进行了大规模的社会调查,他们强调如果不制定最低工资标准,劳工阶级将对资产阶级构成威胁。这一调查为工业化将导致的社会后果敲响了警钟。"③

2. 失业的持续和普遍。资本主义商品经济的特点是迅速进行商品生产,这会导致生产过剩和失业。"它的生产能力远远超过了它现在正在进行的生产。大部分工厂都有过剩的生产能力,许多工人都失业了。过剩的生产能力和失业是现实资本主义世界的基本特点。充分就业和资源的均衡(除战争时期外)是教科书里的幻想。"④资本原始积累和产业技术革命引起了两种截然相反的趋势:一方面是资本对劳动力的需求相对减少,另一方面劳动力的供应不断增加。其结果是,劳动力的供应超过资本对劳动力的需求,许多工人找不到工作,处于失业或半失业状态,造成人口相对过剩。这种过剩人口,不是指工人数量绝对地超过了社会生产的需要,成为完全"多余"的人,而是相对于资本的需求来说显得过剩。相对人口过剩是资本积累的必然结果。

从政治经济学的角度分析,相对于劳动人口的绝对数而言,资本对劳动力的需求是一个独立变量。资本家以追求剩余价值最大化为目标,资本只有在其增值的范围内才会雇佣劳动。同样,相对于资本对劳动力的需求而言,劳动人口的绝对数量也是一个独立变量。当劳动力的供给小于劳动力的需求导致工资水平上涨时,为了维持利率,资本拥有者采取的办法是努力进行技术革命或使用更多的机器,劳动人口仍然会过剩。"几乎一切机械发明都

---

① 刘淑兰主编:《世界资本主义经济史话》,吉林人民出版社1988年版,第139页。
② 〔英〕锡德尼·维伯、比阿特里斯·维伯著:《资本主义文明的衰亡》,秋水译,上海世纪出版集团、上海人民出版社2001年版,第19页。
③ 〔法〕卡特琳·米尔丝著:《社会保障经济学》,郑秉文译,法律出版社2003年版,第4页。
④ 〔美〕戴维·施韦卡特著:《超越资本主义》,宋萌荣译,社会科学文献出版社2006年版,第142页。

是由于缺乏劳动力引起的,哈格里沃斯、克伦普顿和阿克莱发明棉纺机尤其如此。劳动需求的急剧增长总会引起发明的出现,这些发明大大地增强了劳动的力量,因而就降低了对人的劳动的需求。"① 若资本对劳动的需求不能吸纳全部劳动人口时,劳动人口的数量并不会在下降了的工资水平的调节下减少,以去适应资本对劳动力的需求量,资本对劳动力的需求只是把工人人口分为产业现役军和产业后备军。所以伴随资本对劳动力需求水平变化的,是失业人口的数量和地区范围的波动。

古典经济学中的供给和需求理论认为,供给创造需求,所以自由竞争的供给创造了对劳动力的需求,不会有大量的失业。后来凯恩斯对此进行过分析,"作为该学说的一个推论,任何具有购买力的个人的节制消费行为被认为必然会使由于节制消费而解放出来的劳动和商品被用于生产资本品的投资。"② 但这种推论忽视了现实中的脱节,"无论如何,那些如此方式思索的人都受到了视觉上的幻象之骗;视觉上的幻象把本质上不同的事物看成似乎相同的东西。这些人错误地设想在节制现在的消费和准备将来的消费之间存在着自行协调的关系;而在事实上,决定后者的动机与决定前者动机之间并不存在任何单纯的联系方式。"③ 由于消费和投资之间的脱节,必然使一部分人没有将所获得的货币用于购买产品或进行投资,导致社会产出的过剩,从而引起对劳动力需求过剩,产生失业。"实际例证表明,充分或者大致充分就业量是少有的和短时存在的现象。"④ 对于资本主义经济来说,存在一定程度的失业者是保障资本主义工作竞争状态的需要。"一个自由放任的资本主义经济无论怎样也不会达到充分就业。它能保持任何水平的失业。让大量的人边缘化,对于资本主义经济来说非常可能,这些人被政府的干预所忽视,将保持永久性地失业。"⑤

3. 底层民众的极端贫困。由于经济分配的不公平,加上失业等因素,在资本主义经济史上,贫穷曾经是一种很常见的现象。在资本主义发展的初期,许多家庭在社会中处于贫穷的状况,妇女和童工成为普遍现象。法国思想家托克维尔曾在19世纪30年代考察了当时的英国,并写下了游记。根据

---

① 恩格斯:《政治经济学批判大纲》,载《马克思恩格斯全集》(第一卷),人民出版社1956年版,第625页。
② 〔英〕约翰·梅纳德·凯恩斯著:《就业、利息和货币通论》(重译本),高鸿业译,商务印书馆1999年版,第24页。
③ 同上书,第26页。
④ 同上书,第256页。
⑤ 〔美〕戴维·施韦卡特著:《超越资本主义》,宋萌荣译,社会科学文献出版社2006年版,第144页。

布罗代尔对托克维尔记录的转述:"1835年7月,他先在伯明翰逗留,然后前往曼彻斯特,当时这是两个尚未完全建成的大城市。建设仓促、马虎,事先没有规划,但是生机蓬勃。利兹、锡菲尔、伯明翰、曼彻斯特、利物浦这些紧张忙碌的大城市相距密迩,连成一片,它们是英国工业跃进的灵魂。伯明翰还像人间,曼彻斯特则近乎地狱。曼彻斯特的居民从1760年的17000人上升到1830年的180000人,增加了10倍。地皮不够,建在山丘上的工厂高达六七层,乃至十三层。豪华的住宅与工人的陋屋分散在城市各个角落,毫无布局可言。到处是水坑、污泥;每有一条铺上石块的大道,就有十条泥泞的小巷。男女老幼挤在污秽不堪的铁房里;有些地窖同时住着十五六人。约有5万名爱尔兰人生活在社会的最底层。利物浦的情况相同,托克维尔记下该地有'6万名信奉天主教的爱尔兰人'。他补充说:'这些人的贫困程度几乎与曼彻斯特相等,不过有所掩盖而已。'"①这种贫困不仅在资本主义初期存在,事实上一直普遍存在。"资本主义的社会组织的突出和完全出乎意料的结果是,在国内产生了普遍的贫困。整整一个世纪以来的经验,在欧洲和美洲最先进的文明里,都同样显露了这个事实,就是:普遍的贫困,这是由于广大人民群众被剥夺了生产工具所有权以及这种所有权到处集中在相当小的有产阶级手中的结果。"②

在19世纪中叶以前,工人工作时间过长,工资低下是普遍现象,造成了大量工人的贫困。这种贫困从某种意义上说是资本主义发展的动力,资本主义不可能给所有的人提供工作,而且如果全部都提供工作了,将使有工作的人失去努力的动力。"失业是健康的资本主义不可缺少的。健康的资本主义不仅要有穷人,而且要有贫困,一种痛苦、堕落、耻辱的条件,那种人们非要努力去避免的条件。不然雇主们怎么使那些工人保持秩序?你可以鞭打奴隶而不能鞭打'自由的'男人和女人们。"③失业和由此带来的贫穷成为资本主义制度控制劳动者的工具。此外,在资本主义经济发展过程中,还周期性地出现经济危机。在危机期间,失业率大增,而资本家更是一再降低工人工资,加剧了工人贫困化。

4. 社会保障匮乏。资本主义在其早期的进程中,剥削极其残酷,工人的

---

① 〔法〕费尔南·布罗代尔著:《15至18世纪的物质文明、经济和资本主义(第三卷,世界的时间)》,施永康、顾良译,生活·读书·新知三联书店1993年版,第654页。
② 〔英〕锡德尼·维伯、比阿特里斯·维伯著:《资本主义文明的衰亡》,秋水译,上海世纪出版集团,上海人民出版社2001年版,第7页。
③ 〔美〕戴维·施韦卡特著:《超越资本主义》,宋萌荣译,社会科学文献出版社2006年版,第152页。

工资比较低,很多人处于贫困之中,社会中普通公民的生活缺乏保障,这导致了社会中阶级矛盾非常尖锐,社会处于动荡不安的过程中。社会主体之间的矛盾不仅危及着资本主义的政治统治,同时也对资本主义的经济发展产生了很大的影响,阻碍着资本不断要求增值的本质属性。从资本主义经济的逻辑来看,资本要增值,必须要国家有不断的财政支出、居民广泛的消费,这样社会才有需求,才有生产更多产品的动力,资本的价值才能体现。因此,社会中的贫困本质上是不利于刺激消费、促进经济循环的。对于社会中的贫困者来说,完善社会福利制度是资本主义拉动经济发展和克服经济危机的一条重要措施。

但在资本主义发展的早期阶段,国家的福利制度并没有跟上。以英国来说,资本主义发展过程中,资本积累的一个重要途径是进行圈地运动,圈地运动借着"合法"的外衣,剥夺了农民的土地。到18世纪中叶,英国农民作为一个阶级不复存在了。土地高度集中于少数大地主之手,租给大农场主经营。圈地运动中,一方面广大被剥夺了土地的农民除死于饥饿与疾病外,有的流落到殖民地,有的成了农场主的雇佣工人,而大多数的人则流入城市,为饥寒和法律所迫,最后成为工业资本家的雇佣工人和产业后备军。这些失去土地的人虽然可以成为工人,但如果不能工作,则除了忍受饥饿和疾病的折磨,根本没有足够完善的社会保障体系。

此外,在城市中工作的人,也要面对低工资和高强度劳动的压力。低工资造成的贫困我们已经论述,而缺乏社会保障的情况下,为了生存进行的高强度工作带来了严重的身体伤害。1802—1838年间,英国工人每周平均工资从29先令降低到5先令,即降低81%以上,因此,当时英国工人的生活,到了极端恶劣的程度,陷入了贫困、饥饿、疾病、死亡的深渊。工人体弱早衰成了普遍现象,沉重的工作使工人的劳动年限大大缩短,一般到40岁就丧失了劳动能力,短寿的情况也极其严重。如同恩格斯的描述:"这些工人根本没有什么财产,全靠工资过活。工资总是只够勉强糊口。这个一盘散沙的社会根本不关心他们,让他们自己去养家糊口,但又不给他们能够长期维持正常生活的手段。因此,每一个工人,即使是最好的工人,也总有可能失业,因而就有可能饿死,确实也有许多人饿死了。"[①]这是平时的状况,如果是经济危机时期,社会贫困更不会有很好的救济。"在这种危机时期失业者受了多少窘迫和困苦,就不用说了。济贫捐是不够用的,是远不够用的。阔佬们的慈

[①] 恩格斯:《英国工人阶级状况》,载《马克思恩格斯全集》(第二卷),人民出版社1957年版,第357页。

善救济不过是杯水车薪,它的作用一瞬间就完了,因为在乞丐很多的地方,施舍物只能帮助很少的人。"①

5. 经济危机频繁。按照马克思主义的基本观点,经济危机是资本主义制度生产相对过剩的危机。直接引发经济危机的原因是这一基本矛盾决定的下述两个具体矛盾:一是资本主义生产无限扩大的趋势同劳动群众有支付能力的需求相对缩小之间的矛盾;二是个别企业生产的有组织性和整个社会的无政府状态之间的矛盾。在资本主义社会,由于资本追逐剩余价值的内在冲动和竞争的外在强制,生产具有不断扩张的趋势;但由于广大劳动群众有支付能力的需求被限制在劳动力价值狭小的范围以内,因而市场的扩张赶不上生产的扩张,必然产生经济危机。

随着资本主义机器大工业的发展,生产过剩的经济危机不断发生,而且成为资本主义生产方式无法摆脱的伴侣。早在18世纪末19世纪初,英国就发生了几次经济危机:1788年、1793年、1797年、1810年、1815年、1819年各年的危机。不过,这些危机都是局部性的,只包括个别部门,危机的周期还未形成,破坏性也不大,而且后三次还受了英法战争的影响。到1825年,英国才爆发第一次席卷全国的经济危机。这次危机波及了英国所有主要工矿业部门,货币危机也达到相当严重的地步。而1847至1848年发生的经济危机席卷了英国、美国和欧洲大陆的许多国家,在一定意义上说,它带有了世界经济危机的性质。从资本主义的历史看,1857年的经济危机,在资本主义经济史上第一次真正具有了世界性特点,它首先发生于美国,接着出现于英国,并席卷了从瑞典到意大利,从西班牙到匈牙利的欧洲大陆。此后,在1866年、1873年、1882年、1890年,直至1929年都爆发了世界性的经济危机。经济危机所带来的经济衰退、失业上升对贫困的无产者造成巨大冲击,许多人不得不面对日益下降的生活状况、毫无保障的未来和沉重的心理压力。

(二) 国际层面的人权缺陷

虽然自英国资产阶级革命以后,在西方主要工业国的国内,人权思想和相关的法律制度有了持续和长足的发展,但这些发展主要发生在西方国家的内部,而在对外方面,西方强国根本没有坚持人权思想或国内人权法律制度的要求。对外,各国推行的政策是侵略和扩展,国际关系中流行弱肉强食的丛林法则。西方强国对亚洲、非洲等不发达地区和国家进行了残酷的殖民统治,这些地区人民的基本人权遭到了极大的侵犯。

---

① 恩格斯:《英国工人阶级状况》,载《马克思恩格斯全集》(第二卷),人民出版社1957年版,第373页。

1. **奴隶贸易**。从 15 世纪后期开始,欧洲国家的殖民者就先在欧洲后来在美洲进行了长达 400 年时间的奴隶贸易。西班牙和其他西欧殖民者在美洲、西印度群岛大批消灭印第安人,结果造成矿山、种植园中奴隶劳动力的严重不足,因此,从非洲贩运黑人到美洲售卖便成为有利可图的勾当。葡萄牙从 1442 年起开始将黑人运往本国,16 世纪时葡萄牙殖民者成为主要的奴隶贩子,1720 年后又将非洲黑人运往巴西种植场。17 世纪以后,荷兰、英国、法国都先后从事奴隶贩卖活动,猎捕黑人的地区从西非扩展到东非,许多非洲黑人部落在殖民者的追击下被消灭或被困死在森林中。至于历史上具体贩卖了多少黑人奴隶,至今在历史学上也无法统计准确的数据。但历史学家们估算至少有 1000 万—2500 万人,加上在抢掠和贩运途中死亡的黑人,总数可能达到 7000 万。奴隶贸易不仅给非洲带来了巨大的创伤,更是人权发展史上最黑暗、最不人道的一幕。① 直到 19 世纪以后,西方国家才开始逐渐禁止奴隶贸易,美国在内战后也废除了奴隶制度。

2. **殖民侵略**。掠夺殖民地是早期资本主义生存与发展的重要基础。自 1415 年葡萄牙占领了摩洛哥的休达地区、在非洲建立第一个殖民据点起,占领和掠夺殖民地、落后国家的罪恶行径一直伴随着资本主义国家的发展而延续长达 500 年左右。先是葡萄牙,然后西班牙紧随其后,再接着是荷兰,资本原始积累过程同时伴随着大肆殖民扩张。而英国在 1495 年,法国在 1524 年也开始了早期的对外探险活动。英国效法荷兰于 1553—1680 年建立了 49 个贸易殖民公司。法国在 1599—1789 年也建立了至少 75 个殖民公司。据统计,在 1800—1875 年间,西方殖民帝国每年平均获得的殖民地为 8.3 万平方英里,而在 1875—1914 年间甚至猛增到 24 万平方英里。19 世纪中后期,俄国也急剧膨胀起来,成为一个地跨欧亚两洲的封建殖民大帝国,同时还占领了北美的阿拉斯加。19 世纪最后 30 年,资本主义逐渐向帝国主义过渡,主要资本主义强国掀起了瓜分世界的狂潮。至 20 世纪初,世界上领土已被列强瓜分完毕,帝国主义全球殖民地体系终于完成,它占世界土地面积的 70%,人口的 76%,世界已经几乎没有"无主土地"。② 到 1910 年,非洲土地面积的 90.4%,亚洲的 56.6%,美洲的 27.2%,大洋洲的 100%,都已沦为列强的殖民地。

西方工业国家在经济发展过程中一直推行向外扩张的殖民政策,资本凭

---

① 朱峰著:《人权与国际关系》,北京大学出版社 2000 年版,第 26 页。
② 张泽森、田锡文著:《20 世纪的资本主义与社会主义》,中国言实出版社 2005 年版,第 7—11 页。

借军事力量向外扩张。这种以武力为后盾的强权政治根本忽视了弱小国家人民的基本人权,而且西方国家以这些弱小国家和地区人民的悲惨遭遇为基础进行了资本原始积累和工业进步。马克思曾经猛烈地批判 19 世纪西方资本主义国家对其他国家的侵略,称之为"半野蛮人维护道德原则,而文明人却以发展的原则来对抗"。历史的事实证明西方国家的人权思想和运动在国际层面纯粹是谎言,西方国家的发展是以侵犯其他国家和地区的人权为基础的。现在世界上许多国家和地区都曾是西方资本主义强国的殖民地,成为资本扩张过程中廉价原料的来源地和剩余产品的倾销地。经过第二次世界大战后的民族解放运动,如今发达的资本主义国家不能再通过战争进行赤裸裸的侵略,但即使到今天,这些贫穷地区在各方面仍受制于发达的资本主义国家,尤其在资本和技术上。"在理论上,资本主义滋养的技术进步能够带给每个人更好的环境而不是使每个人更糟,但在实践上,它却一直在毁坏数百万人的生计,将广大地区的社会结构撕碎。"①

3. 发动战争。自 19 世纪 70 年代开始,世界经济在自由主义模式下获得了空前发展,而西方主要国家也逐渐完成了对弱小地区的殖民地划分,但各个资本主义强国之间发展的不平衡加剧,资源的争夺更加剧烈。由于殖民体系对于资本主义具有重要意义,成为其生命线,资本主义列强间对殖民地的争夺日趋激烈,而这种争夺同资本主义发展不平衡有直接关系。后起的资本主义强国,不甘面对已被瓜分完毕的世界领土,频频通过发动战争等手段,要求重新瓜分殖民地和势力范围。1898 年的美西战争、1904—1905 年的日俄战争、1899—1902 年的英布战争以及两次世界大战,就是典型的例子。"对于资本主义的工业组织以及它所依赖的牟利动机,还有一个甚至更严重的控诉,值得加以考虑,这就是:这个制度,在现今的时代,已经日益加深地变成了国际间灾难性战争的原因。的确,假使我们把我们的观察范围限制在只是那些最先进的工业社会里,那么,可以不算过分地说,在过去的半个世纪里,资本主义企业家敌对集团间追求金钱利润的斗争,可以认为是近来国际纠纷中(特别是包括 1914 年到 1918 年达到高峰的灾难)最有力的原因,虽然通常只是一种基本的和部分地隐蔽的原因。"②虽然有关战争中的人道主义问题早就引起关注,在国际法中也形成了"人道主义战争法"这样的内容,但只要是战争都包含着对人权的最大侵害。第一次世界大战并没有结束西方

---

① 〔美〕戴维·施韦卡特著:《超越资本主义》,宋萌荣译,社会科学文献出版社 2006 年版,第 156 页。

② 〔英〕锡德尼·维伯、比阿特里斯·维伯著:《资本主义文明的衰亡》,秋水译,上海人民出版社 2001 年版,第 161 页。本书写于二战之前,所以书中只提到了一战。

帝国主义的殖民体系,在经济危机的冲击下,各国经济、政治的矛盾引发第二次世界大战。人类社会在20世纪经历的两次世界大战,惨绝人寰,被认为是"文明的危机"。

三、古典人权运动的缺陷与人权的新发展

"18世纪的革命和宣言表达了对旧世界的反叛注定是要趋向成熟的,人们起先还带有一丝狂热,到后来对新社会也厌倦了。但是从可能的权利到现实的权利,从自然权利转变为人权,还需要一段时间。同时,就如许多取得胜利的革命一样,斗争的重心从自由转变为法律,从自然状态转变为有序社会。"①人权的现实缺陷促使人们思考,单纯依靠自由的经济竞争是否能够促进社会的公平和人权的保障,为了反抗旧制度充满革命精神的人权能否适应新时代的需要。在这种背景下,新的人权观念开始出现。

(一)自由观念的改变

古典人权思想以抽象的自由、平等为观念基础。但自由不是抽象、绝对的自由,而应该是结合现实经济条件的有限自由。古典人权运动的现实缺陷促使了传统人权观念中抽象的自由、平等观念的改变,相应地形成有限的自由、实质的平等观念。有限自由观念的制度化体现就是1919年《魏玛宪法》对财产与契约自由的限制,第152条规定:"重利,应禁止之。法律行为之违反善良风俗者,视为无效。"第153条规定:"所有权,受宪法之保障。其内容及限制,以法律规定之。""公用征收,仅限于裨盖公共福利及有法律根据时,始得行之。"这里提到对经济自由的限制、对私有财产的限制、公用征收,已经明显不同于资产阶级革命时期比较绝对化的自由理念。自由观念的改变实际上促使了社会权的观念受到重视。

(二)国家作用被重视

在古典思想家那里,自由主要被理解为消极自由,自由就是摆脱专制政府的束缚和压制,尤其是在经济领域,国家干预越少越好,因而形成了"夜警式"国家观。人权运动的缺陷促使了自由观念的转变,也促使了对国家作用的认识的改变,国家的积极作用凸显出来。19世纪以后,思想家对国家的作用的认识发生了改变,比如密尔就认为,无所事事的政府是不能增进人民的自由的,因此,只有建设一个负责任的有效率的政府,才能够最大限度地促进

---

① 〔美〕科斯塔斯·杜兹纳著:《人权的终结》,郭春发译,江苏人民出版社2002年版,第108页。

人民的福祉。功利主义者的思想改变了传统对国家与自由关系的理解。当权利被理解为只能是一种社会性的权利,个人的权利只有在社会共同体中才能得到实现和获得保障时,对国家的定位和作用的理解必然不同。

(三) 经济性权利观念出现

古典人权运动的缺陷表明,社会分配不均以及经济保障的匮乏必然导致社会的矛盾和冲突,经济基础是社会稳定的前提,必须承认和保障公民最基本的经济权利。法国著名的早期社会主义者傅立叶在1808年首先提出人民应当享有工作权的见解,德国哲学家费希特认为,财产权是人民不可让渡的基本权利,作为生活来源,必不可少。在人民遭遇不幸之时,国家有义务负担扶助其生活的责任。[①] 社会民主主义的产生是对古典人权运动缺陷反思的结果,反映了当时欧洲的社会状况。"19世纪以后,欧洲社会民主主义兴起,经济性权利日益受到重视。社会民主主义要求每个公民在政治方面享有普选权以获得政治民主;在经济方面要求劳资双方享有平等的分配决定权以实现经济民主;在社会方面要求各个社会阶层享有平等的社会地位以实现社会民主。"[②]在社会民主主义思潮影响下,经济性权利开始成为人权体系中的内容,工作权、经济平等、经济保障的要求逐步获得认可。1886年,奥地利具有空想社会主义思想的法学家门格尔(A. Menger)在《全部劳动权史论》一书中就开始提到了生存权。[③] 门格尔指出,劳动权、劳动收益权、生存权是造成新一代人的经济基本权的基础,在这本书中,生存权被揭示为,在人的所有欲望中,生存的欲望具有优先地位。

[①] 陈新民著:《德国公法学基础理论》,山东人民出版社2001年版,第689页。
[②] 何勤华、张海斌主编:《西方宪法史》,北京大学出版社2006年版,第282页。
[③] 转引自王启富、刘金国主编:《人权问题的法理学研究》,中国政法大学出版社2003年版,第186页。

第三章 经济权利的兴起

在人权发展史上,资产阶级革命时期的人权思想主要是作为国内政治上的概念而兴起的,人权的主要内容是自由、平等、生命、安全、财产等政治性权利。资产阶级革命时期是人权思想和行动的一个爆发期,在资产阶级革命胜利以后,西方资本主义国家完成国内政治、社会、经济性质的转变,形势的变化使得古典人权思想不再受到重视,人权的思想和制度建设进入了一个比较缓慢的状态,而古典人权运动中的缺陷也促使了人们对人权的重新思考。自19世纪末至20世纪中叶,由于世界经济格局、政治模式的变化以及两次世界大战的影响,人权的发展相对于古典时期来说,有了许多新的突破,进入现代人权运动时期。现代人权运动与古典人权运动相比,其中最明显的表现是经济权利的兴起并受到重视。20世纪经济权利兴起有着更为直接的经济社会动力和思想动力,并且呈现出不同的人权发展特征。

第一节 经济权利兴起的思想动力

各种权利的兴起都存在思想观念的支撑,经济权利的形成也是沿着从思想观念再到规范制度这样一个基本路径,社会现实的发展促使了社会中产生了需要经济权利的思想观念,最终思想观念转化为相应的法律制度。前一章中分析了古典人权思想的价值基础及其缺陷,这些缺陷促成了思想界对古典人权思想的反思,由此导致对传统思想的改进或形成不同于以往的权利观念,这些新的思想观念成为经济权利兴起的思想动力。经济权利的思想观念基础对于经济权利的人权属性和其中的国家义务属性具有重要的影响,本节就探索作为经济权利背后思想支柱的相关观念形态。

一、社会人权论

以法国《人权宣言》为代表的古典人权纲领很重视政治权利,这是启蒙时代思想家人权观念的共同特征。"但是,随着资本主义制度的确立和资本主义固有矛盾的日益暴露,古典人权思想的局限性也逐渐显露,在无产阶级和资产阶级的矛盾成为社会主要矛盾以后,要求实现经济和社会平等的人权主张普遍成为社会主义纲领的主要内容。"[①]进入19世纪以后,在人权思想领域社会主义主张的影响越来越大,由此形成了社会人权论。社会人权论也就是后来发展而成的第二代人权论,它是从19世纪以后开始形成的以人的劳动权、生存权等社会权为核心的理论主张。

社会人权论首先出现于空想社会主义者的思想中,19世纪上半叶,以圣西门、傅立叶和欧文为代表的空想社会主义者提出了劳动权利、生活权利、按劳分配权利、男女平等和妇女解放等一系列经济和社会权利问题。这一空想社会主义思潮在继承17、18世纪空想社会主义思想传统的同时,采用了近代启蒙思想家的理论形式,高举自由平等博爱的旗帜,从思想和实践两方面推动了社会主义运动的发展。在人权思想方面,圣西门提出了劳动权主张以及与劳动权相应的按劳分配的财产权利主张。圣西门的实业制度方案将以劳动权为基础的财产权当做首要人权看待。傅立叶设计的协作主义制度把体现经济利益的劳动权和生活权当做最重要的权利对待。欧文创立的新和谐公社制度则把追求思想信仰自由和其他基本人权作为社会主义的理想。圣西门和傅立叶的人权理想是以保留和改造私有财产权制度为基础的;而欧文的人权理想则是以废除私有财产权制度为前提的。

空想社会主义者人权观念的共同特点是重视经济社会权利,而在一定程度上忽视政治权利。他们对经济社会权利的倡导,填补了人权思想史上的这一片空白,扩大和加强了对基本人权范畴的理解和认识。社会主义人权思想的出现在总体上丰富了人权概念的内容,促进人类更为系统全面地理解和认识人权问题。它推动了人权思想的进一步发展,同时也是对传统人权思想的冲击。注重社会权利的社会主义人权思想的发展从19世纪以来一直没有中断过。特别是人类经历了两次世界大战以后,注重社会权利的社会主义人权思想对当代国际人权法产生了深刻影响,成为当代国际人权理论的重要组成部分。

二、尊严人权观

人权观念被广泛认同就在于其对人性的尊重,在自然法的基本思想中,理性被认为是人的本性。人性论对于人权的论证是一种先验式的证成,自然权利论者多采取这种方式。自然权利思想使法律、政治、权利回归人的自身,而不是神。虽然人为什么享有权利是一个道德性的问题,没有一个终极的结

[①] 白桂梅主编:《人权法学》,北京大学出版社2011年版,第45页。

论,但现在我们所说的权利落脚点是人自身却是毋庸置疑的。人性论在古典自然法思想中的直接体现就是对自由的强调,只有免于干涉才能实现人的自由。如康德认为,"只有一种天赋的权利,即与生俱来的自由。"①这种自由使人成为目的,"通过权利的概念,他应该是自己的主人。"②因此,天赋的权利是人的本性,必须被尊重,这就是人本主义。但古典自然法有关人权的人性基础的论述存在许多缺陷,最根本的缺陷是寻找人以外的人权根源,比如来自于自然或天赋。既然讲人性就不能从人自身之外寻找人权的来源,而应该是来自于人自身。"既不能将人权的根源简单地认定为人的某一属性或某一行为,也不能片面地看成是经验或先验的产物,"这样人权的根源就不是单纯的人性,而应该基于人的自然属性与社会属性的统一去寻找权利的来源,符合这种条件的就只有人性尊严。③"人权作为一种法律权利,是以基本权利特别是宪法基本权利出现在法律中的,而人性尊严又是基本权利的基础和根源,因此,人权只能来源于人性尊严。"④

尊重人的本性或人的尊严,包括了精神层面人格和现实其他物质的尊重,财产权在古典人权理论中得到重视也就是必然。就本质而言,对财产权的尊重是实现对人尊重的一种手段,财产权的价值在于它是保证人的生命、自由和尊严所必需。所以休谟认为财产权就是"在不违犯正义的法则和道德上的公平的范围内、允许一个人自由使用并占有一个物品,并禁止其他任何人这样使用和占用这个物品的那样一种人与物的关系"⑤。人性论论证了消极的私有财产权在人权中的基础地位,但从现代积极意义的人权来看,人性论既强调了消极的财产权,同样也可以推论出积极的经济性权利。由于物质或者财产是实现人权的基础,因而每个人要过上有尊严和体面的生活都必须要有一定的物质基础,这是实现个人独立、自决和尊严的前提。实际上,在启蒙时代,洛克就已提出类似的看法,"不论我们就自然理性来说,人类一出生即享有生存权利,因而可以享用肉食和饮料以及自然所供应的以维持他们的生存的其他物品"⑥。洛克说明了财产权的必要性,也就是论证了经济性权利对于人权实现的基础价值。他又说:"根本的自然法既然是要尽可能地保护一切人类,那么如果没有足够的东西可以满足双方面的要求,即赔偿征

---

① 〔德〕康德著:《法的形而上学原理》,沈淑平译,商务印书馆1991年版,第50页。
② 同上。
③ 韩德强著:《论人的尊严》,法律出版社2009年版,第255—256页。
④ 同上书,第257页。
⑤ 〔英〕休谟著:《人性论》(下册),关运文译,商务印书馆1980年版,第344页。
⑥ 〔英〕洛克著:《政府论》(下),叶启芳、瞿菊农译,商务印书馆1964年版,第17页。

服者的损伤和照顾儿女们的生活所需时,富足有余的人应该减少他的获得充分满足的要求,让那些不是如此就会受到死亡威胁的人取得他们的迫切和优先的权利。"①这就肯定了人获得经济性社会保障的优先性,这种思想成为后来积极性经济、社会权利的思想价值基础。

在第二次世界大战之前的古典人权理论中,人权的主体是有限和特殊的,人权的内容也主要是生命、自由和财产。第二次世界大战后,随着对人性的反思和对人的尊严的尊重,人权理论发生重大变化,普遍人权理论得以形成。人权的主体由特殊走向普遍主体,人权的内容由单纯的利益表达发展为与人的尊严紧密集合的利益表达。② 为了每一个人都能有尊严地生活于社会之中,人权对社会利益更加重视。"最后,但绝不是次要的,还有个人生活中的社会利益——即以文明社会中社会生活的名义提出的使每个人的自由都能获得保障的主张或要求,这种要求使他获得了政治、社会和经济各方面的机会,并使他在社会中至少能过一个合理的最低限度的人类生活。"③人权学者把这一转变过程称为从自由本位的人权转向生存本位的人权。在这一转换过程中,作为实现人的本性和尊严的基础的财产权也得到扩展,不再仅仅局限于个人对私有财产的拥有和使用,而且强调社会和国家对经济性权利的保障。所以《世界人权宣言》第 22 条确认,"每个人,作为社会的一员,有权享受社会保障,并有权享受他的个人尊严和人格的自由发展所必需的经济、社会和文化方面各种权利的实现,这种实现是通过国家努力和国际合作并依照各国的组织和资源情况。"

三、新自由主义

自由主义作为西方思想史上的一种核心理论,源远流长,内容庞大。从自由主义的视角来看,传统的人权观是一种消极自由理论,目标是反对和摆脱政府的干涉,忽视人权所具有的积极内容。从英国革命时代的自由主义者到法国启蒙时代的思想家以及美国立国的领导者,都基本上秉承消极自由观念。如霍布斯认为:"自由人一词根据这种公认的本义来说,指的是在其力量和智慧所能办到的事物中,可以不受阻碍地做他所愿意做的事情的人。""在法律未加规定的一切行为中,人们有自由去做自己的理性认为最有利于

---

① 〔英〕洛克著:《政府论》(下),叶启芳、翟菊农译,商务印书馆 1964 年版,第 118 页。
② 曲相霏:《论人的尊严权》,载徐显明主编:《人权研究》(第三卷),山东人民出版社 2003 年版,第 170 页。
③ 〔美〕罗斯科·庞德著:《通过法律的社会控制》,沈宗灵译,商务印书馆 1984 年版,第 38 页。

自己的事情。"①洛克认为,"自由意味着不受他人的束缚和强暴,而哪里没有法律,哪里就不能有这种自由"。② 卢梭说:"人是生而自由的,但却无往不在枷锁之中。自以为是其他一切的主人的人,反而比其他一切更是奴隶。"③孟德斯鸠则从古典的消极自由思想出发,设计了三权分立政体模式来限制政府权力以避免权力的滥用和干涉自由。在经济学领域,亚当·斯密的古典经济自由主义则是古典自由主义在经济思想中的经典应用。基于这种消极自由理论的思想,早期资本主义的政治、经济制度都是以放任、限权为基本目标。

建立在消极自由理论基础上的古典人权理论偏重于私有财产权和经济活动自由,基本上没有形成系统的经济权利理论。人类追求生存与发展的经验表明,经济增长是解决生存与发展问题的必由之路,但经济增长并不必然导致生存需求的满足。随着市场经济的迅速发展,垄断和寡头垄断的大企业不断出现,社会分工日益细密。在这种现代市场经济中,很多人为了生存的需要不得不以弱势的身份与企业或政府签订相关的契约。古典经济自由所依赖和推崇的契约平等、自由、自愿由于双方当事人社会、经济上的实质不平等而出现严重扭曲。不平等集中表现在雇佣关系之中、供求关系极不平衡的当事人之间、消费者与生产和销售者之间、弱势群体与其他社会主体之间。除了自由的扭曲,还普遍存在的是社会公平的破坏。社会中的贫富分化严重,人权所追求的对人自身的尊重在社会贫困、弱势者身上根本得不到实现。

与这种社会现实相适应,古典自由主义思想自19世纪中后期开始遭受许多批评,实际上在19世纪初以边沁为代表的英国功利主义就开始批评古典自由主义。边沁认为古典自然法所追求的所谓自由、平等都是虚构空洞的,法律所关注的应是人民的苦和乐。边沁明确地肯定了私有财产的重要性,同时他也认为在法律安全的考虑之后,也应注重平等问题,以相对平等地分配财产为目标,或者至少是不再产生更多违反理性的不平等。边沁的功利主义对后来新自由主义思潮和西方福利国家的政治经济改革产生深远的影响。其后的约翰·密尔(又译为穆勒)也基于功利主义反思古典自由主义的抽象性。密尔既强调个人自由的重要性,坚持经济自由主义,同时他也开始强调政府对经济的有限度干涉,这使得他的自由思想与古典经济学家和边沁又不太相同。密尔在晚年放弃了纯粹自我调节的竞争性经济制度的教条,而提出了立法与经济关系、立法与维持自由市场的关系等问题,他对资本主义

---

① 〔英〕霍布斯著:《利维坦》,黎思复、黎廷弼译,商务印书馆1985年版,第163—164页。
② 〔英〕洛克著:《政府论》(下卷),叶启芳、瞿菊农译,商务印书馆1982年版,第35页。
③ 〔法〕卢梭著:《社会契约论》,何兆武译,商务印书馆2003年修订第3版,第4页。

社会的不公正也怀有道德上的义愤,认为这种分配劳动产品的方式给予劳动的比例几乎是颠倒的。

此外,19世纪的格林姆、鲍桑葵、霍布豪斯等人开始对自由再定义,并对公民资格和社群概念进行新解释,因此从他们开始的自由理论也被称为新自由主义。20世纪初,美国的实用主义哲学家杜威开始提出积极自由观念。他不同意关于平等与自由互不相容的普遍推论,并且以直截了当的语言批驳这种理论,认为这是基于一种极端刻板和局限的自由概念。"它忽略乃至排除了一个事实,即一个人实际享有的自由,取决于现存的制度格局给予其他个人的行动权力。它以完全抽象的方式构思自由。另一方面,将平等与自由统一起来的民主理想承认,机会与行动事实上的、具体的自由,取决于政治与经济条件的平等,在此条件下,个人独自享有事实上的而不是抽象的形而上学意义上的自由。"①杜威认为19世纪自由放任的个人主义应当完结,因为大规模资本的出现、高度的机械化和经济活动的一体化,正在要求改变传统的个人主义观念。所以他强调以积极自由代替旧的消极自由,这种积极自由包括公民需要用来发展自己的潜在能力并对社会作出贡献的那些自由形式。②

在对古典自由主义批评的基础上产生了新自由主义观念。虽然新自由主义也是一个比较模糊的概念,但相对于启蒙时代的自由思想来说,新自由主义者更加注重对积极自由和实质自由的追求。20世纪自由主义代表人物之一的伯林认为,消极自由是"免于……"的自由,而积极自由是"去做……"的自由。伯林的思想是在边沁、密尔等人对自由双重性的反思基础上形成的。后来罗尔斯正义理论中对平等的安排都体现了这种积极自由观念,即使是哈耶克这样的极端自由主义者,同样在坚持经济自由的同时,强调国家干预的必要性。

不管是积极自由还是消极自由,从本质上都论证了经济性权利的重要性,只是路径上存在差异而已。而新自由主义是从古典自由主义发展而来的,在处理个人与国家、自由与民主、放任与约束、市场与政府、效率与公平的关系问题上形成了独特的看法。立足于"竞争秩序"和"积极自由"两大原则基础上的新自由主义,它的框架更加偏好个人、自由、放任、市场、效率与公平各方面的和谐统一。但是,"如果我们承认自由具有重要的积极内容,这就是说,自由不仅是没有限制,而且是选择一种生活方式的真正机会,那么,就

---

① 〔美〕杜威著:《新旧个人主义》,孙中有等译,上海社会科学出版社1997年版,第33页。
② 顾肃著:《自由主义基本理念》,中央编译出版社2003年版,第397页。

建立真正的自由的物质前提而言,经济和社会权利可能是至关重要的,对于无产者来说,尤其是如此。"①事实上,只要承认财产权在人权中所具有的基础地位,就不能不考虑经济权利对自由所具有的积极意义。

四、社会连带主义

社会连带主义是以实证主义哲学为理论基础的社会学理论流派,在政治学、法学等领域中有较大影响。20世纪初,法国社会学家蒲日热发表《连带关系》《连带关系的哲学论》二书,系统提出和论证了社会连带关系学说,奠定了社会连带主义的理论基础。在法学理论中,法国的狄骥是主要的代表人物。他们都认为,由于人们共同的、不同的需要,产生了同求、分工两种连带关系。只有通过连带关系与他人合作,人们才能实现共同或不同的需要。因此社会连带关系是社会最高原则,是一切社会规范的基础。国家、法律、政治只是社会连带关系的反映,只能促进、保护这种关系。所以应该用"国家公务概念"代替传统的国家主权概念,用"社会职能概念"代替公民权利概念。而资产阶级占有生产资料,工人被迫出卖劳动力都是有连带关系的职责,也只有彼此合作才能互相实现需求。

社会连带主义思想是在批评个人天赋权利、社会契约论和传统的主权理论基础上建立起来的。"我们看到,它们已经成为一种单纯的抽象概念,无益于任何真正具有科学性的制度。人们早就认识到,君权神授并不能作为主权权利的解释。国民委托也并不具有更强的解释力。国民意志仅仅是一种虚构。"②"因此卢梭的社会契约论充其量只是一套披着华丽的语言外衣的诡辩,尽管它曾经作为好几代人的圣经,而且曾经点燃了'大革命'的思想火花。"③在狄骥看来,传统的主权理论中对国家的义务规定的太少,不适应时代的需要。"因此,当社会的演进已经到达这样一个临界点——即臣民已经开始要求统治者提供国防、治安和司法之外的服务的时候,主权理论就应当寿终正寝了。"④因而社会连带主义者反对消极政府观念。按照洛克对政府目的的理解,"谁握有国家的立法权或最高权力,谁就应该以既定的、向全国人民公布周知的、经常有效的法律,而不是以临时的命令来实行统治;应该由公正无私的法官根据这些法律来裁判纠纷;并且只是对内为了执行这些法

---

① 〔美〕杰克·唐纳利著:《普遍人权的理论与实践》,王浦劬等译,中国社会科学出版社2001年,第115页。
② 同上书,第11页。
③ 同上书,第12页。
④ 同上书,第14页。

律,对外为了防止或索偿外国所造成的伤害,以及为了保障社会不受入侵和侵略,才得使用社会的力量。而这一切都没有别的目的,只是为了人民的和平、安全和公众福利。"①古典自然法思想中的政府应该是一个比较消极的政府,在经济学家那里被称为"守夜人",社会连带主义则对此持反对态度。按照狄骥的观点,"与个人一样,统治者负有立足于社会相互关联性基础上的法律义务……'法'不仅使统治者承担消极义务,也使其承担积极义务。"②基于国家的积极义务,公民自由和权利的实现就可以要求国家的积极保障。"国家不仅有义务不制定任何损害社会连带性的法律,而且还有义务制定所有保证社会连带性的必要法律。但是,由于社会连带性的首要因素是个人活动,因而国家不仅有义务不损害个人的物质、智力、精神活动的自由发展,而且还有义务为保证所有个人充分发展其物质、智力和精神活动而制定必要的法律、组织必要的公用事业。"③"正是相对于这些已证明存在的国家积极义务,我们才说个人有接受救济的权利、劳动的权利和受教育的权利。"④社会连带主义思想为积极性的经济、社会、文化权利提供了直接的思想、价值观基础。第二次世界大战后,社会连带学说得到了广泛的认可,比如美国的法学家庞德就把社会法学引入美国的法学思潮中。庞德创立的社会法学具有自由主义、改良主义、社会福利主义、实用主义等色彩,他把法律比喻为一项社会工程,法律的目的是"尽可能合理地建筑社会结构,以有效地控制由于人的本性而不可避免地出现的社会矛盾和冲突,以最小的阻力和浪费最大限度地满足社会中人类的利益。"⑤

在分析经济权利的价值背景中,社会连带主义是非常有说服力的一种理论前提。《世界人权宣言》第 29 条规定:"人人对社会负有义务,因为只有在社会中他的个性才可能得到自由和充分的发展。"这条规定就明显体现了社会连带主义的要求。社会连带主义以及其他的社会法学的思想论证了国家积极义务的必要性,为国家保障公民的经济权利提供了价值基础。受社会连带主义思潮的影响,20 世纪中期及以后一些国家在宪法中明确规定经济权利是必要的,1946 年法国《宪法》重申了《人权宣言》中的权利和自由,并使经济权利和社会权利在宪法中居于非常突出的地位:"法兰西人民还特别地宣

---

① 〔英〕洛克著:《政府论》(下卷),叶启芳、瞿菊农译,商务印书馆 1982 年版,第 80 页。
② 〔法〕莱昂·狄骥著:《宪法学教程》,王文利等译,辽海出版社·春风文艺出版社 1999 年版,第 29 页。
③ 同上书,第 242 页。
④ 同上书,第 243 页。
⑤ 张文显著:《二十世纪西方法哲学思潮研究》,法律出版社 1996 年版,第 123 页。

告我们今天所必需的政治、经济、社会权利。"

五、马克思主义人权观

20世纪也是社会主义思想从理论充分进入现实的一个世纪;这个过程中无产阶级斗争理论传遍了全世界,既产生了一批社会主义国家,也对亚非拉的民族解放运动产生重要影响。在无产阶级登上世界舞台并开始反对资产阶级的斗争中,产生了马克思主义人权观。马克思主义人权观以历史唯物主义为理论基础,强调人权与经济、政治、文化条件和历史传统的内在联系,坚持人权的阶级性与普遍性、个体性与集体性的统一,并把人权与消灭私有制、实现人类解放、无产阶级革命联系起来,从而形成了一种全新而又深刻的人权思想。马克思在《论犹太人问题》中对资本主义古典人权观进行了反思。他首先反思西方古典自由的基本含义,《人权宣言》中认为,"自由就是指从事一切对别人没有害处的活动的权利。"[①]而这种自由具有明显的抽象性,社会之所以产生"无害于他人"的要求,就在于社会中客观存在着相互损害对方利益和独立性的现实,从人的社会意义上说,"自由这一人权所反映的社会现实就是人与人之间的利益分离以及对产生于这种分立基础上的利益冲突的规范和防范。"[②]马克思反思了这种抽象性的自由权,认为"这里所说的人的自由,是作为孤立的、封闭在自身的单子里的那种人的自由……自由这项人权不是建立在人与人结合起来的基础上,而是建立在人与人分离的基础上。这项权利就是这种分离的权利,是狭隘地封闭在自身的个人的权利。自由这一人权的实际应用就是私有财产这一人权。"[③]此外,马克思也对资产阶级古典人权观中的平等权和安全权进行批判,"从非政治的意义看来,平等无非是上述自由的平等,即每个人都同样被看做孤独的单子。"[④]而所谓的安全,"安全是市民社会的最高社会概念,是警察的概念;按照这个概念,整个社会的存在都只为了保证它的每个成员的人身、权利和财产不受侵犯。"[⑤]因此,"市民社会并没有借助安全这一概念而超越自己的利己主义。相反地,安全却是这种利己主义的保障。"[⑥]马克思总结道,"可见,任何一种所谓人权都没有超出利己主义的人,没有超出作为市民社会的成员的人,即

---

① 《马克思恩格斯全集》(第1卷),人民出版社1956年版,第438页
② 陈波著:《马克思主义视野中的人权》,中国社会科学出版社2004年版,第22页
③ 《马克思恩格斯全集》(第1卷),人民出版社1956年版,第438页。
④ 同上书,第439页。
⑤ 同上。
⑥ 同上。

作为封闭于自身、私人利益、私人人性、同时脱离社会整体的个人的人。"①因此马克思从人的社会性出发思考人权问题。

按照马克思主义的看法,人权现象并非本原的独立的东西,而是一种派生物,它是社会主体在社会生活过程中、建立于一定经济基础上的权利要求。马克思明确提出考察人权现象必须着眼于它同社会经济生活的关系,而不应当带有任何社会神秘色彩。在《资本论》中,马克思进一步阐述人权的经济基础,"平等应当不仅是表面的,不仅是国家领域中的实行,它还应当是实际的,还应当在社会的、经济的领域中实行。"②恩格斯同样对资产阶级人权观念进行批判,在《德国状况》中,恩格斯说,"但是资产阶级实行这一切改良,只是为了用金钱的特权代替以往的一切个人特权和世袭特权。这样,他们通过选举权和被选举权的财产资格的限制,使选举原则成为本阶级独有的财产。平等原则又由于被限制为仅仅在'法律上的平等'而一笔勾销了,法律上的平等就是在富人和穷人不平等的前提下的平等,即限制在目前主要的不平等的范围内的平等,简括地说,就是简直把不平等叫做平等。"③在《哥达纲领批判》中,马克思精辟地阐明,"权利决不能超出社会的经济结构以及由经济结构制约的社会的文化发展"④,离开了现实的社会经济文化条件,权利就只能是一句空话。

因此,马克思主义非常重视经济权利,在马克思主义理论中,人权需要物质基础,这种物质基础形成了一种必须的、天然的经济权利,即财产权。"任何一种所谓人权都没有超出利己主义的人,没有超出作为市民社会的成员的人,即作为封闭于自身、私人利益、私人任性、同时脱离社会整体的个人的人。在这些权利中,人绝不是类存在物,相反,类生活本身即社会却是个人的外部局限,却是他们原有的独立性的限制。把人和社会连接起来的唯一纽带是天然必然性,是需要和私人利益,是对他们的财产和利己主义个人的保护。"⑤这就意味着,财产权使一个人可以拥有财产,可以保护财产、使用财产。马克思主义对经济权利的重视与经济基础决定论是一致的,虽然恩格斯后来也承认在历史过程中,经济因素不是唯一的决定因素,但经济的前提和条件归根结底是决定性的。"按照马克思的思路,经济权利是物质权利,经济权利才

---

① 《马克思恩格斯全集》(第1卷),人民出版社1956年版,第439页。
② 《马克思恩格斯全集》(第20卷),人民出版社1971年版,第437—438页。
③ 《马克思恩格斯全集》(第2卷),人民出版社1957年版,第648页。
④ 《马克思恩格斯全集》(第3卷),人民出版社1957年版,第305页。
⑤ 《马克思恩格斯全集》(第1卷),人民出版社1957年版,第439页。

是真实的权利,而政治权利只是形式权利。"①

马克思主义对资本主义古典人权的反思和批评揭示了古典人权观念的缺陷,即自由的抽象性、权利的自私性和狭隘性,古典人权观念忽视了人权所应考虑的社会性和经济基础,"当人们还不能使自己的吃喝住穿在质和量方面得到充分供应的时候,人们就根本不能够得到解放。"②马克思主义对古典人权的批评为后来社会主义国家重视经济、社会权利提供了理论基础。

此外,马克思、恩格斯还强烈谴责当时西方发达国家对落后国家、民族的侵略与掠夺。资产阶级在本国革命过程中高举人权旗帜,反对封建制度和特权,但在其他国家却疯狂地践踏人权和享有特权。以英国为例,英国是近代自由主义的发源地,但英国也是近代殖民大国,号称"日不落帝国"。资本主义国家的剥削成为这些地区直到现在仍然落后的重要根源,后来列宁在马克思恩格斯理论基础上形成了民族自决权和社会主义人权观念。列宁的民族自决权思想为后来亚非拉民族国家的独立提供了思想武器。而这些国家在独立过程中,也坚决地强调经济权利的重要性,因为这些权利是本国公民生存、发展的前提。1960年,联合国大会通过的《给予殖民地国家和人民独立宣言》中宣布,"所有使人民受外国的征服,统治和剥削的这一情况,否认了基本人权,违反了联合国宪章,并妨碍了增进世界的和平与合作。""所有的人民都有自决权;依据这个权利,他们自由地决定他们的政治地位,自由地发展他们的经济,社会和文化。"民族自决、解放思想使得发展中国家都非常重视本国公民经济权利的保障和提升。

第二节 经济权利兴起的经济社会动力

经济权利在20世纪兴起有很深刻的社会现实背景,体现了20世纪垄断资本主义兴起后新的社会、经济要求。本书前面已经分析了古典人权运动的现实缺陷与观念不足,并介绍了经济权利兴起的思想背景,本节则分析20世纪对人权发展尤其是经济权利兴起具有直接重要影响的其他社会现实条件。这些现实因素或者说经济社会动力与古典人权运动时期已经有了巨大的差异,正是这些社会现实动力最终促成了经济权利的兴起。

---

① 王立峰著:《人权的政治哲学》,中国社会科学出版社2012年版,第29页。
② 《马克思恩格斯全集》(第42卷),人民出版社1979年版,第368页。

一、经济动力

资产阶级革命取得胜利之后,欧洲资本主义经济飞速发展。19世纪的巨大进步和变化开辟了从未料到的远景,但也制造了十分紧张的局势。资本主义经济从初期的自由竞争的商品经济逐渐走向了垄断资本主义,并随着资本的扩张不断向外输出,第二次世界大战以后则逐渐演化出全球化的问题。这种经济大环境既影响了西方主要资本主义各国国内的人权状况,也对其他落后国家产生重要影响。

(一) 垄断资本主义

资本主义经济的核心理念是自由竞争。在古典经济思想中,市场的自由竞争可以实现资源的自由、有效率的配置。资产阶级革命后,资本主义经济在工业发展的主导下,通过工业革命提升了经济发展的速度,人们已经看到了自由竞争的经济模式和现代技术文明在改善人类生活中所取得的巨大成就。但资本主义自由竞争的经济模式在创造巨大社会财富的同时,也带来了自身的负面产品,垄断就是其中之一。理论界经常把资本主义的发展划分为两个阶段:自由竞争阶段和垄断(即帝国主义)阶段。当然,这种划分方法带有很强的政治色彩,本书的研究是侧重于经济背景,对垄断的政治性意义不作讨论,所以这里的垄断是对社会经济中经济运行特征的一种描述和概括。

垄断的根本动力是生产力的进步,直接表现则是技术革命。第一次工业革命(1760—1840)以英国为代表,先是英国,几十年后是美国、法国、德国,相继加入了工业革命的行列。这次工业革命中资本主义生产力发展的主要特征是:农业生产力得到提高,出现了蒸汽机,工厂迅速发展,机车得到普遍使用等。第二次工业革命(1840—1950)以美国、英国、德国和法国等国家为代表,其生产力发展的主要特征是:生产主要以电动机和内燃机为动力,通讯和交通发生了革命性的变化,电报、铁路、电话、汽车、飞机等相继出现,汽车、收音机、电视机、家用电器开始成为日用消费品。第三次工业革命(1950—)以美国、日本和欧洲国家为代表,发达资本主义国家生产力发展的主要特征是:计算机技术日益普及,服务业从业人员超过其他行业,国际贸易、投资和金融等迅速发展,科技含量高的产品成为经济增长的重要力量。①

工业革命促进技术的革新,生产力迅速提升,同时也推动了经济垄断的加速,1873年的世界经济危机,标志着资本主义制度开始由自由竞争阶段向

---

① 徐秀红著:《当代资本主义经济研究》,天津人民出版社2007年版,第8页。

垄断阶段过渡。19世纪最后30年发生的技术革命,以及由此而引起的以重工业为中心的经济巨大发展,为实现向垄断资本主义过渡奠定了物质基础。19世纪末,美、英、德等国成为以重工业为主导的工业国,工业的迅速发展,特别是重工业的迅速发展,使资本主义所固有的生产社会性和资本家私人占有之间的矛盾进一步加深,从而使生产过剩经济危机更加频繁、深刻和持久。进入19世纪70年代后,资本主义世界陆续爆发了1873、1882、1890、1900和1907年5次经济危机。危机的间隔时间从以前的平均10年左右,缩短为7年左右。危机的频繁化和深刻化,加速了中小企业的破产,加剧了企业的兼并活动,也激化了企业间的竞争,从而推动了生产和资本的集中。同时,重工业的发展,使企业的规模越来越大,需要的资本越来越多,独资经营企业日益困难,从而推动了股份公司的大发展。19世纪后半期,各资本主义国家都出现创办股份公司的高潮,这也加速了生产和资本集中的趋势。到20世纪初,发达资本主义国家生产和资本的集中,已经达到了惊人的程度。美国在1904年,产值在100万美元以上的大企业约1900个,占企业总数的0.9%,而它们拥有的工人占工人总数的25.6%,产值占国民总产值的38%。德国在1907年,占企业总数0.9%的大企业,占有了全国3/4以上的蒸汽力和电力,雇佣了全国39.4%的工人,而在冶金和机器制造业中竟分别占97.5%和84.7%。[①] 生产和资本集中达到一定规模必然造成垄断,必然出现由大企业之间协议或联合组成的垄断组织。第一次世界大战在各国资本集中、垄断扩展和资源的争夺中爆发,严重破坏了资本主义世界的发展。从第一次世界大战到20世纪20年代末,资本主义世界经历了曲折的发展,开始是战后初期深刻的政治动荡,然后迎来局部稳定的时期,政治上相对稳定,各国经济都有了恢复发展。在这过程中,资本的垄断进一步加强。

(二)资本输出

资本的集中带来垄断,而垄断的进一步发展则是资本的大规模输出。资本输出是金融资本对世界进行剥削和统治的重要基础。19世纪末期开始,少数富有的资本主义国家,由于垄断资本对生产和市场的控制,形成了大量的"过剩"资本,于是进行大规模的资本输出。19世纪末和20世纪初,主要资本主义国家的对外直接投资,在国际经济中已经起到非常重要的作用。1900年,英、法、德、美和荷兰五国对外投资总额已达222.6亿美元,1913年又增至385.5亿美元。1938年,资本主义国家仅私人对外直接投资额就达

---

① 朱碧芳、王吉平编:《资本主义市场经济——原理、运行及模式》,武汉测绘科技大学出版社1995年版,第292页。

528亿美元,而且主要是集中在英、美、德、法、日五国,它们的私人对外投资高达462.9亿美元,占资本主义国家总额的87.7%,其中英美两国就有344亿美元,占65.2%。① 这种直接投资无论是以资本主义国家的资本输出的形式,或是以垄断资本家对外直接投资的形式,都直接或间接刺激着垄断资本自身的国际扩张。帝国主义对亚非拉国家的投资,使资本主义生产方式在那里开始发展起来,但也使它们变成了帝国主义国家的原料供应地和出口市场。

垄断和资本输出使国内中小企业的发展受到阻碍,也使得大量贫困工人的就业、生存环境受到影响。"在这样的社会状况之下,作为资本主义社会的法治支柱并且构筑起全部自由权基础的财产权和契约自由,其主要作用就是压倒性地有利于有产者,而完全不利于无产者,只能起到使贫富分化进一步扩大的作用而已……而且,这样的贫困和失业具有如此之特征,即它们并非是由于个人的懒惰造成的,而是由于资本主义社会经济构造的必然性所造成的,对于贫困与失业的解决和救济,应该由社会甚至国家来进行。为此,对国民的社会生活尤其是经济生活,国家应该通过财政等手段,积极地加以干预。"②从经济权利的兴起来看,个体生存环境的恶化使得经济权利,如财产权、就业权利更进一步得到下层民众的重视。此外资本的输出则对不发达地区形成了一种资本掠夺,这些国家和地区在后来取得国家独立后,必然重视本国国家和国民的经济利益保护,重视对国民生存状况的保障。

二、政治动力

工业革命以后,欧洲资本主义国家的城市化速度不断加快,越来越多的人从农村来到城市寻找工作。城市里的工人状况虽然有所改善,但仍然比较困难。"童工继续存在。10小时,甚至10小时以上的工作日仍是屡见不鲜。每周休息日的制度并未完全遵守。疾病与老年保险制提供的保护十分有限,而且并非都有法律保障。无产者的住房狭窄而且极不舒服。他们的收入往往难以解决家庭的衣食问题。"③在这种情况下,欧洲资本主义国家的工人阶级开始努力反抗,力量不断强大。"在工厂里,强大的工人组织力图战胜资本主义。在某些国家,如英国、法国、德国、瑞典、荷兰,工会与工人政党相当有影响力,以致政府与老板不能继续置之不理。工会与工人政党主要要求社

---

① 宋则行、樊亢主编:《世纪经济史》(中卷),经济科学出版社1994年版,第231页。
② 〔日〕大须贺明著:《生存权论》,林浩译,吴新平审校,法律出版社2001年版,第12—13页。
③ 〔法〕阿尔德伯特等著:《欧洲史》,蔡鸿滨等译,海南出版社2002年版,第518—519页。

会保护与改善劳动条件。一个全欧洲联盟的成立更加强了工人运动。1900年,在布鲁塞尔成立了国际社会党执行局。工人国际先后在巴黎(1900年)、阿姆斯特丹(1904年)、斯图加特(1907年)、哥本哈根(1910年)与巴塞尔(1912年)举行大会,表明了工人力量决心战胜资本家。"① 各种工人运动中,最著名的当属1872年的巴黎公社运动。上百年来,西方发达国家的工人阶级为了谋求自身的解放和发展,进行了顽强不屈的斗争。工人阶级的不懈斗争迫使资本主义的统治者向着有利于工人阶级解放的方式进行改良。这种斗争虽然未能取得社会主义革命的胜利,但却推动了当代资本主义的深刻变化。在工人阶级"积小胜为大胜"的不懈斗争过程中,资本主义制度发生了某些微妙的变化,工人阶级的生活条件、工作条件乃至社会地位均有了大幅度的改善和提高。② 从经济权利的角度看,工人阶级的反抗使自身的经济权利受到越来越多的重视和保证。对于西方资本主义国家来说,经济、社会权利受到重视的根本目的也是为了解决经济发展和工人运动带来的经济、社会矛盾,恢复、保持资本主义原有的经济秩序,使资本主义社会稳定发展下去。

三、国际因素

(一) 两次世界大战及影响

随着垄断统治的形成和资本输出的扩大,各国的垄断组织在世界范围展开了争夺原料产地、商品市场和投资场所的斗争。各国垄断组织一方面竭力利用国家政权实行高额关税政策,建立关税壁垒,限制外国商品的输入,保持国内垄断价格;另一方面利用倾销政策,冲破其他国家的关税壁垒,把大量商品输出国外,占据国外市场。各国垄断组织为了避免在竞争中两败俱伤,往往改变斗争方式,进行暂时妥协,组成国际垄断同盟,共同从经济上瓜分世界,剥削和掠夺世界各国人民。此外,在国际垄断同盟从经济上瓜分世界的同时,帝国主义国家还在政治上结成各种联盟,从领土上瓜分世界,展开了争夺殖民地的激烈斗争,最终建立世界殖民体系。西方主要工业国之间在经济实力和世界领土瓜分上的不平衡发展,终于导致了1914年爆发了重新分割世界的世界大战。

第一次世界大战中有30几个国家,15亿人口卷入战争,对人类的精神和物质文明都造成了极大的摧毁。在第一次世界大战中,沙皇俄国、德意志帝国、奥匈帝国、奥斯曼土耳其帝国等四大帝国覆灭了。而世界金融中心及

---

① 〔法〕阿尔德伯特等著:《欧洲史》,蔡鸿滨等译,海南出版社2002年版,第519页。
② 孙力等著:《资本主义:在批判中演进的文明》,学林出版社2005年版,第110页。

世界霸主的英国,在战后虽然领土有所增加,但其对领土的控制力却因战争的巨大伤亡与物资损失而大大削减,而其经济亦因战争大受影响,出现严重衰退,从此其世界金融中心的地位让给了美国,美国以及新兴的日本的力量在第一次世界大战后迅速崛起。此外,俄国发生十月革命,世界上出现了第一个社会主义国家——苏联(苏维埃社会主义共和国联盟)。第一次世界大战后,《凡尔赛条约》将发动战争的责任全部推给了德国,从而对德国实行条件极为严厉的经济与军事制裁。德国虽然在第一次世界大战中最后战败,但德国的元气并未受到过大的伤害,工业体系依然保存完整,德国本土并未受到战火的波及,而且《凡尔赛条约》过多考虑战胜国的利益分配,完全没有考虑战败国自身的利益,加上条约的空前苛刻和掠夺本质,使得德国国民对强加给他们的条约有极强的抵触和反感情绪,引发了德国民众强烈的民族复仇主义情绪,战后制定的《魏玛宪法》及魏玛共和国并未发挥应有的作用。如同英国前首相丘吉尔所说,"魏玛共和国及其所有的自由主义的装饰和祝福被视为是敌人强加给它的,因此,它不能取得德国人民的忠心。"①"由于魏玛共和国既不能给这个混乱的国家提供任何安全感,也不能满足人们的国家荣誉感和雪耻感,因此,其他各种有力的因素也就活跃起来。"②骄傲的日耳曼民族为了摆脱《凡尔赛条约》的桎梏,各派政治势力、各种政治思想在德国你争我夺,显得尤为激烈,这为德国成为新的战争领导者提供了条件。30年代的经济危机促使了各国采取不同的策略,德国走上了军国主义道路,结果在希特勒的纳粹党的领导下,发动了第二次世界大战,给世界带来了前所未有的破坏。

两次世界大战促使社会政治结构和观念发生了巨大的变化,其中非常重要的一点是对普遍人权的重视。"当人们意识到,尤其是当西方意识到两次世界大战之间的政治动乱和极权主义政权的出现是由于广泛的失业和贫困造成的时,有关国家才真正对保障经济和社会权利产生兴趣——这不仅是出于自身利益的需要,而且还是为了维护个人自由和民主。这个观念的基础是下列信念:即使是在萧条时期,也需要确保一切人享有经济和社会权利。"③体现在经济方面,福利国家政策开始推行。"福利国家"是西方资产阶级在调节收入再分配方面提出的目标模式。虽然这个术语很早就出现了,但实际上建立起一套较完整的制度是第二次世界大战之后的事情。战后西方国家

---

① 〔英〕丘吉尔著:《二战回忆录》(上),康文凯、宋文译,江苏人民出版社2000年版,第9页。
② 同上书,第33页。
③ 〔挪威〕A.艾德:《作为人权的经济、社会和文化权利》,载〔挪威〕艾德等主编:《经济、社会和文化权利教程》(修订第二版),中国人权研究会组织翻译,四川人民出版社2004年版,第14页。

实行的福利政策主要方面有:第一,"混合经济"政策。所谓"混合经济"就是与私人资本主义经济同时存在着一些"社会化"的公共经济,因而成了公私"混合经济"。这部分公共经济中除了国有企业,还包括公共卫生设施和低租住宅等,在一定意义上这些公共经济构成了福利政策的一部分物质基础。第二,"充分就业"政策。"充分就业"是庸俗经济学说的一项基本主张,降低失业率也是许多西方国家政府的既定方针,虽然在维持总需求增长速度和国民经济生产能力扩张速度的均衡方面作了不少努力,但是战后西方国家在这方面总的说是业绩不佳。第三,"公平合理"分配。这主要是指通过累进税制来调节不同收入水平的阶层之间的收入差距。第四,社会福利保障制度。西方国家的社会福利制度名目繁多,各不一样,但大体包括:社会保险、社会救济和免费教育等项目。实行福利政策这一举措在一定程度上为低收入阶层提供了医疗、养老、失业的保险以及各种社会救助和补贴。在实行这一政策的过程中,国家扮演了主要角色。第二次世界大战以后,福利措施从零星的、局部的社会保障发展成为一个庞大的体系,从单个的社会救济发展成了一种公民的"权利",甚至实施社会立法,形成"福利国家"政策。[①]

(二) 民族解放运动

19 世纪末 20 世纪初,整个世界已被英、法、俄、德、美、日、比利时、荷兰等国分割完毕,亚洲、非洲、拉丁美洲成了帝国主义的商品市场、投资场所、原料产地、农业附庸和军事基地,形成帝国主义殖民体系。殖民主义、帝国主义的掠夺和剥削,使殖民地、半殖民地国家的民族经济发展停滞,人民生活极端困苦。第二次世界大战后,由于英法等传统殖民国家在战争中受重创,亚非地区的殖民地解放运动蓬勃发展,瓦解了西方强国的殖民体系。不仅如此,还出现了被压迫民族团结合作,共同对付殖民主义、帝国主义的做法。独立后的这些国家进入了以发展民族经济来巩固政治独立的历史新阶段,面临的主要任务是维护政治独立,发展民族经济,争取经济独立。在全球越来越一体化的背景下,不取得经济独立,不仅政治独立没有保证,而且难以摆脱继续遭受国际资本剥削的命运。这样独立后的民族国家强调经济、社会权利的重要性也就顺理成章。在联合国人权公约起草过程中,社会主义国家和独立后的民族国家对经济、社会权利的重视与西方发达国家对政治自由权的重视就体现了不同国家经济背景差异的影响。

(三) 社会主义运动

在欧洲各国国内,伴随着大工业的发展,19 世纪中期以后,社会主义运

---

① 孙力等著:《资本主义:在批判中演进的文明》,学林出版社 2005 年版,第 116—117 页。

动在欧美如火如荼般兴起,这一运动所到之处,工人阶级无不掀起争取政治权利、经济权利的斗争,它对西方社会的发展产生了重大而深远的影响。尽管它并没有推翻资产阶级的统治。这一运动与后来的落后国家的社会主义运动有很大的形式上的差异,前者比较突出采取和平的、合法的斗争方式,而后者基本上采取暴力的、隐蔽的斗争方式。形式上的差异也导致了直接结果的差异,前者主要表现为无产阶级和劳动人民在资本主义条件下自身权利的伸张和扩展,或者说资产阶级民主政治的演进,而后者则主要表现为社会主义国家的建立和无产阶级民主政治的建设。

在国际层面,国际共产主义运动从19世纪50年代就开始兴起,不断冲击和动摇着整个资本主义世界。在第一次世界大战进行中,1917年,俄国十月革命胜利。欧洲各国的无产阶级也掀起了轰轰烈烈的革命风暴,在芬兰、德国、匈牙利、斯洛伐克和波兰等国都相继建立了革命政权,这场革命高潮持续了5年之久,猛烈地冲击了资本主义制度。与此同时,亚洲殖民地半殖民地的民族解放运动也蓬勃兴起,沉重打击了帝国主义和殖民主义势力。1945年,第二次世界大战结束,欧亚相继建立了十多个人民民主国家,并逐步走向了社会主义道路。社会主义国家在意识形态上与传统资本主义有极大的差距,在观念上更加注重对经济权利的保障。而在社会主义国家的经济制度上,实行社会主义公有制,以加强对无产阶级的经济利益的保护为基本目标。社会主义国家的宪法是在否定资本主义制度之上形成的,因而其所保证的经济权利,在基本性质和内容上,与资本主义国家存在着很大的差异。

(四)联合国

联合国由中、美、苏、英等国在战后创建,是世界上最大、最重要、最具代表性和权威性的国际组织。联合国在实现全球非殖民化、维护世界和平和安全、促进社会和经济发展、保障人权等方面取得了令人瞩目的成就。联合国是在对第二次世界大战的反思和重建国际关系的基础上形成的,而第二次世界大战的巨大灾难迫使世界各国重视人权的地位和作用,加强人权保障成为全球新趋势。《联合国宪章》在序言中宣布:"我联合国人民同兹决心免后世再遭今代人类两度身历惨不堪言之战祸,重申基本人权,人格尊严与价值,以及男女与大小各国平等权利之信念。"宪章在第1条第3款庄严宣告,联合国的基本宗旨是"促成国际合作,以解决国际间属于经济、社会、文化以及人类福利性质之国际问题,且不分种族、性别、语言、或宗教,增进并激励对于全体人类之人权及基本自由之尊重。"1948年《世界人权宣言》是对《联合国宪章》的补充与发展,《世界人权宣言》与后来的两大人权公约共同构成了国际人权法体系。联合国也设立了 40 多个国际人权机构,初步建立起人权保护的全球性机制。《世界人权宣言》使经济性人权与政治性人权并列出现在人权体系中。在实践中,联合国经社理事会发挥了重大的作用,促使了经济权利的观念在世界范围内得到承认。

第三节 经济权利兴起的表现

经济权利的兴起与古典人权观念的缺陷、资本主义经济社会发展的需要密切相关,与古典人权时期通过革命斗争来实现政治权利不一样,经济权利的兴起是伴随人权观念的改变、人权内容的扩展、国际人权法的形成为基本特征。因此,经济权利的兴起也有自己的外在特征。

一、人权观念的改变

从宪法的历史可以看出,近代宪法主要建立在自由主义理论基础之上,资产阶级革命的主要目标,也是争取自由权、财产权和平等权等消极权利,所以古典人权思想以抽象的自由、平等为基本权利观念。权利的抽象有利于观念的统一,但由此导致权利的形而上学化、形式化也越来越明显,权利在政治上的无能和道德上的错误也就更加突出。针对抽象的"人",赋予"人"以自由显得非常有意义,但"人"经济上匮乏与贫困却无从讨论,因为这个人身份不确定,不知道是什么样的人,人权的具体权利内容的抽象以至于使人权变得虚幻并难以实现。因而,自由就不是抽象、绝对的自由,而应该是结合现实经济现实的有限自由。美国学者杜威认为,古典自由的缺陷在于,"它忽略乃至排除了一个事实,即一个人实际享有的自由,取决于现存的制度格局给予其他个人的行动权力。它以完全抽象的方式构思自由。另一方面,将平等与自由统一起来的民主理想承认,机会与行动事实上的、具体的自由,取决于政治与经济条件的平等,在此条件下,个人独自享有事实上的而不是抽象的形而上学意义上的自由。"①古典人权运动的现实缺陷促使了传统人权观念中抽象的自由、平等观念的改变。自由权观念的改变实际上促使了社会权(广义)观念的受到重视。

古典人权运动时期的宪法以自由权为价值核心,而进入 20 世纪以后的人权与宪政运动则形成了自由权和社会权兼顾的价值基础。"18 世纪的革命和宣言表达了对旧世界的反叛注定是要趋向成熟的,人们起先还带有一丝

---

① 〔美〕杜威著:《新旧个人主义》,孙中有等译,上海社会科学出版社 1997 年版,第 33 页。

狂热,到后来对新社会也厌倦了。但是从可能的权利到现实的权利,从自然权利转变为人权,还需要一段时间。同时,就如许多取得胜利的革命一样,斗争的重心从自由转变为法律,从自然状态转变为有序社会。"①现代人权思想与古代人权思想相比,内在的价值基础发生了很大的改变,体现为从以自由为价值本位转向以平等和尊严为价值本位。

人权的本义建立在对每个人的尊严和价值的尊重的基础上,它符合所有人的利益和要求,它应当平等而无差别地适用于所有人。"不得歧视、法律面前人人平等以及法律的无所歧视的平等保护,是人权的基本属性和人权保护的普遍性原则。"②以自由为核心的古典人权体现了人权的抽象普遍性以及形式平等性,但是古典人权解决不了人权的特殊性问题。"任何人,只要基于他/她是人类一成员这一简单事实,就应当享有人权,因而人权具有普遍性。然而,人又是具体的:生活在不同的历史阶段,存在于不同的社会和文化传统中,受到不同的经济发展水平和社会制度制约,因而,人权又是特殊的、相对的。"③这种相对性的集中体现就是社会中弱者的生存权问题。生存权有广义和狭义之分,广义的生存权主体指所有的人,狭义的生存权主体仅限于"弱者"。所以,生存本位时期的人权侧重于保护在社会上受到自然条件、劳动条件和其他经济条件制约而成为社会弱者的人,也就必然加强对经济权利的保障。现代人权中的经济权利所保障的内容就是避免和补救社会弱者可能失去或已经失去的自由与平等,使社会弱者也像其他人一样有尊严地生活于社会之中。这是在追求实质的尊严和平等,而不仅仅是抽象的自由。经济权利既强调基本的经济自由,对公民的财产权给予足够的保障,又强调国家对整个经济秩序的调控,维护经济和社会的问题,同时还强调加强对公民基本人权的保障,尤其是社会中处于弱势地位的人和群体。

19世纪中后期开始,随着资本主义经济的发展,资本主义国家中的矛盾愈加激化。古典人权运动的缺陷表明,社会分配不均以及经济保障的匮乏必然导致社会的矛盾和冲突,经济基础是社会稳定的前提,必须承认和保障公民最基本的经济权利。但是在18世纪的人权哲学和人权立法中,很难看到现在所熟悉的积极性经济权利的影子。19世纪以后,欧洲社会民主主义兴起,经济性权利日益受到重视。"一般认为,传统的民主主义仅仅关心政治民主,较少关心社会平等问题;而社会民主主义则更多地从社会底层阶级的

---

① 〔美〕科斯塔斯·杜兹纳著:《人权的终结》,郭春发译,江苏人民出版社2002年版,第108页。
② 徐显明主编:《国际人权法》,法律出版社2004年版,第10—11页。
③ 同上书,第19—20页。

立场出发,关心社会平等,关心如何消除不公正分配带来的剥削问题。"①社会民主主义的产生是对古典人权运动缺陷反思的结果,反映了当时欧洲的社会状况。当时的欧洲,尽管资产阶级革命取得胜利,但小资产阶级和社会底层民主并未获得真正的自由和平等,相反成了大资产阶级压迫的对象,他们既没有真正的政治权利,也缺乏经济实力,无法用法律或经济手段保护自己的经济利益。这种社会背景下,产生了一种社会民主主义思潮。"社会民主主义要求每个公民在政治方面享有普选权以获得政治民主;在经济方面要求劳资双方享有平等的分配决定权以实现经济民主;在社会方面要求各个社会阶层享有平等的社会地位以实现社会民主。"②法国著名的早期社会主义者傅立叶在1808年首先提出人民应当享有工作权的见解,德国哲学家费希特认为,财产权是人民不可让渡的基本权利,作为生活来源,必不可少。在人民遭遇不幸之时,国家有义务负担扶助其生活的责任。③ 在社会民主主义思潮影响下,经济性权利受到越来越多的重视。

按照徐显明教授的总结,人权的发展演变大致分为两个历史时期,一是自由权本位时期,二是现在仍在注重的生存权本位时期。"在人权史上,这一时期的人权被称作自由权本位的人权。但当法律上一个划时代的原则——财产权的行使必须为公众利益服务的原则确立之后,财产权受到限制,所有权就不仅仅是权利,而且还是义务。这时,自由权本位开始让位于生存权本位。这是人权体系内部集中反映人权实质要求的两大内容——自由与平等矛盾运动的结果。"④自由权为本位的古典人权侧重于强调公民个体的自由权利,所有人都是自由权的主体。"这种自由实际上是所有社会的目标;公共道德和私人道德都依赖于它;工业的前程也依赖于它;没有它,人们既不会享有和平,也不会享有尊严,更不会享有幸福。"⑤《人权宣言》第2条明确宣称:"任何政治结合的目的都在于保存人的自然的和不可动摇的权利。这些权利就是自由、财产、安全和反抗压迫。"如同前文所分析的,古典人权思想对抽象自由的看重忽视了实现自由的条件,自由的人同样可以是贫苦、毫无尊严的人,强调形式上自由无法实现真正的平等和尊严。现代人权观念则发生了转变,《世界人权宣言》开宗明义宣称:"鉴于对人类家庭所有

---

① 何勤华、张海斌主编:《西方宪法史》,北京大学出版社2006年版,第281页。
② 同上书,第282页。
③ 陈新民著:《德国公法学基础理论》,山东人民出版社2001年版,第689页。
④ 徐显明:《人权的体系与分类》,载《中国社会科学》2000年第6期,第97页。
⑤ 〔法〕邦雅曼·贡斯当著:《古代人的自由与现代人的自由》,阎克文、刘满贵译,上海世纪出版集团2005年版,第176页。

成员的固有尊严及其平等的和不移的权利的承认,乃是世界自由、正义与和平的基础。"因而现代人权观念更加注重社会中人的尊严和实质平等。

二、国家作用的转变

近代宪法肇始于资产阶级革命时期,是资产阶级争取民主、自由的产物,而当时的自由主要被理解为消极自由,自由就是摆脱专制政府的束缚和压制,国家对于社会的干预越小、越少,越能实现自由。因而宪法的基本作用是限制国家权力,弱化国家的作用。但到19世纪以后,社会对国家的作用的认识发生了改变,功利主义者的思想改变了传统对国家与自由关系的理解,比如密尔就认为,无所事事的政府是不能增进人民的自由的,只有建设一个负责任的、有效率的政府,才能够最大限度地促进人民的福祉。

从思想史的角度看,欧洲近代早期思想家们以自然法、社会契约论为基础考察自由,是从"自然的自由"到"人工的自由"或"社会的自由"这样一种变迁视角来认定个人所需要的自由,因而得出的结论是反对国家的干预和侵犯。但如果从社会的视角考察这种自由,就会遇到一个无法回避的现实问题,即如何在社会中确立起保障自由的社会基础。"从'实践'的视角来看,自由还内含着这样一种理念,即自由的实现,或者说要维护人民的权利,是需要实践性的行动,而非仅仅是观念,并且这种行动也并非体现为法国大革命那种'政治革命'式的重大事件,其实更体现在我们每天日常生活的细微之处。"①人权运动的缺陷促使了自由观念的转变,也促使了对国家作用的认识的改变,国家的积极作用凸显出来。国家作用加强的集中表现是对社会主体相关权利进行积极保障,而经济权利由于地位的基础性,更是受到重视。

当权利被理解为只能是一种社会性的权利,个人的权利只有在社会共同体中才能得到实现和获得保障时,对国家的定位和作用的理解必然不同。"在许多思想家看来,在新的条件下,国家应该自觉地组织和调动资源来最大限度地实现公共利益,实现社会的公正,以此来保障每一个人特别是在社会竞争中处于弱势的群体的权利。因此,国家不是自由的敌人,不应该再像以往那样片面地将国家权力看成是对人民权利的侵犯,因而必须要在这种国家权力与人民权利之间划定一条界线,以此来防止其对人民权利的侵犯。相反,这种国家权力成为实现公民权利和自由的重要工具和基本保障。"②

---

① 李宏图著:《从"权力"走向"权利"——西欧近代自由主义思潮研究》,上海人民出版社2007年版,第289页。
② 同上书,第274—275页。

三、人权内容的扩展

从人权的内容上看,古典人权思想以自由权为核心,主要包括生命、财产、自由、平等、安全等内容,对国家要求最小限度的干预。进入 20 世纪以后,人权发生了重大的变化,在内容上有了极大的扩展。古典人权思想认为,人真正需要的自由和权利是思想、良心和信仰的自由以及言论等表达自由,因为若没有这些自由及其权利,人身自由和财产权利皆会丧失,而如果拥有了这些自由及其权利,那么人们就可以争取到其他一切权利。从西方的政治、经济实践来看,"到二战前,全球资本主义市场体系已经形成,其基础是围绕着资本主义自由竞争、自由贸易和自由投资所建立起来的世界自由经济体系,其核心价值是以公民权利和政治权利为内涵的代议制民主政体。"①但事实上,"如果我们承认自由具有重要的积极内容,这就是说,自由不仅是没有限制,而且是选择一种生活方式的真正机会,那么,就建立真正的自由的物质前提而言,经济和社会权利可能是至关重要的,对于无产者来说,尤其是如此。"②20 世纪中叶以前,各国的国内法和国际法都没有明确提出经济权利。20 世纪初,经济、社会权利进入了人权范围,典型体现是第一次世界大战后德国的《魏玛宪法》。1919 年的《魏玛宪法》在第二编规定了人民的基本权利和义务,多个条文涉及经济权利。如第 111 条规定:"一切德国人民,在联邦内享迁徙自由之权,无论何人,得随意居留或居住于联邦内各地,并有取得不动产及自由营生之权。唯根据联邦法律,始得限制以上规定。"第 151 条规定:"经济生活之组织,应与公平之原则及人类生存维持之目的相适应。在此范围内,各人之经济自由,应予保障。""工商业之自由,应依联邦法律之规定,予以保障。"第 152 条规定:"经济关系,应依照法律规定,为契约自由之原则所支配。""重利,应禁止之。法律行为之违反善良风俗者,视为无效。"第 153 条规定:"所有权,受宪法之保障。其内容及限制,以法律规定之。""公用征收,仅限于裨盖公共福利及有法律根据时,始得行之。"当然,《魏玛宪法》只是体现了经济权利进入基本权利或人权之中,但实际的权利实现效果并不理想。德国最终走上法西斯专政的道路,二战也使世界人权状况又一次遭到了彻底的摧残。虽然《魏玛宪法》没有真正发挥作用,但宪法内容扩展却为后来的人权法以及各国宪法起到了表率作用。

---

① 朱锋著:《人权与国际关系》,北京大学出版社 2000 年版,第 37—38 页。
② 〔美〕杰克·唐纳利著:《普遍人权的理论与实践》,王浦劬等译,中国社会科学出版社 2001 年,第 115 页。

四、人权运动的国际化

虽然古典人权思想中的"人"在理论上是普遍的、所有的人,但这种"人"只能是一个抽象的概念,而且,西方国家最初在立法中规定的"人"既不是一国国内的全部公民,更不是世界上所有的人。在启蒙时代,无论是思想上还是实际上,没有一个人和国家能够有雄心壮志要在世界范围内建立起一套统一的人权概念和制度。实际上,古典人权思想主要的目标在于反抗封建压迫和宗教钳制,而不在于充分实现国内和国外所有人的权利。"在相当长时期内,人权只是'民主'的同义语,是涉及一国国内宪政体系时的参考因素。"① 直到第二次世界大战以前,人权问题基本上被作为纯属国内管辖的事项来对待的。在这之前西方社会也存在一些国际条约涉及人权问题,比如最早的有关废除奴隶贸易和奴隶制度、保护宗教自由等问题,但早期的国际条约基本上不涉及经济权利。第二次世界大战后,随着对人性的反思和对人的尊严的尊重,人权理论发生重大变化,普遍人权理论得以形成。人权的主体由特殊走向普遍主体,人权的内容由单纯的利益表达发展为与人的尊严紧密集合的利益表达。② 国际人权法在这种背景下得以形成。

从国际人权法的角度看,第二次世界大战以前可以称为是人权国际化的萌芽阶段。第一次世界大战后国际联盟建立起来,国联的成立、《国际联盟盟约》以及其他国际联盟系统下的条约的订立、国际劳工组织这样的专门性国际组织的出现,使人权运动逐步从国内扩展到国际,国际人权法开始发展。在这种背景下,经济权利的部分权利内容进入了国际人权法领域。第二次世界大战中,德、意、日法西斯国家对人权的极大侵犯引起了国际社会对人权的普遍关注和集体维护,倡导人道主义、增强人权意识、在世界范围内建立一种有效的人权国际保护机制成为战后国际社会的普遍共识。

第二次世界大战期间,美国本土没有受到战争的威胁,强大的经济、军事实力使其成为盟国的领导者。美国顺应国际舆论对人权与自由的强烈呼唤,率先在自己的政策中提出人权内容。1941年1月6日,当时的美国总统罗斯福在致国会的年度咨文中提出,"一个健全巩固的民主政治的基础并不神秘。我们人民对政治和经济制度所抱的基本期望十分简单。它们是:给青年和其他人以均等机会;给能工作的人以工作;给需要保障的人以保障;终止少

---

① 何志鹏著:《人权全球化基本理论研究》,科学出版社2008年版,第56页。
② 曲相霏:《论人的尊严权》,载徐显明主编:《人权研究》(第三卷),山东人民出版社2003年版,第170页。

数人享有的特权;保护所有人的公民自由权;在生活水平更普遍和不断提高的情况下,享受科学进步的成果。"他宣布了四种人类的"基本自由":言论和发表意见的自由、宗教自由、不虞匮乏的自由和不虞恐惧的自由。这四大自由其实也是四项基本人权。他认为,"不虞匮乏的自由——这种自由,就世界范围来讲,就是一种经济上的融洽关系,它将保证全世界每一个国家的居民都过健全的、和平时期的生活。""免于恐惧的自由"意味着"世界性的裁减军备,要以一种彻底的方法把它裁减到这样的程度:务使世界上没有一个国家有能力向全世界任何地区的任何邻国进行武力侵略。"1941年8月14日,罗斯福与丘吉尔签署了《大西洋宪章》,两国共同申明:"待纳粹暴政被最后毁灭后,两国希望可以重建和平,使各国都能在其疆土以内安居乐业,并使全世界所有人类享有自由生活、无所恐惧、亦不虞匮乏的保证。"①《大西洋宪章》不仅以国家间协议的形式确认了人权作为战时同盟国应遵循的战争目的,而且把对人权的尊重和保障,作为国际关系的基本内容予以解释和说明。②《大西洋宪章》以及罗斯福讲话中的人权精神被后来的《联合国宪章》以及《世界人权宣言》所吸收,"不虞匮乏的自由"则转变成为现代人权中的经济、社会权利。

  第二次世界大战后,国际社会对人权问题广泛接受,首先是人权出现在绝大多数国家的宪法和法律中,其次,人权在战后国际新秩序中占有重要地位,最后,人权成为联合国建立基础的重要组成部分。③ 在这样的背景下,人权真正走向国际化,成为国际关系中的重要问题。《联合国宪章》《世界人权宣言》《经济、社会和文化权利国际公约》《公民权利与政治权利国际公约》以及其他的人权公约最终推动了国际人权法的形成。国际人权法的形成也推动了经济权利的普遍认同和法律化,尤其是《经济、社会和文化权利国际公约》明确承认了经济权利的人权法地位。

---

① 董云虎、刘武萍编著:《世界人权约法总览》,四川人民出版社1990年版,第927页。
② 朱锋著:《人权与国际关系》,北京大学出版社2000年版,第41—42页。
③ 张爱宁著:《国际人权法专论》,法律出版社2006年版,第75页。

第四章 经济权利的规范分析

本书第二章以一种历史的视角分析了传统人权的不足之处,这些不足证明了人权发展的必要性,第三章则结合现实的社会经济背景以及思想因素讨论经济权利兴起的动力,并介绍了经济权利的兴起在人权领域中的表现。前面的分析论证了经济权利产生的合理性甚至必然性,本章开始将脱离历史考察,以实证性的规范分析为方法,根据人权的基本理论,探讨经济权利的属性与价值目标、分配原则、权利主体、义务内容、实现与评价机制等问题。有人认为对经济权利的属性和价值目标的分析具有很强的价值判断色彩,不属于规范分析。本书认为这是一种误解,规范分析是从已有的制度规范出发,以制度为重心的分析方法,与根据预定的价值基础进行的价值分析有很大的区别,规范分析不可能彻底摆脱价值问题,否则就变成了单纯的条文注释。

第一节 经济权利的属性与价值目标

经济权利作为与古典政治权利不同的一类权利,在各方面都体现了一种双重性特征,而且,由于对国家义务的更高要求,经济权利所追求的价值目标与以往的权利观念不太相同。

一、经济权利的属性

经济权利作为人权体系中晚近形成和发展起来的权利,对其权利属性的理解也一直存在着争议。20世纪中后期以来,对各种具体的人权内容一般都不再简单地根据消极和积极属性来进行划分,多数人更坚持一种人权的"相互依赖性和不可分割性"观点。1993年维也纳世界人权大会强调人权的规范性框架应该统一:"所有人权都是统一、不可分割的,相互依赖而又相互关联。在全球范围内,国际社会必须以一种公正平等的模式对待所有人权,起点相同,在侧重点上也相同。虽然国家和地区特征的重要性,各种历史、文化和宗教背景的重要性都必须铭记在心,但不管国家的政治、经济和文化制度如何,国家都有责任去促进和保护所有人权和基本自由。"从这种意义上说,政治权利与经济社会权利在本质上具有统一性,国家和个人应采取统一的态度对待这些权利。如此一来,就可以发现经济权利在各个方面具有明显的双重性特征。

(一)经济权利的消极性与积极性

在人权理论中,人权的一个重要分类是划分为消极权利与积极权利,划分的依据在于是否需要国家积极作为以实现公民的人权。这种划分的更深层哲学依据是西方自由主义思想中消极自由与积极自由的划分。

古典自由主义时期,自由主要指按照自己的意志去做自己想做的事情而不受外界干扰和阻碍,中心思想是在法律之下的自由——即人们可以追求自己的兴趣和欲望,只受那些不允许他们侵犯别人自由的法律的约束。英国的洛克对自由进行划分,区分"自然的自由"和"社会的自由",强调自由意味着不受他人的束缚和强暴,成为"消极自由"的理论先声。① 洛克对自由主义思想作出了巨大贡献,其学说奠定了自由主义理论的两大基石:一是自然权利的理论;二是政府必须基于被统治者同意的理论。洛克思想的逻辑结论就是消极自由,即反对国家干涉的自由。建立在古典自由主义基础上的"天赋人权"观的最主要的特征就是排除国家或者公共权力对个人权利的干涉,即要求国家或公共权力保持一种相对的消极不作为的态势。法国1789年《人权宣言》第4条就规定:"自由就是指有权从事一切无害于他人的行为。"这一规定至少意味着,作为以个人自由为核心内涵的人权,是可以由人权享有者通过自身的行为来实现的,而无须外界力量的帮助。② 在资产阶级反对封建专制的过程中,随着人权思想的发展,人权的实现方式重点限制国家权力对个人自由的干涉,在早期的人权文件中,往往将限制国家权力视为人权实现的一种重要形式。这样早期资产阶级宪法中强调公民权利和政治权利这类消极权利就不足为奇。

从抽象层面看,消极自由是一种完美的追求,但是,"从'实践'的视角来看,自由还内含着这样一种理念,即自由的实现,或者说要维护人民的权利,是需要实践性的行动,而非仅仅是观念,并且这种行动也并非体现为法国大革命那种'政治革命'式的重大事件,其实更体现在我们每天日常生活的细微之处。"③ 20世纪以后,自由主义思想有了新的发展。英国政治哲学家鲍桑

---

① 〔英〕洛克著:《政府论》(下卷),叶启芳、瞿菊农译,商务印书馆1964年版,第15页。
② 莫纪宏著:《国际人权公约与中国》,世界知识出版社2005年版,第60—61页。
③ 李宏图著:《从"权力"走向"权利"——西欧近代自由主义思潮研究》,上海人民出版社2007年版,第289页。

葵区分了"自由的消极概念"和"自由的积极概念"。自由的消极概念是不受其他人压制的自由,这是自由的本义,积极自由是采取行动的自由。英国思想家以赛亚·伯林(Isaiah Berlin)则明确提出"两种自由概念"并进行准确定义:消极自由是主体不受干涉的自由,即"免于……"的自由,就是在虽变动不居但永远清晰可辨的那个疆界内不受干涉;而积极自由是"成为自己主人的自由",即"做……"的自由。① 伯林的这种划分得到了西方学界的普遍承认。在法学理论中,自20世纪中叶以来,形成了两种对于自由概念的重新阐释:在法治意义上,以权利为中心的消极自由,在实质自由意义上,以能力为中心的积极自由。积极自由包括消极自由且以此为基础进而超越消极自由。② 自由主义的这种发展表明,仅仅依靠人权享有者自身的行为或者仅仅在制度上安排妨碍人权实现的因素是不够的,还需要政府或者其他国家机关采取必要的支持和帮助措施来保障这些权利的实现。

与自由主义思想的变化相对应,人权观念也发生改变,体现在法律上就是积极权利的出现。1919年德国的《魏玛宪法》首次对经济社会权进行规定,积极权利进入人权领域。但西方社会有些人反对把积极权利提升为普遍人权,认为积极权利只能属于理想的范畴。由于经济权利作为一种积极权利被很多人认为是"昂贵"的,因为国家要向个人提供福利,这又与国家的经济发展密切相关,故经济权利被认为是不可能立即实现的,而不能够立即"实现"的权利就不应视为权利,更不能上升为人权。

笔者认为,从义务的履行来看,消极权利和积极权利都需要国家履行一定的义务。比如消极权利需要国家对社会资源进行积极分配,建立有效的政治、法律体系来保障消极自由,为此国家必须投入巨大成本创制法律制度、支付工资维持法官系统和陪审制度、实施选举活动,等等。事实上,经济权利同样需要国家的消极不作为,比如市场经济下,为了实现经济活动自由,国家必须严格控制实施计划和管制的经济领域,国家也必须不侵害公民的财产权。因此,笔者也不赞成把经济权利明确称为积极权利,而与公民和政治权利对立起来。人权既包括消极权利,也包括积极权利,只是在人权的衡量标准和实现方式上,消极自由比积极自由更为明确而已。

所以,经济权利具有消极和积极双重属性,在权利的表述上可以细化为作为"自由权"的经济权利和作为"社会权"的经济权利,这里的"社会权"是广义上的,与"经济、社会、文化权利"中的狭义社会权利不一样,强调的是权

---

① 〔英〕以赛亚·伯林著:《自由论》,胡传胜译,译林出版社2003年版,第195页,第200页。
② 杨时革:《消极自由与积极自由——关于自由主义的理解》,载《学术界》2007年第3期。

利的积极属性。从自由权与社会权的区别来看,"自由权是在国民自由的范围中要求国家的不作为的权利,而社会权则主要是在社会上对经济的弱者进行保护和帮助时要求国家作为的权利。"①经济权利消极属性或自由权属性体现在对主体自由的尊重,而积极属性则体现了经济权利对平等的追求。经济权利相对于政治权利在更大程度上偏重于主体的实质地位平等,一般被认为积极属性更明显。所以如果忽略了经济权利的自由属性,仅仅强调经济平等是没有意义的,反而会导致贫困状况下的形式平等,而实质是不自由、不平等。

(二) 经济权利的天赋性与现实性

经济权利与传统的公民和政治权利的论证逻辑存在很大的差异,经济权利除了具有天赋人权的属性外,更是通过现实的需求来论证自身合理性。公民和政治权利被认为是消极权利,起源的理论逻辑是"天赋人权"。洛克以及17、18世纪的一般人士都认为,自由、平等都是人类与生俱来的权利,即"天赋人权",所以人权又被称为"自然权利"。这就是说,既然是自然权利,意义也就十分明显,这种权利或自由既不是任何法律所赋予的权利,也不是任何法律所能毁灭的权利。各国宪法对这类权利的规定,只是宣告这些权利的存在而已。"天赋"的预设给传统政治权利、自由以一种神圣性,倡导者以此来对抗国家。但是这种预设的合法性存在着现实根基的空虚,如美国学者杜兹纳所言,"法国宣言(指《人权宣言》)对社会契约的订立没有任何参考意义,宣言的前设性创造了宣言的合法性,又使宣言的合法性破坏殆尽。因此,不需要再作进一步的辩论、论证或推理来说明了,除了宣言行为以外没有什么其他渊源。"②传统的人权理论从抽象的"人"和权利的自证性来论证自身的合法性,从逻辑上说,作为人权的经济权利当然也具有某种不证自明的特点,每个人都需要财产或其他物质条件维持生存。

传统人权思想由于权利的天赋性而充满激进的革命性、反抗性,但这种人权在和具体权利联系起来时则显得缺少真实的现实基础。后来,在资产阶级推翻了封建统治,正式走上历史舞台之后,统治者与前任一样成为压迫者,于是,自然权利的声望下降,代替的是普遍的实用主义,实证主义思想抬头。伯克嘲讽自然权利的抽象性和理性主义,边沁则嘲讽了其愚昧不确定性。③

---

① 〔日〕大须贺明著:《生存权论》,林浩译,吴新平审校,法律出版社2001年版,第12页。
② 〔美〕科斯塔斯·杜兹纳著:《人权的终结》,郭春发译,江苏人民出版社2002年版,第103页。
③ 同上书,第120页。

实证主义反对所有超验的原则,对传统的人权理解也发生偏差。而马克思主义者则批判政治权利的虚伪性,探索人权的现实性,提出了历史唯物主义人权观。在马克思本人及后来的马克思主义者看来,资产阶级人权的天赋人权、平等、自由无异于神话,它掩盖了人权的真实基础和现实来源。马克思主义对人权实质性平等、自由的探求对后来社会主义国家以及发展中国家产生巨大影响。这些国家在一战或二战后都强调了民族自决权、生存权等经济社会权利的重要性。同时在西方法学理论中,德国人耶林、法国人狄骥所创的社会权利理论产生了巨大影响。他们主张法律不以保障个人权利为标准而应以社会福利为归宿;个人权利、私有财产应尽社会的义务。《魏玛宪法》和战后的新宪法多沿用此理论。① 耶林等人的理论是对资本主义各国宪法权利私有化的反思。

近代宪法以个人主义为法律基础,重心是自由权的保障,而对个人意志自由和个人权利绝对保障使个人所追求的唯一目标就是自身经济利益的最大化,而忽略社会利益以及其他非经济利益,造成了不顾甚至损害社会利益的种种弊端。在自由权备受推崇时代,自由的结果只能是有产者的自由,当贫困的无产者"自由"到无法生存时,自由的本义就值得怀疑。19世纪末20世纪初,西方主义资本主义国家由自由竞争进入垄断阶段,统治阶层一方面强化国家的政治统治,另一方面也扩大公民的基本权利,缓和社会矛盾。面对生产、分配过程中的诸多矛盾,政府力量被认为是最能有效解决问题的手段。于是宪法和人权理论开始发生转变,社团主义、社会利益成为主导思想。"有鉴于此,西方各国宪法为顺应现代经济生活之变迁,便发生了由以保障自由权的基本人权为中心向以保障生存权的基本人权为中心的推移。"②1919年德国的《魏玛宪法》则是这种转变的表现,该《宪法》第151条规定:"经济生活之组织,应与公平之原则及人类生存维持之目的相适应。在此范围内,各人之经济自由,应予保障。""法律强制,仅得行使于恢复受害者之权利及维持公共幸福之紧急需要。""工商业之自由,应依联邦法律之规定,予以保障。"这一条是宪法经济化的基本条文。龚祥瑞先生认为,这条宪法的改良主义表现有三:"(1)提出生存权,表示经济生活的秩序应以保护生存权为第一目的。由于这项规定,使战后各国宪法,由昔日的注重个人自由权,转而注重经济社会权利。(2)它表明经济生活的秩序,必须合于正义的原则,使人人安其生。(3)它表明各人的经济自由,应受保护生存权和适合正义两

---

① 龚祥瑞著:《比较宪法与行政法》,法律出版社2003年版,第131页。
② 陈泉生、张梓太著:《宪法与行政法的生态化》,法律出版社2001年版,第14页。

大原则的限制,只在不违反这两大原则的范围内,才有经济自由可言。"①对生存权的强调以及要求经济生活合乎正义,改变了19世纪各国宪法中"所有权神圣不可侵犯"的理念。20世纪30年代的经济危机和第二次世界大战的教训使资本主义各国的理论界更深刻地认识了人权是现实性需要,战后,许多国家普通民众要求民主自由的运动高涨,一些西方国家的政府被迫承认劳动者的权利,把经济方面的权利提高到生存、发展的高度,经济权利成为国家在政治生活必须提供的"人权产品"。

20世纪兴起的社会主义国家根据马克思主义的基本理论,对人权和国家作用的理解不同于资本主义的人权理论。而且这些国家都面临着发展本国经济、提高人民经济水平的迫切任务,所以,这些国家一开始就强调民族自决权、生存权的重要性,随之强调对经济权利的保护。② 其他的一些殖民地国家在独立后,为了尽快改变社会贫困状况、发展本国经济,同样强调经济权利的不可或缺。于是经济权利的合法性就来源于另一种基础,即现实的需要。

(三) 经济权利的人权属性与宪法权利属性

人权和宪法权利在很多方面是重合的,在很多地方也是通用的,但从宪法规范的实证分析来说,对人权和宪法权利之间的细微差别和确切内涵须认真对待。

经济权利是人权,这一点从人权法的角度看没有争议。而人权的基本理念是:一个人,仅因为他是人,而不因为其社会身份和实际能力就应该享有某些权利;这些权利与他作为人的属性相伴随并因此是不可剥夺、不可转让的。人权作为人之为人应该享有的权利,在本质上是一种道德权利,而非法定的权利,也就是说,人权的效力在道德意义上是不证自明的,人权作为道德权利不需要法律的规定,但也不一定具有实在的法律效力。人权作为一种道德权利,经常要依赖于具体的社会条件和人的需求状况来进行确认,因而人权不可避免地具有开放性,随时代、历史的变迁而发生改变。所以,作为一种道德理性的人权在范围上经常超越法律规定的内容,人权理论的纷繁复杂就体现了这一点。"归根结底,人权概念本身的含义应停留在道德意义和应然层面

---

① 龚祥瑞著:《比较宪法与行政法》,法律出版社2003年版,第165页。
② 1902年列宁在他参加起草的俄国社会民主工党的党纲草案中,就提出"承认国内各民族的自决权"的民族纲领条文。在1903年俄国社会民主工党第二次代表大会上,由于列宁的坚持,承认民族自决权的原则正式明文载入党纲。有关列宁民族自决权思想的论述,详见陈波著:《马克思主义视野中的人权》,中国社会科学出版社2004年版,第5章,"列宁的民族自决权思想"。

上,最大价值即是昭示权利价值的预设和权利发展的理念。"[1]因为经济权利的人权属性,所以对人权中经济权利的内涵的理解也因为人权的开放性而多种多样。

与具有道德性的人权相比,宪法权利的概念则往往用来表述宪法所规定的公民基本权利。在宪法学理论中,"宪法权利"又常常被表述为"基本权利"。宪法权利被称为基本权利,反映了宪法所规定的权利相对于普通法律来说具有特殊性,宪法权利或基本权利是因为其基础性、不可替代性、不可转让性等特征而具有"基本"的地位。宪法权利的"基本"属性使得宪法权利主要用来对抗国家权力的侵犯或者用来要求国家权力提供保障,以能够获得宪法救济而作为权利实现的最终保证。从权利的形态来看,人权是一种应然的道德权利形态,而宪法权利则更多体现了人权观念的法定化,是一种法定权利。"宪法权利"必须以基本人权的存在作为自身存在的逻辑前提。[2] 宪法规范相对于人权思想或人权观念来说,在内容上更加明晰,而且宪法中的基本权利往往和特定国家在制宪或修宪时所处的政治、经济背景密切相关,因而经常会发生一些变动。在各国宪法中,对经济权利也都有所规定,但这些宪法规范的内容与国际人权公约中的经济权利规定经常存在一些差异。

从人权实现和国际人权法的角度看,经济权利具有人权属性,但在具体国家内,落实到具体的宪法规定,经济权利又变成了宪法上的基本权利。这二者不可以完全等同起来,即使从简单的制度规范上看,国际人权法中的一些权利并没有完全进入到各国的宪法之中。比如,在《经济、社会和文化权利国际公约》第11条规定的适当生活水准权,在我国宪法中并没有对应的宪法规范。区分经济权利的这两种属性的意义在于:首先,权利特性不同,前者具有批判性、道德性,而后者具有保障性、现实性。其次,承担的义务不同,对于作为人权的经济权利,国家根据人权的道德属性承担的道德性义务,不具有强制要求国家提供的性质。而宪法中的经济权利,则具有主观权利性,国家负有法定的积极义务。最后,权利主体不同。人权的权利主体是抽象的,或者说针对所有的人,而宪法中的权利则针对的是本国公民。

二、经济权利的价值目标

古典人权思想形成于17、18世纪的欧洲,并在随后的美国和欧洲国家的宪法中得到体现,而现代人权思想在第二次世界大战中开始形成,是对法西

---

[1] 秦奥蕾著:《基本权利体系研究》,山东人民出版社2009年版,第5页。
[2] 莫纪宏著:《现代宪法的逻辑基础》,法律出版社2001年版,第292页。

斯专政和残暴行为的强烈反应。现代人权概念也是一个集合体,"国际人权在很大程度上吸收了美国宪政的内容(也吸收了欧洲与拉丁美洲相关的宪法发展的内容),它也接受了其他意识形态的观点,如社会主义和其他形式的福利国家的观点。"①现代人权的价值目标相对于古典人权对抽象的自由、平等的追求来说,更加多元和具体,内容也更丰富。这里就结合经济权利形成的思想、社会基础以及制度规范,分析经济权利的价值目标。从人权的一般意义上说,人权的目标是人类的"固有尊严",经济权利的最终目标也包含《世界人权宣言》所说的人的尊严,但这里从更具体的价值目标来分析经济权利,所以人的尊严不再作为一个单独的价值目标去说明。

(一) 人的生存

古典人权用"天赋人权"、"固有的"等不证自明的逻辑范式说明了人权的神圣性,政府和国家的任务就是不侵犯这些固有的、既定的权利。"我们为之自豪的民权法案是设计用来支持'消极的权利',来保护个人自由和权利不受侵害;在积极促进自由或权利享有方面,它们并不涉及社会或法律。"②自由当然一直是人权的内在追求,但在20世纪,人权思想发展到现代人权观念,形成两大类基本人权之后,不同的人权内容体现的价值目标就不太一样。公民与政治权利可以说仍偏重于抽象的平等、自由,而经济与社会权利则明显偏重于人的现实问题,比如生存、保障、发展等。作为积极性权利的经济权利论证自身的合理性不再依据"天赋人权",而是实在的个人需求,个人需求最基本的目标是保障人的生存,实现人的尊严,即所谓"像人一样的生活"。人的尊严是一种权利,也是实现其他目的的基础,而经济权利则是实现人的尊严的手段。人的尊严集中的体现是人要能够体面地生存下去,保证不了生存目标的自由是毫无意义的。经济权利具有保障生存的作用就论证了自身的不可或缺性,是实现人的尊严的必备条件。所以,人的现实生存既是经济权利实现人的尊严的手段,也是经济权利的内在价值追求。人权意义上的经济权利侧重于个体的生存权,在实现生存权的基本目标下去保障财产权、工作权、经济自由等。

德国的《魏玛宪法》率先规定经济活动要以保障生存为目的,该《宪法》第151条第1款规定:"经济生活之组织,应与公平之原则及人类生存维持之目的相适应。在此范围内,各人之经济自由,应予保障。"这条规定实际上体

---

① 〔美〕路易斯·亨金著:《权利的时代》,信春鹰等译,知识产权出版社1997年版,第108页。
② 同上书,第191—192页。

现了经济权利的价值目标。① 从《经济、社会和文化权利国际公约》以及《世界人权宣言》的要求来看,其中的经济权利大部分都不是"享受型"的,相反,这些权利非常务实地满足基本需求,即首先保证生存。不管是财产权还是工作权、最低限度物质帮助权,都与人的生存和生存状况密切相关。实际上,在理论界,经济、社会权利也经常被合称为"生存权"。比如,美国学者亨利·舒就把基本权利分为三类:安全权、生存权和自由,其中生存权是保证拥有清洁的空气、水、适当的食物、衣物、住房和最低限度的公共医疗。② 按照亨利·舒的观点,缺乏生存手段就像侵犯人身安全权一样是致命的,生存具有极端的重要性。没有人会否认,当个体处于饥饿、贫困、缺乏生活必需品的状况下,政治参与和公民自由对其毫无意义。在无法保证生存的情况下,自由是空洞和虚伪的,也无所谓人的尊严。所以当初美国前总统在发表关于"四大自由"的演说中就已经充分认识到这一点。"我们人民对政治和经济制度所抱的基本期望十分简单。它们是:给青年和其他人以均等机会;给能工作的人以工作;给需要保障的人以保障;终止少数人享有的特权;保护所有人的公民自由权;在生活水平更普遍和不断提高的情况下,享受科学进步的成果。"所以,经济权利的一个基本价值目标是保障生存。

(二) 实质平等

平等的价值观在近代以来一直是人类社会追求的核心价值理念之一,几乎所有的国际人权法文件中,都宣示平等的价值并承诺对个人的权利不分种族、肤色、性别、语言、宗教、政治或其他见解、国籍或社会出身、财产、出生或其他身份等任何区别的平等保护。但传统人权中的平等是在抽象意义上所说的形式平等,而作为现代人权组成部分的经济权利所追求的平等却是一种实质平等。从理论上说,平等分为形式平等和实质平等。按照前者,所有的人都应受到同样的对待,而不管他们的年龄、健康状况、财产状况、人格、身份、种族、民族等如何。按照后者,人们应该得到与自己的优点、贡献、需要、身份相称的待遇。如果仅仅追求一种形式上的平等,忽略社会中不同主体在各方面的差异,其结果只能是更加不平等。市场经济提倡的是公平竞争,奉行平等的交换准则,市场经济越完善就越能激发人的个体意识、自我意识,就

---

① 有学者认为这条规定虽不能称为生存权,但体现了生存权的国家积极干预性。参阅〔日〕大须贺明著:《生存权论》,林浩译,吴新平审校,法律出版社2001年版,第3页。笔者认为把这个条文理解为生存权与本文所说的经济权利的价值目标并不矛盾。

② Henry Shue, *Basic Rights: Subsistence, Affluence and U. S. Foreign Policy*, Second Edition, Princeton University Press,1996,p. 24. 转引自黄金荣著:《司法保障人权的限度——经济和社会权利可诉性问题研究》,社会科学文献出版社2009年版,第41页。

会使人产生一种强烈的平等意识。这种平等意识存在于每个人本身,然后通过个体、社会群体体现出来。在现代社会和正在走向现代社会的国家中,这种平等应当为每个人所具有,为整个社会所重视。社会共同体中的每个成员都应当受到同样的对待,具有平等的基本权利。如果某个社会群体(一般来说是弱势群体)、某些人甚至某个人的生活极度贫困,导致人的基本平等权的丧失,造成个体独立性的匮乏等等,那么这不仅意味着是某个社会群体、某些人、某个人的平等权受到践踏,而且意味着我们整个社会的平等与公平受到践踏。20世纪形成的现代人权观念考虑到了人的具体条件、需求不同,所以在基本权利的理念上超越了古典人权中的形式平等观念,更注重实际的平等状况。"一般来看,社会权是作为为了保障实质上的自由和平等而补充存在的,是一种以自由权为前提而成立的权利。"①经济权利就集中体现了现代人权观念对实质平等的追求。

从经济权利的形成来看,体现了社会中处于弱势的无产者和贫困者的斗争,是国家关注社会贫困者、建立福利社会的一种理想,也是新独立的国家对本国人权提升的迫切愿望,所以经济权利自始至终都是关注贫困者的权利体系。在发达国家,经济权利关注社会中的贫困者和弱者,缓和社会矛盾,维护社会稳定,努力实现社会总体平等的要求。在发展中国家,经济权利是所有贫困者的要求,因为这是生存的需要,国家独立的前提,也是所有人平等的前提。

从经济权利的国家义务来看也是如此,由于资源的有限性,所以经济权利的实现是渐进性的,但在有限的资源下,保障那些能够保证生存需要的权利得以实现,或者对最需要进行保障的人提供支持应该是一个社会的优先选择,因为这种保障是真正实现人的平等的需要,具有更大的相对重要性。"认真对待经济、社会、文化权利同时就意味着要去解决社会的整合性、连带性和平等性,包括如何解决收入分配在内的各方面问题。经济、社会、文化权利关注的一个主要问题是对易受伤害群体(vulnerable groups),例如贫困人口、残疾人以及土著人的保护。"②经济、社会、文化权利委员会也强调,甚至在明显缺乏可以利用资源的情况下,缔约国仍有义务努力争取保障在这种条件下尽可能广泛地享有相关的权利。委员会还强调,甚至在调整进程、经济衰退或其他因素造成严重资源困难的情况下,仍可以也必须通过耗资相对较

---

① 〔日〕大须贺明著:《生存权论》,林浩译,吴新平审校,法律出版社2001年版,第28页。
② 〔挪威〕A.艾德、A.罗萨斯:《经济、社会、文化权利:世界性挑战》,载〔挪威〕艾德等主编:《经济、社会和文化权利教程》(修订第二版),中国人权研究会组织翻译,四川人民出版社2004年版,第5页。

少的专门方案保护社会中易受损害者。① 经济权利对社会中一些特殊主体,比如处于弱势地位的群体给予特别关照将加强一个社会对实质平等的追求。

(三) 创造性自由

经济权利的自由价值在总体上是双重的,但从作为社会权的经济权利来看,经济权利更偏重于积极自由的追求,这种积极自由是做某事的自由,或者成为创造的自由,由国家提供保障的自由。

美国学者卡尔·J.弗里德里希认为,按照权利的演进历程可以把自由权的发展分为三个主要阶段,并赋予不同的内涵。第一阶段是自主的自由权,主要体现为"由17世纪传入18世纪,并被洛克在其'生命、自由和财产'(广义上包括追求幸福)的公式中加以概括的自然权利,再重复一遍,主要是用来保护个人以对抗政府权力。"②到了19世纪,人们逐渐认识到这些权利并非是绝对的、一成不变的。"随着以往的理性主义者的信仰获得了历史的视界,权利也被认为是由宪法创立和捍卫的。对不同的'权利法案'的比较更使人们坚信这些权利是因时因地而异的。对它们的采纳被认为不仅仅是一种认可的行为,而同时也是制定和确立的行为。可以肯定地说,在英国的和法国的革命高潮迭起之际,这样一种观点即已在一定程度上得到预示。而公民参政自然从一开始就是一项基本主张。这样,自然权利逐渐被转换成'公民的自由权'(civil liberties),用于公民活动的范围。"③自由的相对性表明了自由是由公民参与政治而形成的,这就是第二阶段的公民参与自由权。20世纪以后,自主的自由权与参与的自由权受到了创造的自由权的挑战,这种新的自由赋予人们免于恐惧和匮乏的自由。这种创造的自由是为了维护人的尊严的自由。国际人权文件中确认的基本权利都属于这种自由。"很明显,这些权利不是保护个人以对抗政府或其他当权者的,而是提请公共权力机构注意要让诸如个人自己拥有的那种自由权通过另一些自由而得以实现,后者与自主的自由和参与的自由不同,可以称为创造的自由。"④

根据弗里德里希对自由的阶段划分,经济权利的内在目标很明显是为了实现创造性自由,"它们将人从阻碍其全面发展的限制和约束中解脱出来。尽管这些自由与更古老的自由有显著的不同,但为了所有的人都成其为人,

---

① General Comment No. 3 of CESCR(1990), Para.11,12.
② 〔美〕卡尔·J.弗里德里希著《超验正义:宪政的宗教之维》,周勇、王丽芝译,梁治平校,生活·读书·新知三联书店1997年版,第91页。
③ 同上书,第92页。
④ 同上书,第95页。

要求这些自由是完全正当的。"①日本学者芦部信喜同样从一种创造性自由的角度看待经济社会权利的价值目标。他认为从人权的历史展开来看，是"自由权到社会权"或"从免于国家干预的自由"到"由国家实现的自由"。②所以，经济权利的价值目标是实现人的创造性，最终满足人的尊严的需要。从根本意义上说，创造性自由其实还是为了挽救传统的自由主义。

（四）经济秩序的发展与稳定

经济状况的提升是一切人权保障的基础，经济权利作为人权的一种，基本目的是要保障社会主体拥有足够的经济基础，以实现基本人权。一个国家公民要普遍提高经济状况，大的社会背景必须是整个社会的经济秩序能够发展并保持稳定，所以经济权利的重要价值目标是经济的发展与稳定。

作为积极权利的社会权具有很强的经济功能，而经济的发展与稳定集中体现了这些经济功能。一方面，经济权利包括经济自由就体现了追求经济发展的目标。资本主义经济历史已经证明经济要发展、繁荣，必须保证有经济自由，古典自由主义的经济学家、政治学家、法学家基本上都秉承这一观念。当然，如前所述，过于放纵的经济自由，会带来贫富分化、社会不安定，为了维持社会经济的稳定发展，国家必须发挥积极作用。国家既要保障经济活动的基本自由，保障财产权，又要矫正经济自由带来的不足，提供社会经济保障。因而，从另一个方面来说，经济权利所要求的国家积极义务也具有强烈的经济目标。国家通过提供金钱或物质、创造就业条件等方式，直接或间接地保障社会中弱者能享有基本生活水平，过"像人一样的"生活，才能消除社会的不稳定因素，使社会经济秩序正常化。日本学者大须贺明认为，20世纪30年代经济危机期间美国的"新政"措施，"其一方面的目的，是在于使国民的生活趋向稳定，克服经济萧条造成的社会不安，维护市民社会的基本秩序；另一方面也有着更显出其本质的经济目的，这就是要借此来提高劳工和农民的购买力，争取景气的再度恢复，圆滑地疏通商品的流通渠道，复兴产业，重建经济。"③不论是资本主义国家还是社会主义国家，经济权利具有维持经济发展、社会稳定的目标是共同的。

---

① 〔美〕卡尔·J.弗里德里希著：《超验正义：宪政的宗教之维》，周勇、王丽芝译，梁治平校，生活·读书·新知三联书店1997年版，第95页。
② 〔日〕芦部信喜著：《宪法》（第三版），林来梵等译，北京大学出版社2006年版，第39页。
③ 〔日〕大须贺明著：《生存权论》，林浩译，吴新平审校，法律出版社2001年版，第9页。

第二节　经济权利的分配正义

权利的合理分配是权利保障的前提,经济权利作为基本人权,如何分配关涉到经济权利保障和实现的结果,因此经济权利能否正义分配是社会公正的重要体现。由于经济资源的稀缺性,必须有一定的规则进行经济权利的合理分配,经济权利的正义分配是社会经济体制正义的核心。关于如何进行权利分配,有多种不同的意见,比如古希腊时代柏拉图就认为,社会资源的分配应该符合等级制度的要求。近代人权观念兴起以后,自由、平等以及相应的法治成为权利分配的基本要求,在自由主义分配正义中,罗尔斯的正义理论广受关注,也比较符合经济权利分配的需要,因此,本节通过对权利分配的不同理论分析,并结合罗尔斯的正义理论探讨经济权利的正义分配原则和应该避免的问题。

一、自由主义分配正义的缺陷

如同前文对人权历史的阐述,17、18世纪欧洲兴起的古典人权以自由为核心价值目标,社会权利的分配原则也以自由为正义原则,这可以从当时的人权文件以及后来思想家的论述得到引证。1789年的法国《人权与公民权利宣言》第1条、第2条、第4条都在强调自由,而且自由以不侵犯他人为限度。《人权与公民权利宣言》第1条规定:"在权利方面,人们生来是而且始终是自由平等的。只有在公共利用上面才显出社会上的差别。"第2条规定:"任何政治结合的目的都在于保存人的自然的和不可动摇的权利。这些权利就是自由、财产、安全和反抗压迫。"第4条规定:"自由就是指有权从事一切无害于他人的行为。因此,各人的自然权利的行使,只以保证社会上其他成员能享有同样权利为限制。此等限制仅得由法律规定之。"这种自由观点也为后来英国学者密尔继承,"人类之所以有理有权可以各别地或集体地对其中任何分子的行动自由进行干涉,唯一的目的只是自我防卫。"[①]"唯一实称其名的自由,乃是按照我们自己的道路去追求我们自己的好处的自由,只要我们不要试图剥夺这种自由,不试图阻碍他们取得这种自由的努力。"[②]

但是众所周知,古典人权时代形成的以自由为理念的权利分配正义原则并没有很好地达到预期目标,前文所述古典人权缺陷已经很好地表明了这

---

① 〔英〕约翰·密尔著:《论自由》,许宝骙译,商务印书馆1959年版,第10页。
② 同上书,第14页。

点。古典人权运动以自由为权利分配的正义原则,实现了政治自由和经济活动自由,促进了经济的发展和政治活动的自由化。但是,古典人权运动所提出的口号与制度在经济资源分配方面产生了很多问题,经济活动自由带来的是社会财富的不公平分配,形式上的自由却导致了实质上不平等(最终也是不自由)的社会现实。19世纪中后期,随着工业革命的发展,资本主义国家社会贫富分化现象日趋严重,由此也导致了工人阶级革命运动的兴起。在理论上,古典人权观点也受到了社会连带主义、功利主义、马克思主义的批评。

面对古典自由主义权利分配原则的缺陷,西方社会提出了两种解决的路径。一是在第一代人权之外增加了某些社会和经济权利,例如到1919年《魏玛宪法》制定时,第二代人权,也就是很多经济社会权利进入了人权视野。二是扩展基本权利在横向维度的约束力,也就是国家在努力尊重和保护基本权利的同时,也努力保护公民的基本权利免受其他社会主体的侵害,这样人权就变得注重积极属性。①

从经济权利来看,经济权利的出现不是简单为了避免国家的干涉,而是为了相应的符合社会正义原则的利益分配。所以有学者认为,"在此意义上,社会经济权利不是真正意义上的人权,只是符合社会正义的制度安排。也可以这么说,第二代人权名为人权,实际是实现第一代人权的社会必要条件。"②虽然否定经济权利是人权似乎为现代人权理论所不容,但经济权利由此具有不同的分配正义原则却是必然的。

二、权利分配的不同原则

在权利分配的正义原则中,罗尔斯的理论具有重要影响力。罗尔斯曾指出,"一个社会体系的正义,本质上依赖于如何分配基本的权利义务,依赖于在社会的不同阶层中存在着的经济机会和社会条件。"③在《正义论》及《作为公平的正义》等书中,罗尔斯详细地阐述了权利分配的基本正义原则。在《正义论》中,罗尔斯指出正义的社会体制应该符合两个基本原则。(1)优先的平等自由原则:即每个人对与所有人所拥有的最广泛平等的基本自由体系相容的类似自由体系都应有一种平等权利。(2)关注弱者的差别原则:社会和经济的不平等应这样安排,使它们:① 在与正义的储存原则一致的情形,适合于最少受惠者的最大利益;并且,② 依存于在机会公平平等的条件

---

① 王立峰著:《人权的政治哲学》,中国社会科学出版社2012年版,第86—87页。
② 同上书,第87页。
③ 〔美〕约翰·罗尔斯著:《正义论》,何怀宏等译,中国社会科学出版社1988年版,第7页。

下职务和地位向所有人开放。① 后来,罗尔斯对于建立在"无知之幕"基础上的正义原则进行了修正,以进一步解决不平等问题。他在《作为公平的正义》中写道:"原在《正义论》第 11—14 节讨论的两个正义原则,它们的最新表述应该是这样的:(1) 每一个人对于一种平等的基本自由之完全适当体制都拥有相同的不可剥夺的权利,而这种体制与适于所有人的同样自由体制是相容的;(2) 社会和经济的不平等应该满足两个条件:第一,他们所从属的公职和职位应该在公平的机会平等条件下对所有人开放;第二,它们应该有利于社会之最不利成员的最大利益(差别原则)。"② 当然,罗尔斯一直都强调正义的第一个原则拥有优先性,因而这两个原则是有先后之分,只有第一原则实现之后,才能使用第二原则。

国内有学者综合了相关权利正义的理论,提出具有社会正当性的权利制度应该符合四项基本原则:(1) 人身权利的绝对平等性。即社会主要在对自己人身自由的拥有上,坚持无差别的绝对原则,并具有排除他人非法干涉的权利。(2) 经济权利的相对平等性。在社会物质资源的分配上,应坚持最低限度的绝对平等与机会平等相结合的原则。(3) 政治权利的一体平等性。(4) 救济权利的完善有效性。③

此外,在探索经济权利的分配中,还涉及经济权利与政治权利的优先性问题。古典人权理论强调政治性权利的重要性,现代一些学者则从经济权利的作用论证经济权利的优先性。比如美国学者亨利·舒就提出了基本权利的概念,认为政治、公民权利并不重要于经济权利,他认为,作为基本权利的生存权(subsistence rights)的匮乏使得个人脆弱而且易受伤害,因为没有生存权作为基础,其他各种权利都没有保障。④ 美国学者沃尔顿也认为,从权利的积极作用来看,权利源自利益,个人拥有的满足生存需要的利益是最重要的。⑤ 从人类生存的基本需要来说,经济权利意味着有必需的生活物质,个体经济权利是实现基本需要的满足。因此,经济权利的分配必须意味着人类最低限度的存在。

---

① 〔美〕约翰·罗尔斯著:《正义论》,何怀宏等译,中国社会科学出版社 1988 年版,第 302 页。
② 〔美〕约翰·罗尔斯著:《作为公平的正义》,姚大志译,上海三联书店 2002 年版,第 70 页。
③ 戴剑波著:《权利正义论》,法律出版社 2007 年版,第 199 页。
④ Heney Shue, *Basic Rights: subsistence, Affluence and U. S. Foreign Policy*, Princeton University Press, 1996, pp. 24—25.
⑤ J. Waldron, *Liberal Rights, Collected Papers 1981—1991*, Cambridge University Press 1993, p. 11.

三、经济权利的正义分配原则

实践上,在一个国家保障和实现经济权利过程中,制度建设是关键,如何通过制度构建实现经济权利的正义分配是必须面对的一个问题。在市场经济作为经济运行主导体制的社会中,市场经济改变了传统的权利观念,经济权利的分配应该注重公平与效率的兼顾性,如此才能实现经济权利的正义分配。综合罗尔斯等人的权利分配理论,本书认为,经济权利分配应该坚持以下几个原则:

第一,按照罗尔斯的正义理论,自由优先于平等原则,因此,市场经济条件下,涉及生产资料一般性分配的经济权利分配首先应该坚持自由原则,这是市场经济效率的需要。"一种自由市场体系必须建立在政治制度和法律制度的框架之内,这种制度框架用来调整经济力量的长期趋势,以防止财产、财富以及那些特别容易导致政治统治的力量的过分集中。"①在以自由竞争为活动原则的市场行为中,社会主体的基本经济自由能够保障经济效率的实现,促进社会经济总体繁荣,为其他经济权利的保障提供物质基础。比如对于财产权,保障社会主体的财产自由就是促进经济繁荣的根本需要;还比如就业自由权,是实现劳动者充分就业并发挥个人能力特长的需要。

第二,按照罗尔斯正义论第二项原则,平等是为了解决社会弱者由于自由竞争导致的实质不平等,因此,涉及基本生活需要的社会资源分配应该以平等为原则。以自由为原则分配社会生产资料,促进了社会经济的发展,但也会导致社会的贫富分化以及无法兼顾弱者的现象。因此,自由原则必须兼顾平等,不能无条件扩展至所有经济权利的分配,比如,对于适当生活水准权,就应该平等保障所有社会成员,在基本生活资料的获取上,所有社会成员不应该有任何差别。如同邓正来先生曾经所言,"如果人们没有对个人把人类生存的物质资料用于满足个人权利主张的做法作出有序安排,那么人类生活的物质资料就会蒙遭损失或者浪费,或者我们至少可以说,人们从人类生存的物质资料中所获得的满足便会大大减少。"②因此,自由分配经济权利运行有差别,但是,"差别原则要求,财富和收入方面的差别无论有多么大,人们无论多么情愿工作以在产品中为自己挣得更大的份额,现存的不平等必须确实有效地有利于最不利者。"③这也是国家需要干预经济权利分配的原因。

---

① 〔美〕约翰·罗尔斯著:《作为公平的正义》,姚大志译,上海三联书店2002年版,第72页。
② 邓正来:《社会学法理学中的"社会神"——庞德〈法律史解释〉导读》,载〔美〕罗斯科·庞德:《法律史解释》,邓正来译,中国法制出版社2002年版,第31页。
③ 〔美〕约翰·罗尔斯著:《作为公平的正义》,姚大志译,上海三联书店2002年版,第103页。

第三,经济权利的自由和平等分配都需要国家采取措施加以干预。经济活动自由需要国家不能对市场主体的经济利益进行侵害,也需要国家采取措施,避免强势社会主体对弱势社会主体的侵害,比如我国《宪法》规定"公民的合法的私有财产不受侵犯"就包含了国家的双重义务要求。而经济权利的平等分配则体现了国家的积极义务,避免因追求效率而导致对社会公正的巨大伤害。国家干预经济权利分配其实并不必然需要持续的经济增长,更主要的是实现公平。"为了最大限度地提高最不利者的期望(按照收入和财富来计算),它不需要时代持续的经济增长。持续的经济增长不是一种理性的正义观念。"①

第四,经济权利分配中应避免权利虚置与权利缺位。权利具有实践性特征,按照唯物主义的基本观点,权利来自于人类社会生产和发展的实践需要,因此,权利应该与社会需要及利益关系相适应。"即既不应该存在无一定社会利益与之对应的权利,当然也更不应该无视社会生活的基本现实和客观实际,置社会的法权要求于不顾,把应当并且事实上有可能由法律加以确认与保护的社会利益任意地置于法律的视野和法律所保护的利益范围之外。"②因此,权利分配应该避免权利虚置与权利缺位,权利虚置导致法律规定的权利无法实现,最终影响法律的信任基础,而权利缺位则体现了立法过失。在经济权利配置中,不能把所有经济活动的要求都上升为经济权利,亦不能无视经济发展的需要,对应该加以保障的权利漠然不顾。比如对于适当生活水准权可能涉及的适足住房的需要,单纯规定为法律上的权利可能并不符合社会经济发展水平的现实,这时,由市场经济对房地产进行合理调节就显得必要;但随着经济发展,对公民住房不断改善的要求也不能置之不理,国家建设保障性住房同样也是必要的。

第三节 经济权利的权利主体

本节将结合经济权利的国际人权法规范,从制度规范的角度分析经济权利包含的权利主体及相应的内容,有关义务主体和基本义务等问题则在下一节分析。人权既涉及国际人权法层面的规定,又涉及各国宪法的规定,由于研究方向和篇幅限制,本节主要依据有关国际人权公约中的经济权利规范进行分析,而对各国宪法中的经济权利规范不作专门研究。

---

① 〔美〕约翰·罗尔斯著:《作为公平的正义》,姚大志译,上海三联书店 2002 年版,第 103 页。
② 戴剑波著:《权利正义论》,法律出版社 2007 年版,第 45 页。

理论上，人权的一般主体是每一个人，但人权的观念又是与18世纪的公民观念密切相关，所以人权的主体早期主要集中于公民，而且是西方国家的公民。20世纪以后，社会权（广义上）发展起来，人权的主体不再简单地认定为公民，而是扩展为所有人，并且不同的权利所关注的主体也不一样。经济权利具有消极和积极双重属性（见本章第一节），所关注的权利主体也不同，基于对实质平等的追求，经济权利更关注社会中处于经济贫困弱势地位的人群。20世纪中后期开始，发展中国家在努力探索本国经济发展的过程中，形成了发展权观念，人权中出现了集体权利。因此，经济权利的主体可以从不同的角度来分析。

一、作为自由权的权利主体

在人权体系中，自由权是指反对国家干预的权利，是一种主观权利，"主观权利即指社会中个人的一种权利。个人有机会获得社会对其所追求的结果的认可，条件是其追求目标和行为动机符合客观法。""个人来到世界上，人就拥有某些权利，某些作为个人自然权利存在的主观权利。人生而是自由的，这就是说人有自由发展其物质行为、智力行为与道德行为的权利，同时又有获得这些行为所产生的结果的权利。"①主观权利就是依靠权利主体自身努力去实现的权利。主观权利作为一种自由对于每一个人来说都拥有，所以对于作为自由权的经济权利来说，权利主体是每一个人，这种"人"具有抽象性和普遍性，指任何自然人。《经济、社会和文化权利国际公约》在开始便申明："只有在创造了使人可以享有其经济、社会及文化权利，正如享有其公民和政治权利一样的条件的情况下，才能实现自由人类享有免与恐惧和匮乏的自由的理想。"而且，作为自由权的经济权利对每一个人都是平等的，每个人都可以享有。从这种意义上说，各国的公民、处在本国的外国人甚至无国籍人都是经济权利的主体。

当然，主体对自由权的享有在特定情形下也有一定的差异性，有些国际人权法是针对某一特定主体的，所以这时经济权利的主体是特定的群体。比如《消除对妇女一切形式歧视国际公约》和其他一些文件就努力要实现妇女与男子的平等，在经济权利上也要实现平等，但这里经济权利的主体针对的是女性。而《消除一切形式种族歧视国际公约》就要求采取措施，确保在经济权利上人人平等，而不分种族和民族。就具体经济权利在现实中的实现来

---

① 〔法〕莱昂·狄骥著：《宪法学教程》，王文利等译，辽海出版社、春风文艺出版社1999年版，第3页。

说,权利主体会存在差异,这与人权的普遍性并不冲突。比如对于财产权和工作权来说,作为一种自由权,所有人都是财产权的主体,但是只有有工作能力的人才是工作权的主体,未成年人或者说丧失工作能力的人就谈不上成为工作权的主体。

二、作为社会权的权利主体

从人权作为一种道德性权利来说,每个人都是人权的主体,尤其是自由权,但在实际社会中特定主体的权利需要总是具有一定的差异,权利的享有和实现能力也不一样,这也是社会权产生的根源。广义上的社会权是指公民依法享有的要求国家对其物质和文化生活积极促成及提供相应服务的权利。这种社会权与自由权相对,两大国际人权公约一般被认为与这种划分相对应。社会权的核心内容在于对国家提出了积极的义务要求,国家不仅不能侵犯公民已经拥有的作为自由权的基本人权,而且当公民无法依靠自身能力实现一些基本人权时,国家还有义务积极采取措施保证公民实现这些权利。《经济、社会和文化权利国际公约》第 2 条就规定:"每一缔约国家承担尽最大能力个别采取步骤或经由国际援助和合作,特别是经济和技术方面的援助和合作,采取步骤,以便用一切适当方法,尤其包括用立法方法,逐渐达到本公约中所承认的权利的充分实现。"

因此,作为社会权的经济权利所针对的主体是社会中处于比较脆弱或贫困地位的人,因为经济状况比较良好的公民较少依赖国家的经济帮助。从权利逻辑上说,作为社会权的经济权利需要国家提供保障,但国家提供保障必然会形成国家干预,这与权利的内在自由是冲突的。日本学者大须贺明就认为,与自由权主体的普遍性不同,社会权的主体是有限的,具有一定的"虚伪性"。"以生存权为首的各种社会权的权利主体,是指生活中的贫困者和失业者等,是存在于现实中的个别的具体的人,即带有具体性、个别性这样属性的'个人'……我们也应该明确指出,社会权的权利主体也只能是一定限度上的、对自由权权利主体所具有的普遍性和抽象性的法律范围的修正,而并非是现实生活中具体存在的个人。"①这种主体有限性是市民社会和宪政模式下个人自由和独立的需要。"一般说来,不管是近代还是现代,自立原则均是市民社会的基本原则。这种原则的重要根基,是最大限度地尊重个人的主体性和自立性的理念。"②所以国家的保障应有所侧重,不是对社会所有人

---

① 〔日〕大须贺明著:《生存权论》,林浩译,吴新平审校,法律出版社 2001 年版,第 16 页。
② 〔日〕大须贺明著:《生存权论》,林浩译,吴新平审校,法律出版社 2001 年版,第 17 页。

提供全方位的福利,国家提供经济权利主要保障我们通常所说的弱势群体,比如贫困者、残疾人、缺乏收入的老人等。联合国经济、社会、文化权利委员会在第5号一般性意见中指出:"《经济、社会和文化权利国际公约》对于残疾人的人权来说极为重要。""即便在生活水平较高的国家,残疾人也往往没有机会享有《公约》确认的一切经济、社会、文化权利。"[1]所以作为社会权的经济权利的主体具有一定的倾斜性,倾向于社会中经济上的弱者。经济权利主体的有限性也导致了国家义务的有限性。

三、作为集体权利的权利主体

人权包含了个体人权和集体人权两种形式。个体人权的主体是个人,集体人权的主体是民族和国家等。集体人权与个体人权是辩证统一的关系。首先,任何人权包括集体人权最终都必须体现为个人人权,个人人权若得不到保障,也就谈不上集体人权。其次,集体人权是个人人权得以充分实现的先决条件和必要保障。集体权利首先是民族自决的权利,然后是发展的权利。国家发展了,才可能为个人享受充分的人权提供有利的政治、经济和社会条件。最后,某些集体人权同时也是个人的人权。例如,发展权、环境权、和平权等既是集体的人权,也是个人的人权。如果这些集体人权得到了保障,同时也就为保障了个人人权创造了重要条件,当然不等于个体人权必然得到保障。

经济权利既是个体权利,在某种程度上也是集体权利。联合国大会1986年通过的《发展权利宣言》的序言载明:"发展是经济、社会、文化和政治的全面进程,其目的是在全体人民和所有个人积极、自由和有意义地参与发展及其带来的利益的公平分配的基础上,不断改善全体人民和所有个人的福利。"第1条规定:"发展权利是一项不可剥夺的人权,由于这种权利,每个人和所有各国人民均有权参与、促进并享受经济、社会、文化和政治发展,在这种发展中,所有人权和基本自由都能获得充分实现。"理论上,把发展权理解为一种集体性的经济权利"必然会产生经济权利相对化的结论"。[2] 但是,从发展权对经济权利实现所具有的影响力来说,无法排除发展权的经济权利地位。一方面,国家经济的发展是公民经济权利实现的重要前提和保证;另一方面,公民个人通过宪法和法律所获得的经济权利主体的法律地位可以通过发展权利的要求进一步强化,为公民在经济权利上的请求权提供法律依据。

---

[1] General Comment NO.5 of CESCR(1994), Para.1.
[2] 莫纪宏著:《实践中的宪法学原理》,中国人民大学出版社2007年版,第289页。

因此,经济权利主体包括了集体性的主体。

第四节 经济权利保障的国家义务

作为一种人权,经济权利的权利主体主要是个人,而个人要实现经济权利,除了自身的努力外,主要依靠国家的保障。在人权意义上,国家是经济权利的主要义务主体,而且国家的义务内容与一般社会主体在其他法律关系中的义务也不相同,国家的义务包括尊重、保护和促进三个层面。

一、国家义务的双重属性

人权是人对其所处社会提出的道德性要求,在道德意义上,保障人权是国家成立的目的,国家承担保障人权的义务来源于一种道德性的需要。这种道德性要求在有了具体的法律之后,就转化为法律义务。根据国际人权法,人权义务主要由国家来承担。为了强调人权的相互依赖与不可分割性,各人权公约都强调了国家的广泛义务。在实际的人权保障中,国家的义务经常需要通过法律落实下来,变成一种法定的义务,因为法律义务具有准确性和可操作性。

对于人权的国家义务来说,传统的狭隘倾向经常束缚了自己,认为人权只是要求国家的消极义务,国家不侵犯个人对自由的运用即可。现在更宽广的人权观念几乎都自动强调对国家积极义务的认同,比如在立法和财政预算资源的分配上。所以人权的义务不仅包括尊重个人自由的消极义务,还要求积极义务以确保实践中能有效地享有这些权利。"对于国家来说,人权不仅是哪些行为被禁止或被强迫的问题,也是国家通过各种可选择的方式——有可能采用但还没规定为义务——来保证必备哪种社会状况的问题。"[1]由于经济权利具有消极与积极两种属性,所以国家的义务也是双重义务。传统观点认为公民和政治权利不需要国家积极作为,因而是消极权利,而经济权利是昂贵的权利,需要国家积极作为,所以只能渐进实现。但是,从目前世界各国的立法以及人权公约的规定来说,这种划分只对分析国家义务有意义,对实现公民个体的基本权利却会产生阻碍。经济权利也需要国家的消极不作为,在市场经济为主导的经济模式下,国家的首要任务是保证市场能够自由、平等的运行,因而首先应该避免计划经济或过度干预带来的弊端,这是经济

---

[1] Hans-Otto Sano, *Human Rights and Good Governance*, Kluwer Law International, Netherland, 2002, p.178.

自由和经济平等的必然要求,然后国家需要做的才是通过政府权力救济竞争中的弱者以及提供公共福利。

对于国家在保障经济权利上的义务,除了注意其渐进性之外,还要注意其有限性。现代市场经济模式下,很多人处于经济上的弱者地位往往不是由于个人的原因,而是由于社会经济结构性的原因,这是一种非个人责任造成的社会弊病,破坏了社会的正常自由、秩序,国家需要提供义务。"因为如此社会弊病危害到市民社会本身的继续存在,所以在一定限度上,即在消除这些社会弊病、恢复市民的自由和权利这样的限度上,国家应该对市民的现实生活和劳动机会进行保障。但如此对社会权的保障和经济自由是有一定的限制的。因而,国家在进行保障之时存在着一种基本制约,即在消除这些社会弊病、恢复市民的自由和权利这样的限度上,国家才助市民们一臂之力。这一点,乃是从个人主义的性质侧面之自由主义引导出来的理所当然的结论。"①所以不能绝对扩展社会弱者的权利,导致国家的绝对义务,这反而会导致国家对个人的过多干预。经济权利的有限性不是要否定国家的义务,而是从保证个人自由的目标下,对国家权力的一种限制。

在人权意义上,国家是经济权利的主要义务主体,这并不否认其他主体作为义务主体的地位,其他主体在具体的国内法律中可以成为经济权利的义务主体。"经济和社会权利(食物权、居住权、工作权、健康权和教育权)在一个幸运的社会通过私人的主动性和途径,通过市场力量、雇佣契约、私人保险或许能够得到保障。但是,社会必须保障这些权利,社会必须为这些权利担当'承包人';社会必须保证这些权利事实上被享受,而不管是通过改善私人机构的活动还是通过官方项目补充或取代这些努力。"②所以,个人、其他社会机构都可以成为经济权利的义务主体,不过这种义务主体已经是国内法律对权利具体化的结果了。

二、国家保障经济权利的基本义务

对于国家在经济权利保障方面有什么样的义务,存在有不同的看法。从《经济、社会和文化权利国际公约》的规定来看,公约对国家的义务要求比《世界人权宣言》更高。《经济、社会和文化权利国际公约》第 2 条规定:"每一缔约国承担尽最大能力个别采取步骤或经由国际援助和合作,特别是经济和技术方面的援助和合作,采取步骤,以便用一切适当方法,尤其包括用立

---

① 〔日〕大须贺明著:《生存权论》,林浩译,吴新平审校,法律出版社 2001 年版,第 17 页。
② 〔美〕路易斯·亨金著:《权利的时代》,信春鹰等译,知识产权出版社 1997 年版,第 10 页。

法方法,逐渐达到本公约中所承认的权利的充分实现。"1990年,经济、社会和文化权利委员会在第3号一般性意见对缔约国义务作了具体阐明,委员会认为,国家的义务"既包括可称为行为义务的内容(依照国际法委员会的工作),也包括结果的义务。"意见规定逐步实现相关权利并承认因资源有限而产生的局限,同时包含了立即生效的义务。

有些学者认为国家的两种义务分为实质性义务和程序性义务。① 实质性义务是指国家依据公约承担的、采用适当方式实现公约第1条所承认的民族自决权和公约第二部分规定各项具体权利的义务。程序性义务是指国际社会为了保障和监督公约的实施而对国家作出的要求,此种义务并不直接实现相关的权利,而是从程序上提供监督和协助缔约国的手段与步骤。而其他的一些看法则与此不太相同。挪威的人权专家艾德先生在1987年曾以联合国防止歧视和保护少数者分委员会的特别报告员的身份提交过一份有关食物权的报告:《国际经济新秩序和促进人权:关于作为人权的充分食物权的报告》,其中他将国家义务的三分法应用到经济、社会和文化权利中,即国家有尊重、保护和实现的义务。在第一个层次上国家必须尊重个人拥有的资源、个人寻找喜欢的工作的自由、采取必要行动和利用必要资源的自由——单独或与他人一起——以满足个人的需要。在第二层次上,国家义务包括如保护行动自由和自己使用资源的自由,防止公民受到其他更强大经济主体的影响、危害。对于经济、社会和文化权利来说,国家的这种保护功能也是国家义务中最重要的方面。第三个层次上,国家有义务通过促进和直接提供权利的方式实现每个人的经济、社会和文化权利。② 经济、社会、文化权利委员会采用了这种层次化的分类方法。在委员会的第12号一般意见中也强调:"取得足够的粮食的权利像任何其他人权一样,对缔约国规定了三个类型或层次的义务:尊重、保护和履行的义务。履行的义务则既包括便利的义务,又包括提供的义务。"因而,经济权利的实现需要国家履行多层次的义务。笔者比较赞成艾德先生的划分,不过需要说明,这里的义务是一种理论上的描述,和各个国家具体的法律义务无法完全等同起来。

(一)国家对经济权利的尊重

尊重是指对公民所享有的经济权利的承认、重视和不非法干涉。李步云

---

① 柳文华著:《论国家在〈经济、社会和文化权利国际公约〉下义务的不对称性》,北京大学出版社2005年版,第8页。

② 〔挪威〕A.艾德:《作为人权的经济、社会和文化权利》,载艾德等主编:《经济、社会和文化权利教程》(修订第二版),中国人权研究会组织翻译,四川人民出版集团、四川人民出版社2004年版,第20—21页。

先生认为,人权实现的社会条件包括市场经济、民主政治和法治国家。① 从实现国家的第一层次即尊重的义务来说,国家应该实施市场经济。市场经济的基本理念是自由、平等、多元,这样的经济制度下国家才能尊重个人的权利,也才能真正实施民主政治和法治。虽然经济权利一直为社会主义国家所支持,但是在坚持计划经济的条件下,传统社会主义国家并未能充分尊重经济权利。"在某种意义上说,计划经济是一种权力经济,因为在所有制十分单一(只有国有和集体两种经济),在物质、人力等各种资源全凭国家权力进行配置的前提下,个人的权利被忽视是很自然的事情。计划经济模式下,表面上国家的义务很全面,但实际上这种'全面义务'已经剥夺了公民所应具有的自由。相反,市场经济是一种权利经济。因为在所有制存在多种形式、商品进行自由、平等交换的条件下,个人的权利得到尊重也是很自然的事情。"②市场经济是经济权利生存的经济土壤,民主和法治则是经济权利发展的政治要求。

在市场经济的基础上,国家尊重义务的突出表现是完善宪法和其他法律对经济权利的规定,加强对财产权、经济自由、工作权等经济权利的承认。通过国家的立法活动,将公民的经济权利上升为法定的人权,这是实施进一步保护的基础,《经济、社会和文化权利国际公约》第 2 条第 1 款特别强调通过立法措施来实现公约所承认的权利。经济、社会、文化权利委员会在第 3 号一般性意见中认为,"在许多情况下立法是特别需要的,在有些情况下可能甚至是必不可少的。"立法的作用在于为行政执法和司法提供明确的法律依据,还可以提供更低廉、更快速和弱势群体更能获得的行政救济。我国已经签署和批准了《经济、社会和文化权利国际公约》,可以通过制定或修改相关法律的办法使这些国际义务在国内立法中生效。国家立法中宪法对经济权利的尊重是最为重要的一个环节。

(二) 国家对经济权利的保护

经济权利的保障需要国家行政和司法的支持,这是国家第二层次义务的体现。经济、社会、文化权利委员会在一般性意见中强调国家"采取步骤"的义务本身不受其他问题的限定或限制,为履行采取步骤的义务而进行立法及其他一切适当的方法是非常必要的。但是,"徒法不足以自行",尤其对于国际人权法来说。立法只是"适当方法"中的一种,而如果不结合法律真正的有效实施,法律就失去了应有的意义。因此,国家必须充分发挥行政和司法

---

① 李步云主编:《人权法学》,高等教育出版社 2005 年版,第 94—98 页。
② 同上书,第 94 页。

对于经济权利的保障作用。

第一,行政保护。行政权是宪法和法律赋予国家行政机关管理政治、经济和社会事务的最重要的国家权力。国家对经济权利的尊重体现为立法的规定,而立法的规定则需要具体的行政部门去实施法律。国家的行政保护具体又表现为消极和积极两种模式。消极的保护是国家机关严格控制自身权力的行使,避免对公民的经济自由、财产权等造成侵害。行政保护的积极模式表现为行政机关主动为社会提供服务,或应当事人的申请提供保障经济权利的服务。比如对侵权行为加以制裁、促进经济发展、提供社会福利水平、发展教育事业,等等。随着"福利国家"时代的逐渐到来,公民日益要求政府提供社会福利、社会保障、公共设施等服务,更充分地保障公民的经济权利。经济、社会、文化权利委员会在第3号一般性意见中指出,对国家的义务"既不要求也不排除利用任何特别的政府或经济制度作为采取步骤的工具,只要这种制度是民主的,并尊重一切人权。"当然,在现代行政体制下,行政权力具有很强的侵略性,在各种侵犯经济权利的行为中,国家行政机关违法、不当履行职权或滥用公权力对公民经济权利的侵害性最大,因此这需要行政机关严格遵守依法行政的要求,确立比较完善的权力监督和制衡机制。从我国目前的法律实践来看,对行政权力的监督机制仍需要进一步加强。

第二,司法保护。在现代法治社会中,司法救济被赋予了公民权利最后的保障作用。为了保障必要的救济,现代国家的法律和国际人权公约在规定若干权利的同时,把诉诸司法的权利规定为一项公民权利或人权。经济、社会、文化权利委员会对于"适当方法"采取了扩展解释的模式,它强调,可被认为适当的措施还包括为具有可诉性的权利提供司法补救办法。委员会在第3号一般性意见中指出,"不受歧视地享有公认的人权往往可以通过司法或其他有效补救办法得到适当的促进。""在《经济、社会和文化权利国际公约》中还有其他一些条款,包括第3、7(a)(i)、8、10(3)、13(2)(a)、(3)、(4)和第15(3)条,看来也能由许多国家法律体系的司法和其他机构加以立即适用。认为所说的条款本身无法加以执行的任何看法都是很难成立的。"[1]按照国际人权公约的要求,在裁定针对任何人的指控或确定他在法律诉讼中的权利和义务时,人人皆有接受法庭审判的平等权利,这意味着由法院而不是其他机构来判定涉诉的权利和义务问题。在司法实践中,公民能否以及在多大程度上诉诸司法对自己的经济权利进行保护,一方面依赖于公民个人的实际能力和条件,另一方面,取决于各国对国际条约适用以及所在国家的国内

---

[1] General Comment No. 3 of CESCR(1990), Para. 5.

诉讼机制。

（三）国家对经济权利的促进

国家有义务通过促进或直接提供权利的方式实现公民的经济权利。"促进"的要求在相关的国际条约中有所载明，《经济、社会和文化权利国际公约》对国家义务的柔性规定就是促进的一个明显例证。《公约》第1条第3款规定："本公约缔约各国，包括那些负责管理非自治领土和托管领土的国家，应在符合联合国宪章规定的条件下，促进自决权的实现，并尊重这种权利。"第11条第2款规定，缔约国要"用充分利用科技知识、传播营养原则的知识和发展或改革土地制度以使天然资源得到最有效的开发和利用等方法，改进粮食的生产、保存及分配方法"。此外，《儿童生存、保护和发展世界宣言》中也说："经济条件将继续大大影响儿童的命运，特别是在发展中国家。为了所有儿童的未来，紧迫地需要保证或恢复所有国家的持久和持续的经济增长和发展，并继续迫切注意及早、广泛和持久地解决发展中负债国所面临的外债问题。"促进义务的目标比较模糊，只能在逐渐或长远时期里达到一定的结果。所以在经济、社会和文化权利框架下，促进义务要求缔约国最大限度地利用可获得的资源推动本国经济、社会的发展，为经济权利的实现创造条件。促进义务体现了长远目标上是对经济权利的逐步充分实现。《公约》"逐步实现"的概念承认了有些国家短期内无法充分实现所有的经济、社会和文化权利。这是一种必要的、灵活性的安排，反映了当今世界的现实和各国面临的困难。同时，这一目标也为缔约国确立了充分实现所涉各种权利的明确义务。

对于"直接提供"的义务，笔者认为可以分两个层次理解。在高层次或长远目标上，直接提供要求国家能够提供充分的经济权利保障，但这一点比较困难，依赖于国家经济实力以及社会状况的发展，只能渐进实现，目前发达国家在这方面的实现状况比较良好。在低层次或短期目标上，直接提供的义务要求缔约国要确保人人享有最低限度的经济权利（最低限度的核心义务）。如果一个国家内部无法实现经济活动自由、大多数的个人缺乏食物或住房、基本的初级保健和基本教育，那么该缔约国就没有履行《公约》的最低限度核心义务。从《公约》规定来看，公约的许多义务显然需要所有缔约国立即付诸实施，不论其国家财富水平如何。比如非歧视条款、避免主动破坏、限制或克减经社文权利的条款、同工同酬、实施免费的初等教育，等等。经济、社会、文化权利委员会强调，甚至在明显缺乏可以利用资源的情况下，缔约国仍有义务努力争取保障在这种条件下尽可能广泛地享有相关的权利。

委员会还强调,甚至在调整进程、经济衰退或其他因素造成严重资源困难的情况下,仍可以也必须通过耗资相对较少的专门方案保护社会中易受损害者。① 一般认为,人权的实现过程是不可逆的,即只能在已有的基础上取得新的进步,而不能发生倒退。因此,委员会在评论中说,各国要通过具体的资料,说明宪法条款对现有权利的规定是否有所减损和发生重大变化。

国家实现义务的手段有多种,在《公约》的第 2 条第 1 款中提出,所有缔约国承担的义务是"尽最大能力个别采取步骤或经由国际援助和合作,特别是经济和技术方面的援助和合作"。因而国家实现经济权利的手段是利用本国现有资源和国际援助与合作可能提供的资源。对于国家提供最低限度的经济权利的评价标准,经济、社会和文化权利委员会曾针对教育权提出四个特征,以分析人权中核心权利的实现状况,即可提供性、可获取性、可接受性和可调适性。② 这四个特征可以用来分析一个国家在提供最低限度经济权利过程中是否履行了基本的核心义务。可提供性表明了政府提供了基本的权利服务,可获取性保障缔约国范围内公民个人可以平等自由地利用政府的服务,可接受性考虑政府提供的服务是否为社会所接受,而可调适性强调政府行为针对社会需求的变动进行调整。

---

① General Comment No. 3 of CESCR(1990), Para. 12.
② General Comment No. 13 of CESCR(1999), Para. 6.

第五章 经济权利的实现与评价

《经济、社会和文化权利国际公约》第2条规定:"每一缔约国家承担尽最大能力个别采取步骤或经由国际援助和合作,特别是经济和技术方面的援助和合作,采取步骤,以便用一切适当方法,尤其包括用立法方法,逐渐达到本公约中所承认的权利的充分实现。"这里就涉及经济权利的实现与保障问题。在权利理论中,权利的实现是指主体的权利从应然状态、法定状态变成现实状态的一个过程,这种实现过程既是权利主体努力的结果,也需要国家提供帮助,因此经济权利的实现既涉及国家的主动保障,也涉及经济权利的救济,也就是经济权利的可诉性问题。本章分析经济权利的可实现性、保障和救济的要求以及国际人权机构对经济权利实现的评价机制。

第一节 经济权利的可实现性

在人权理论界,关于经济权利的一个突出争议在于经济权利是否是人权,而是否是人权的关键在于能否立即充分实现这些权利。国外一些学者曾依据经济权利无法普遍实现而否认经济权利的人权属性,因此有必要对经济权利的可实现性问题进行说明。

一、有关经济权利可实现性的争议

从国际人权公约的规定来看,应该说国际社会是承认经济权利的可实现性的,否则就不会有《经济、社会和文化权利国际公约》的出台。但是,从现实的角度来看,由于经济权利是一种"昂贵"的权利,需要国家根据社会资源状况提供较多的社会保障和帮助。而且,有些权利,如工作权,在目前还没有任何一个国家能够保证人人都获得工作。所以,有人认为这种情况表明经济权利是无法实现,也因此否定经济权利和其他社会权利的人权属性。

按照印度学者阿马蒂亚·森的看法,从现实意义批判甚至否定经济权利的主要有两种路径,即"制度化批判"(institutionalization critique)和可行性批判(feasibility critique)。① 进行制度化批判的如昂诺拉·奥尼尔(Onora O'Neill),制度化批判思路认为真正的权利必须有与其相对应的明确的义务,只有当一种权利得到制度化,这样一种对应才会存在。奥尼尔认为:"遗憾的是,一些关于权利的作品和言论不加以注意就提出对于商品和服务的普遍权利,尤其是'福利权',以及出现于国际宪章和宣言中其他的社会、经济和文化权利,而没有说明是什么将每一个权利的所有者和一些具体的义务承担者联系起来的。这就使得这些权利的内容完全不清楚……"② 阿马蒂亚·森认为,义务可能是不完全的,经济权利可能没有完全的义务与之对应,但这不代表对于国家阻止经济权利被侵犯没有讨论的空间和可施加的压力。因此,从制度化路径批判经济权利并不合适。

从"可行性"角度批判经济权利的代表人物是英国学者莫里斯·克兰斯顿(Maurice Cranston),他认为判断人权有三项标准,而经济和社会权利无法符合这三项标准,因而不是人权。他认为,第一是要有切实可行性,如果做某事是不可能的,那么把它视为一项权利就是荒谬的。传统的政治和公民权利是很容易通过立法获得保障,而经济和社会权利则无法做到这一点,因为政府即使制定了法律,没有足够的社会财富也无法保障人的财产权、工作权。第二是普遍性标准,人权应该是人在任何时间和任何情况下都拥有的道德权利,经济权利很明显不具有普遍性,比如"带薪休假"就不是任何人都享有的。第三是至关重要性标准。一项人权必须是某种不能轻易剥夺的极其神圣的东西,而像社会保障和带薪休假却不具有至关重要性,只能是人们的一种"美丽的理想"。③ 此外,哈耶克在批判《世界人权宣言》的时候,对经济权利也进行了批评,他的观点与克兰斯顿有些相似:"向农民、爱斯基摩人,大概还包括喜马拉雅山的雪人保证'定期给薪休假'的权利,完全凸显了这种'普遍权利'观念彻头彻尾的荒谬性。哪怕具有一丁点儿常识,该项文献的制定者们就应该懂得,他们所颁布的那些普遍权利无论是在眼下还是在任何可预见的将来都是根本不可能实现的,而且把它们作为权利庄严地宣告于天下,实际上也是在以一种不负责任的方式玩弄'权利'概念,而这种把戏只能摧

---

① 〔印度〕阿马蒂亚·森著:《正义的理念》,王磊、李航译,中国人民大学出版社2012年版,第353页。
② O'Neill, Towards Justice and Vurtue(1996), pp.131—132,转引自〔印度〕阿马蒂亚·森著:《正义的理念》,王磊、李航译,中国人民大学出版社2012年版,第353页。
③ 有关克兰斯顿对经济和社会权利的否定性质疑以及对此辩驳,参阅黄金荣著:《司法保障人权的限度——经济和社会权利可诉性问题研究》,"第一章,权利理论中的经济和社会权利",社会科学文献出版社2009年版。

毁人们对权利的尊重。"①但哈耶克自己其实也坚持市场经济中心论,否定经济权利是做不到的。"哈耶克的进化主义是一种市场经济中心论,一种经济主义,不管他是否同意,这种对经济作用的强调,与马克思的经济基础决定论是一致的。"②阿马蒂亚·森认为,以可行性进行批判社会和经济权利也不对,"事实上,如果可行性是人们获取权利的必要条件,那么不仅社会和经济权利,而且所有权利,甚至自由权,都将会毫无意义,因为要保障所有人的生命和自由不受侵犯是不可能的。保证每个人都'不受侵犯'从来都不是那么简单的事(这与克兰斯顿的看法相反)……因为不完全可行就放弃人权主张,其错误在于一个没有完全实现的权利仍然是权利,只是需要我们采取补救措施。"③

总的来看,经济权利受到的最大质疑就在于其是否可以通过立法加以实现,否认其人权属性的根本依据也在于经济权利不是国家通过立法、执法或司法活动就可以立即实现的权利。此外,从制度层面来说,国际人权公约的制定只是表明了经济权利作为一种道德性的、应然的人权得到认可,并不表明各个国家在国内法上必然认可这种权利的法定性。在很多国家的国内立法中,《世界人权宣言》与《经济、社会和文化权利国际公约》确认的基本人权并没有得到充分的立法体现,国内立法的不全也在某种程度上反映了经济权利无法实现的现实。

本书认为,经济权利基本人权属性是毫无疑问的,至少经济权利对生存的保证就证明了经济权利的至关重要和不可剥夺。而对经济权利的实际可实现性问题,本书认为不能简单狭隘地从立法的角度去看待问题。从历史发展来看,人权思想从提出到实施都是处在一种相对性状态,人权的普遍性、切实可行性都是不断发展、不断完善的一种目标,而没有一种人权或权利可以说自提出就立即得到实现。即使以古典的公民与政治权利为例,当初《人权宣言》中提出的权利也是工业国家乃至这些国家中有产阶级的权利,《人权宣言》何尝顾及被西方国家殖民压迫的国家或地区的人民。美国的《权利法案》也不是立刻适用于整个美国,奴隶制度在美国建国半个多世纪后才被废除。但人权历史中的缺陷并不能阻碍我们对人权理想的美好追求。实际上,人权既然是一种道德权利,就必然带有理想色彩,人权的存在就是对现实中

---

① 〔英〕哈耶克著:《法律、立法与自由》(第二、三卷),邓正来译,中国大百科全书出版社2000年版,第185页。
② 王立峰著:《人权的政治哲学》,中国社会科学出版社2012年版,第29页。
③ 〔印度〕阿马蒂亚·森著:《正义的理念》,王磊、李航译,中国人民大学出版社2012年版,第355页。

的缺陷和不足的一种折射与反抗。即使对于公民与政治权利,没有哪一个国家可以绝对地宣称,通过立法已经完全、彻底地实现了公民的政治权利与自由,实现政治上的绝对平等。所以,对经济权利,也应该坚持用一种相对的、长期性的眼光去看待——虽然现实经济权利存在诸多困难和缺陷,但这是各国努力追求的理想。而且,现实中部分经济权利的逐步实现也证明了经济权利是可以实现的。如同美国学者弗里德里希所说,"以这些权利不如早期那些权利更为基本为由而漠然处之,或者由于其实现的困难而对它提出质疑。这些都已不再被允许。""因为这些法案的起草者们有时为其人文精神的激情所驱使而规定了'定期的付薪假日'或'享受自然之美'便嘲笑这些经济的和社会的权利,那是不明智的,这种华丽的辞藻在原则的阐释中经常能够见到。一项原则不会因其过分引伸而归于无效。"①

目前理论界否定经济权利乃至其他社会性权利的人权属性的观点,都存在逻辑上的以偏概全的问题,论者往往是依据某一个或几个无法立即实现的权利作为依据,而没有看到有些权利是可以较快或立即实现的,如保障经济地位平等和经济活动自由。而且,有些权利完全没有必要也不可能通过立法全部加以实现,比如工作权,完全没有必要要求每个人都要工作。但每个人的工作自由不受干涉、工作中不受歧视却是可以实现的。所以,理论界多数的人还是坚持承认经济权利的人权属性。

二、经济权利实现的特点

经济权利的实现与古典人权的实现模式不太相同,因为经济权利在属性上具有自由权和社会权双重性,所以不同的权利在实现方式上也不同。这里结合经济权利的特性和内容分析经济权利实现中的一些特征。

(一)部分经济权利的立即实现性

虽然有人依据经济权利不具有立即实现性而否认其人权属性,但笔者认为,这种否认是对经济权利的一种片面认识,某些具体的权利由于其自由权属性而具有一定的立即实现性。比如财产权,财产权的核心内容是财产自由,这种自由作为一种消极自由可以通过立法立即实现。《世界人权宣言》第17条规定:"人人得有单独的财产所有权以及同他人合有的所有权。任何人的财产不得任意剥夺。"国家对财产权的保护更多需要的是消极不作为,"财产权由于其保护个人的经济利益而被认为是一种经济和社会权利,但是

---

① 〔美〕卡尔·J.弗里德里希著:《超验正义——宪政的宗教之维》,周勇、王丽芝译,梁治平校,生活·读书·新知三联书店1997年版,第95页。

这种保护,至少到目前为止,主要是一种消极的性质,即强调不受政府的侵犯,而不是一种积极的性质,即强调国家采取有力措施保证每个人事实上都拥有财产权利。"①现代各国的宪法中一般都承认对公民财产权的保护,即保证公民财产权不受侵犯。对财产权的保障是经济权利部分内容可以立即实现性的证明。

除了财产权以外,其他一些经济权利也同样具有立即实现性,比如工作权中的组织工会权和工作自由权,虽然工作权具有更多的积极性,但在工会问题上,成立以及加入工会的权利明显着重于个人自由,个人组织或加入工会只要不受国家的干涉就可以实现。关于工作自由也是一样。

所以在消极意义上,经济权利的部分权利是可以立即实现的,国家不能侵犯这类权利。《经济、社会和文化权利国际公约》第5条就规定:"本公约中任何部分不得解释为隐示任何国家、团体或个人有权利从事于任何旨在破坏本公约所承认的任何权利或自由或对它们加以较本公约所规定的范围更广的限制的活动或行为。"经济权利的自由权属性是部分权能可以立即实现的根源。

(二) 经济权利实现的总体渐进性

《经济、社会和文化权利国际公约》第2条第1款规定:"每一缔约国承担尽最大能力个别采取步骤或经由国际援助和合作,特别是经济和技术方面的援助和合作,采取步骤,以便用一切适当方法,尤其包括用立法方法,逐渐达到本公约中所承认的权利的充分实现。"第3款规定:"发展中国家,在适当顾到人权及它们的民族经济的情况下,得决定它们对非本国国民的享受本公约中所承认的经济权利,给予什么程度的保证。"总的来说,经济权利的实现具有渐进性为世界所公认。对于《公约》的缔约国来说,保障经济权利实现的义务是一种渐进性义务,并且这种义务受到一个可利用的经济、社会资源的限制,尤其是发展中国家,基于本国的资源情况可以更为自主地决定在多大程度上保障本国国民的经济权利。

经济权利具有渐进性的根源在于经济权利实现的资源基础,因此称这类权利是昂贵的权利是有道理的。经济和社会类权利要求政府为个人提供保障生存和适当生活水准所需要的工作环境、医疗服务、食物或基本财产保障,这些需要大量的经济资源作为保障,必然是一种昂贵的权利,在很大程度上受到本国经济发展状况的限制。而经济的发展不是一蹴而就的事情,因此经

---

① 〔芬兰〕C.克洛斯:《财产权》,载〔挪威〕A.艾德等主编:《经济、社会和文化权利教程》(修订第二版),中国人权研究会组织翻译,四川人民出版社集团、四川人民出版社2004年版,第157—158页。

济权利只能在很长一段时间内逐步实现。在目前的国际环境下,西方发达国家经历了工业革命和对其他落后地区的殖民掠夺,积累了庞大的社会财富,保障经济权利对这些国家来说,比较容易实现。而亚洲和非洲等发展中的国家则由于历史原因仍处于比较落后的状况,经济权利的实现必然是渐进的,而且基于历史原因,要求西方国家给予更多的支持也是合理的。

在权利的表达上,《经济、社会和文化权利国际公约》对权利的典型表述是"本公约各缔约国承认……"(如第 2 条关于工作权的表达),或者是"本公约各缔约国承诺将保证……"(如第 8 条工会权的规定),这种规定对于国家来说都是一种柔性义务。从经济权利自身的模糊性来说,也是由于这种渐进性特征。由于经济权利依赖于资源状况而逐步实现,那么这种严重依赖于具体经济状况并且依赖于国家采取积极措施的权利规范必然很难进行清晰界定,因此经济权利的具体权利和义务要求范畴一直比较复杂和难以掌握。

对于经济权利的渐进性还有一些需要补充说明。根据经济、社会和文化权利委员会1990 年的第 3 号一般性意见,"《公约》规定逐步实现权利并确认因资源有限而产生的局限,但它同时也规定了立刻生效的各种义务,其中有两项对于理解缔约国义务的准确性质特别重要。其中之一已在另一项一般性意见中作了处理,即'保障''在无歧视的条件下行使'有关权利。"[①]这种要求是一种立即实现的义务,而不是渐进性义务,只是这种义务是强调权利的非歧视性,针对经济权利保障形式上的平等,而不涉及经济权利中具体权利。

(三) 经济权利实现的普遍性

《经济、社会和文化权利国际公约》在序言中说,"各国根据联合国宪章负有义务促进对人的权利和自由的普遍尊重和遵行",在第 2 条中规定,"本公约缔约各国承担保证,本公约所宣布的权利应予普遍行使"。因此,根据公约的要求,国家应保证经济权利的普遍实现。对于这种普遍性,可以从三个方面进行理解。

首先,是在平等意义上的普遍性。公约第 2 条就说,在普遍行使公约权利时,"不得有例如种族、肤色、性别、语言、宗教、政治或其他见解、国籍或社会出身、财产、出生或其他身份等任何区分"。这要求各国在立法上必须坚持平等原则对待公民的经济权利,比如对财产权的保证就不能作出不平等的对待,工作权的保障也应该禁止歧视。中国在财产权保护上依据所有制的性

---

① General Comment No.3 of CESCR(1990), Para.1.

质有所区别的做法应该加以改进,有关工作权保障上的身份限制也应该逐步取消。这种普遍性是一种形式上的平等。

其次,经济权利的普遍性与特殊保护并不矛盾。普遍性的保障也可以在经济、社会资源比较落后的情形下实现,经济、社会和文化权利委员会在第3号一般性意见中认为:"委员会强调,甚至在调整进程、经济衰退或其他因素造成严重资源困难的情形下,仍可以也必须通过耗资相对较少的专门方案保护社会中的易受害者。"①这种保障可以说是一种"采取行动"的义务,而且,这种行为并不违反平等的要求。因此,普遍性不等于平均主义,简单的平均主义不是真正的普遍性,也违背了实质平等的要求,特殊保护是对普遍性的一种补充,比如残疾人工作权利的特殊照顾。

最后,并不是所有经济权利的要求普遍实现。因为经济权利在具体权利上具有自由的特性,比如工作权,既不可能也没必要要求普遍实现,国家要努力创造就业机会,但也应该尊重公民的工作自由权。而且,经济权利的普遍性也不影响经济权利的适当限制,如对经济自由的适当限制在许多国家的法律中都有规定。这实际上也体现了经济权利的有限性。

第二节 经济权利的保障机制与救济

经济权利的实现需要国家创造各种条件加以保障,在受到侵害或无法实现时,则需要根据已有的救济途径进行补救。经济权利的保障和救济既与国家的经济状况密切相关,也与国家的司法制度相关,经济权利的可诉性问题是经济权利救济中比较有争议的话题。

一、权利保障与权利救济

所谓权利保障就是指权利不受侵犯和破坏。② 权利保障有广义和狭义的两种理解。"通常讲权利保障,有两个层面的含义:一是指权利实现时的无阻却性保障;二是指权利实现出现障碍时的司法救济性保障。无阻却性保障又包含双重含义:一方面是保障权利人的权利处于权利人的合乎法律规范的意志支配之下,权利或被行使或被放弃或被转让,都不得受到权利人以外的其他任何义务人的阻却或干预;另一方面是权利的实现必须依靠国家的帮助行为,表现在国家不仅为公民权利的实现提供各种物质条件上,还有为公

---

① General Comment No. 3 of CESCR(1990), Para. 12.
② 杨春福著:《权利法哲学导论》,南京大学出版社 2000 年版,第 162 页。

民权的实现提供社会保障上。"①因此,广义上的权利保障包括了权利受到侵害后的权利救济,而狭义上的权利保障是指权利未受到侵害或破坏之前的各种措施或制度的保障。权利救济一般是指权利受到侵害后才出现的补救性措施,即第一性权利(未受侵害的权利)无法正常实现后所产生的第二性权利,权利救济通常是指司法救济或准司法(如行政复议)性的救济。本书在这里所说的经济权利的保障是指狭义上的,是指权利未受侵害前就已存在的保障,包括保障公民正常的行使经济权利,以及提供必要的社会保障。

在权利保障模式上,还可以分为绝对保障模式与相对保障模式、直接保障模式与间接保障模式。绝对保障模式和相对保障模式的划分依据是宪法与其他法律规范的关系。绝对保障模式,是对宪法权利,其他法律规范不得加以任意限制或规定例外情形。相对保障模式,亦即允许其他法规范对宪法权利加以直接有效的限制或客观上存在这种可能性的方式。而直接保障模式与间接保障模式的划分依据在于,权利保障的实现是通过宪法的直接规定还是通过宪法对其他问题的间接规定实现。直接保障模式,即依宪法的规定来实现权利的保障,这些国家的宪法一般都确立了违宪审查机制,宪法可进入诉讼领域,当公民权利受到侵犯时可提起宪法诉讼。这种制度本身就是宪法上的一种权利救济制度。间接保障模式是指权利的实现不是基于宪法对公民权利的直接规定,而是主要通过对国家权力的规范和限制来实现。②

经济权利的实现主要是通过经济权利的保障和经济权利的救济来完成的,因此加强经济权利的保障和救济具有很强的现实意义。首先,从宪政的角度来说,保障和救济经济权利是宪法实施的需要,也是公民实现基本权利的途径。其次,保障和救济经济权利是市场经济的要求。市场经济是一种利益经济,各种主体在经济活动中往往把追求利益和利益最大化作为自己活动的根本目标,这种目标是市场经济得以繁荣的动力,而经济权利的良好保障对于市场经济的稳定与发展具有基础性作用。最后,与我国已经签署的两个国际人权公约相接轨,尤其是在已经批准加入《经济、社会和文化权利国际公约》的情况下,经济权利的保障和救济是我国人权状况提升的基础条件。权利保障本是一个国家的内部法律问题,与各国的国内立法,尤其是宪法的规定密切相关,但是当国家加入世界人权公约之后,这些公约对于缔约国就具有了法律约束力,这时对公约中所规定的人权的保障就成为了缔约国的基

---

① 范进学:《论权利的制度保障》,载《法学杂志》1996 年第 6 期。
② 周叶中、李德龙:《论公民权利保障与限制的对立统》,载《华东政法学院学报》2003 年第 1 期。

本义务,国际人权保障问题就转化为国内的权利保障问题。因此,各国必须从本国的政治、经济、社会福利等方面建立完善的经济权利保障体系,以实现国家的人权义务。

二、经济权利保障的基础条件

根据本书的界定,经济权利是包括了财产权、经济自由、工作权、适当生活水准权等在内的一组或一类权利。因而,经济权利的保障主要涉及经济发展、财产权制度和基础社会保障问题,至于经济权利保障所需要的其他社会条件,如民主制度、法治或文化教育等,这是一般人权保障的必需条件,本书在此不作重复叙述。

(一) 市场经济体制

要实现经济权利的保障必须要有足够的经济基础,这是毫无异议的,但是在经济模式上应该坚持计划经济还是应该坚持市场经济需要进行考虑。目前的历史经验表明,经济模式上应该坚持市场经济。从第二次世界大战后的社会发展来看,社会主义国家一向以重视经济和社会权利而自豪,但是在苏联和前东欧的计划经济体制下,经济和社会权利表面上获得了许多强制性的保障,实际上存在很多缺陷,尤其是经济自由的匮乏。计划经济的缺陷已经证明,单纯的计划经济会导致社会整体的贫困、落后,这不是理想的经济权利状况。只有经济主体获得了从事经济活动的充分自由,利用自身所掌握的生产资料来为社会创造巨大的财富,才能满足各种主体的经济需求。而且,在计划经济模式下,"如果这些权利受到侵犯,受害者不可能通过法律途径获得救济,而只能求助于政治和行政权力寻求支持;更重要的是,这些权利的保障经常是以牺牲经济上的效益为代价的,因而很难长期维持这种权利保障体制。"[①]中国在实施改革开放后,经济实力不断增强,公民的经济权利保障也在不断进步,这一点已得到世界的公认。

市场经济与经济权利的保障具有密切的契合关系。首先,市场经济以自由作为基本理念,这与经济权利的自由目标相重合。就经济权利本身来说,经济权利的一个重要内容是经济自由,而只有市场经济才能保证经济自由。其次,市场经济又是法治经济,"法治文明,特别是现代法治的基本要求和本质属性在于保障权利。"[②]市场经济更有利于保障公民的基本权利,包括经济权利。"自由、自由权、平等权等是经济权利逻辑发展的基本线索,表现在制

---

① 左传卫:《经济和社会权利保障的理想与现实》,载《法商研究》2004年第6期。
② 杨春福:《和谐社会、法治文明与公民权利保障》,载《北方法学》2008年第2期。

度层面就是法律制度从对物的关注到对人本身的关注,实现了从物权到人权的价值过渡。"[1]再次,市场经济坚持主体地位平等和独立。这种平等既保证主体的自由竞争,同时又要求国家承担更多的作为义务,为社会提供保障,包括对经济运行秩序的适当干预和调控,对个人提供社会福利。公民个人通过政府的积极保障责任获得了基本的独立的经济地位。最后,市场经济更容易创造社会财富,为经济权利提供基础。因此,在经济基础条件上,应该坚持市场经济模式。

从人权保障的角度来看,市场经济也需要适当的国家干预,而国家干预的目标是为了经济社会的和谐发展。一方面公民通过自由的经济活动来促进经济的繁荣,另一方面,国家通过对经济权利的限制来保障经济秩序的稳定与社会分配的公平,从而实现可持续发展。对于刚刚建立(或正在转变为)市场经济体制的国家,比如中国,在宪法中增加与市场经济要求相一致的相关经济权利的规定,对于促进市场经济体制的建立和健全具有重要的意义。不过,这过程中要防止国家以"公共利益"为名对经济活动过度干预、对社会主体的自由予以过度管制。

(二)完善的财产权制度

经济权利的集中表现是公民的财产权,财产权主要是各国宪法和民法所保障的基本权利,对于经济权利的保障来说,财产权制度的完善具有重要的意义。完善的财产权制度是市场经济繁荣发展的重要条件,也是实现公民经济权利良好保障的条件。在现代市场经济模式下,实行的应该是有限的财产权制度。

在计划经济的模式下,绝对的财产权公有制度容易导致"公共物品"享有中的"搭便车"现象,也会产生政府权力的广泛"寻租",进而导致社会整体的贫困、落后。所以单纯强调政府提供经济利益的责任,没有足够的经济基础,只会导致贫困的政府管制,这样的经济权利保障不会稳定。但是绝对自由的财产权制度也不利于经济权利的保障。仅仅依靠传统的财产自由,财产权无法真正形成有效益的利益机制,至少没有惠及社会中的弱势者。在这种情况下,国家对经济权利的适当限制就是必要的,尤其是财产自由所受到的限制。所以,在市场经济条件下,适合经济权利保障需要的财产权制度是有限制的私有财产权制度。现代各国宪法对财产权的有限性保护已经体现了公共利益对个人自由的限制和公共权力对社会弱者的扶助。

---

[1] 莫纪宏著:《实践中的宪法学原理》,中国人民大学出版社2007年版,第287页。

有限的财产权制度要坚持社会整体利益与个人利益之间的平衡关系。早期财产权制度对国家提出了消极性要求,国家充当守夜人的角色,社会经济的发展完全依赖于市场"自生自发"的调节机制。而自由竞争所导致的贫富分化、垄断和经济危机使人民认识到,在经济生活领域,应当存在适当的平衡机制,协调国家整体的利益与个体的利益。依据财产权自由所实现的个人利益的无限度扩展会造成社会经济的失衡,特别是社会公共利益无法保障。在经济学中,制度经济学派的产权分析和公共选择理论就是要努力解决这种失衡问题。而在法学中,则依靠经济权利来进行平衡。"经济权利所体现出来的合法性价值实际上是一种利益关系的平衡,是建立在国家、集体和个人三者利益相互协调的基础上的。分析经济权利的社会功能和权利特性,必须要透过经济权利所具有的合法性的表面现象来认真研究经济权利赖以存在的社会经济关系。"①

(三) 良好社会保障制度

经济权利具有平衡作用,集中体现为对社会弱者提供社会保障,经济权利可以解决公民个人在物质利益享受方面的事实不平等。

经济自由促进了资本主义经济的发展,但是,西方的经济发展史表明,"工业革命是从农耕社会向城市生活和工业社会的迅速转变,它以低收入工人的出现为标志,经济上毫无保障的情况随之大量出现,尤其是老年人、残疾人和孤儿更加缺乏保障。"②经济权利在保障公民个人依法享有获取经济利益的条件之后,公民个人在经济方面的利益应当说已经获得了制度上的可靠保障,但这种保障只能是一种可能性的保障。由于人们在生产生活中的实际能力存在较大的差异,而且每个社会都存在着一些无形的"结构性歧视",所以社会中的一些人总会处于弱势的地位,尤其是缺乏必要的生存能力的人。对于这些公民,即使法律赋予了相关的经济权利,他们也不大可能真正实现这些权利,因为没有能力获得必要的经济利益。因此,国家必须考虑这种事实上的不平等,通过社会保障给予这些主体以经济利益上的必要帮助。"物质帮助权作为经济权利的存在,就是为了弥补经济权利在赋予每一个公民同等的获取经济利益机会时所产生的事实上的不平等。"③所以,现代各国宪法中几乎都有关于社会保障的规定,这是为了补救现实中的实质不平等现象。

---

① 莫纪宏著:《实践中的宪法学原理》,中国人民大学出版社 2007 年版,第 290 页。
② 〔芬兰〕M.谢宁:《社会保障权》,载〔挪威〕艾德等主编:《经济社会文化权利教程》(修订第二版),中国人权研究会组织翻译,四川人民出版社 2004 年版,第 172 页。
③ 莫纪宏著:《实践中的宪法学原理》,中国人民大学出版社 2007 年版,第 291 页。

马克思认为,经济基础和上层建筑之间存在着密切的联系,我们通过中国三十多年的改革开放也进一步确定了这一论断的正确性。事实上,一个国家的政治制度和经济制度之间的搭配是有限的,一种自由的市场经济有助于形成一个民主政治,也有助于社会保障制度的完善,实现经济权利的良好保障。而经济权利的良好保障有利于实现社会的稳定和经济的繁荣。"任何国家的经济和社会保障政策的主要目标都是,加强经济活力和社会稳定之间的密切联系,克服二者之间的相互矛盾。因此,经济和社会政策的内容就是,在不破坏经济的前提下缓和社会矛盾,并在不损害社会问题的前提下发展经济。"①

三、经济权利的宪法保障

(一) 宪政简论

经济权利属于基本人权,也是各国宪法中的基本权利,很多国家宪法中都有相关规定,但有了宪法对经济权利的规定不等于经济权利就会实现,如果将宪法束之高阁,忽视甚至否定宪法的作用,经济权利仍得不到实现。因此,要充分保障和实现宪法中的经济权利,需要宪法的切实实施和执行,即坚持宪政。宪政对经济权利保障具有重要作用。

对于何谓宪政,理论界在定义上存在不同的说法,有学者认为:"所谓宪政就是拿宪法规定国家体制、政权组织以及政府和人民相互之间的权利义务关系,而使政府和人民都在这些规定之下,享受应享受的权利,负担应负担的义务,无论谁都不许违反和超越这些规定而自由行动的这样一种政治形态。"②还有学者认为:"宪政和宪法的关系类似于法治和法律的关系。和法治是指依据法律的统治一样,宪政就是在宪法统治下的国家政治生活。'宪政'要求把宪法落实到政治生活的实处,宪法必须对规范国家政治生活发挥有效的作用。在法治国家,普通法律获得司法机构的有效实施;在宪政国家,宪法和普通法律一样具有实际效力,并由司法性质的机构解释和实施。"③一般来说,宪法是宪政的法律表现,而宪政是依据宪法来治理国家的民主政治形式。"作为宪法之果,宪政是宪法逻辑运动的状态。"④抛开具体概念上的

---

① 〔瑞士〕盖·基尔希:《瑞士的经济和社会保障政策及其对人权的影响(摘要)》,载刘海年、李林、托马斯·弗莱纳(瑞士)主编:《人权与宪政——中国-瑞士宪法国际研讨会文集》,中国法制出版社1999年版,第169页。
② 《张友渔文选》,法律出版社1997年版,第155页。
③ 张千帆:《宪政、法治与经济发展:一个初步的理论框架》,载《同济大学学报(社会科学版)》2005年第2期。
④ 莫纪宏著:《现代宪法的逻辑基础》,法律出版社2001年版,第455页。

争议,比较共识的一点是,宪政的一个核心是加强公民基本权利的保障。"宪法本身不是宪法制定者的目的,只有通过宪法来最大程度地实现全体社会成员共同的利益,增进共同的幸福才是宪法制定者真正的立宪意图。"①这也就包括了对经济权利保障,经济权利保障对于增进共同的幸福具有重要的基础性作用。

"资本主义国家宪政的历史充分表明,宪政建设可以不断地修正市场经济自身盲目发展所造成的社会问题。当市场自由竞争所带来的盲目发展和社会财富不均匀分配严重危及到资本主义宪政原则的基础———议会民主制时,如何通过宪政建设来有效地消除市场经济本身的弊端给宪政建设所带来的干扰和破坏,就成为各国宪政建设的首要课题。"②从经济权利角度来看,经济权利的保障对宪政提出了一系列具体的要求,宪政的作用就反映了对这些要求的解决。

(二) 宪政对经济权利的保障作用

1. 通过宪法和具体法律规定经济活动自由。权利的最大特征就在于法律支配下的自由,在权利的各种定义中,"自由"说一直占有很大的优势。因此,经济权利在本质上赋予公民个人以及其他经济活动参与者在一定范围内处理个人与生产资料和生活资料相结合关系的自由度。从增进个人福利和促进社会经济繁荣的角度来说,社会发展主要应当依靠社会主体在合法情况下对财产的自由占有、使用、收益和处分。市场经济发展的历史已经证明,不承认经济活动的自由,不承认财产权的自由,就意味着公民个人和企业无法成为经济活动中的主体,无法通过市场竞争增进社会财富。传统的计划经济模式已经向我们证明,缺乏经济活动自由,社会无法创造和积累丰富的财富,公民个人无法充分地享有经济利益,即使政府在平等的口号下提供了一些经济福利,也是低水平、低层次的。由此可见,经济权利首先强调经济活动的自由,特别是在市场经济的前提下。公民个人、公司、企业作为经济主体的法律地位以及作为经济主体在市场经济体制下从事各种经济活动的自主权,是经济权利重要且最有效的内容。宪法对于经济活动的自由权应当明确地承认并通过其他法律加以落实保障。

如前文所述,西方国家的宪法在历史上和当前都有对经济活动自由的明确规定。20世纪90年代以来东欧各国社会改革以后的宪法,也都确立了经济自由的宪法地位。1990年《匈牙利宪法》第9条第2款规定:"匈牙利共和

---

① 莫纪宏著:《现代宪法的逻辑基础》,法律出版社2001年版,第459页。
② 钱弘道:《从经济角度思考宪政》,载《环球法律评论》2004年夏季号。

国承认并支持经营的权利和经济竞争自由。"《经济、社会、文化权利国际公约》在第1条承认"所有人民得为他们自己的目的自由处置他们的天然财富和资源,而不得损害根据基于互利原则的国际经济合作和国际法而产生的任何义务"。这里的经济自由被当做了一种集体人权。我国《宪法》第15条规定实行社会主义市场经济。这条规定明显地包含了对经济活动自由的规定,消除了以往计划经济模式下对私人经济活动的限制,经济活动主体可以自主地从事经济活动获取财富,实现其经济利益而不受国家的限制、剥夺。此外,宪法还规定了非公有制企业在社会主义市场经济中的市场主体地位、公民的合法的私有财产不受侵犯以及公有制企业(国有和集体所有制)的经营自主权。这些规定是对经济自由的明确承认。宪法虽然没有规定个人有经济活动的自由、没有强调非公有制企业的经营自主权,但这些也都应该是"社会主义市场经济"的应有之义。

2. 宪法通过具体权利规定约束立法和行政活动。宪法具有最高法律地位,这种法律地位成了宪法权利对抗国家权力和要求国家提供保障的最高法律依据。"宪法权利是一种利益的综合保障权。一方面'宪法权利'所对应的是国家、集体和个人三者统一的利益;另一方面,'宪法权利'又可以给予公民实现自身利益以最大限度的合法性保障。"①一项具体的权利在法定化过程中,能否受到宪法的保护,首先要看能否获得宪法的明文规定。一般来说,宪法的权利规定具有抽象性,但能够获得宪法条文的规定则容易使具体的权利获得足够的宪法地位,也有利于通过普通的法律、法规来加以规定。当然,在英国这样的不成文宪法国家,宪法权利与其他普通法律的权利没有明显的差异。对经济权利,尤其是财产权的明确规定,"不仅是近代宪法、近代自由国家赖以确立的一个制度,也是近代宪法向现代宪法、近代自由国家向现代社会国家展开的一个重要基础。"②

目前,世界上很多国家的宪法都明确规定了相关的经济权利,只是在具体权利的范围上有所不同,有些国家规定得比较抽象、简单,如美国。美国宪法由于对经济权利的规定比较简单,更多地依靠司法实践来创设具体权利,自1804年马歇尔大法官首创由法院来解释宪法的司法惯例以来,美国法院通过解释宪法在保护私人财产权方面扮演着重要角色。有些国家规定得比较具体,如法国、德国、俄罗斯以及中国宪法。总体来说,宪法对经济权利的规定主要是两种方式,一是规定一些基本的原则(原则性经济权利),通过宪

---

① 莫纪宏著:《现代宪法的逻辑基础》,法律出版社2001年版,第300页。
② 张千帆等著:《宪政、法治与经济发展》,北京大学出版社2004年版,第281页。

法解释和宪法实践活动对原则性的具体内容进行丰富、完善，引申出相关具体经济权利。另一种方式是直接规定具体的经济权利，如多数国家宪法对经济自由、财产权、获得社会保障权的直接规定。宪法中的原则性经济权利"可以作为客观法律规范以制度原则或立法命令的形式得到宪法的保障。这些客观规范并不产生法院可直接实施的权利内容，他们的具体实现取决于立法。"①宪法中的具体经济权利虽然具有直观性，但却对国家的社会保障体系以及宪法的可司法性提出较高的要求。就我国宪法来说，我国宪法直接规定了许多具体的经济权利，但我国宪法在"可审判性"问题上表现得十分谨慎，司法实践中很少直接将宪法作为司法依据。②"长期将宪法视为政治法的结果就是，忽略了宪法的权利保障功能，无法通过具体的司法实践加以实现，以致造成宪法虚置，宪法权威凋零，规定的十分全面的权利内容无法得到有效保障。"③从经济权利的保障来看，我国宪法司法化的进程仍需推进。

3. 通过具体立法和政府的行政行为加强经济权利的保障。宪法中的经济权利还需要通过具体的立法和行政行为来加以落实。宪法权利通常是一种主观的应然性权利，必须依赖具体的立法和政府的执法活动变成客观的实然权利。在法律没有规定宪法权利具体实现方式的情况下，宪法权利在实践中很容易遭受到政府的忽视或其他非法侵害，而且由于宪法司法化存在的障碍，宪法权利的救济也比较困难。普通级别的立法使宪法中抽象的经济权利成为具体可执行的权利，而政府则要尽最大的努力来保障公民经济权利的实现。这种国家责任在具体承担形式上表现为宪法和其他法律所确立的国家机关的各项职责。

与传统的消极自由要求不同，经济权利本身是一种积极性权利，对国家提出了较明确的义务要求，政府作为国家中行使权力的组织，从社会契约的意义上说，必须对公民履行相关的义务。因此政府要通过积极的作为和消极的不作为来保障经济权利的实现。"在政府的不作为责任中，政府主要是应当最大限度地保证宪法权利中的自由权的内容得以实现；在政府的作为责任

---

① 张千帆等著：《宪政、法治与经济发展》，北京大学出版社2004年版，第303页。
② 2001年山东省高院判决了被称为"宪法司法化第一案"的"齐玉苓诉陈晓琪等侵犯其姓名权、受教育权"一案。该案中，原告的宪法权利（受教育权）受到了侵犯，但找不到具体的普通法律依据作为获得赔偿的理由，二审理该案的山东省高院只好报请最高人民法院进行批复。最终，最高人民法院通过司法解释（最高人民法院[2001]法释25号）确认了宪法可以直接作为法律判决的依据，使得该案得以解决。此案成为宪法司法化的一个重要开端，但从我国的司法实践来看，直接依据宪法进行判决的情形仍非常少见。有关该案介绍和分析，详见王禹编著：《中国宪法司法化：案例评析》，北京大学出版社2005年版，第145—154页。另见黄斌、杨帆、王方玉编著：《平民百姓讨公道——行政诉讼帮百姓维权》，民主与建设出版社2006年版，第6—9页。
③ 张千帆等著：《宪政、法治与经济发展》，北京大学出版社2004年版，第291页。

中,既包括政府有责任来排除各种妨碍宪法权利实现的阻碍因素,同时也包括政府积极地创造条件来促使宪法权利的实现。"①政府的不作为责任主要体现为对经济自由、财产权等权利的不侵犯,而积极作为责任主要体现在加强社会保障、创造劳动条件等方面。当然,立法机关在制定具体的法律实施宪法权利,行政机关在执行法律过程中,基本的合法性的界限在于立法和行政行为不能使宪法权利在事实上成为不可能。法律可以通过具体规定限制宪法权利的实现方式,但不能滥用立法和行政权随意剥夺宪法权利。

4. 通过权利救济手段保障公民经济权利。从现实意义上说,如果一种法律制度不能绝对地保障公民提出的权利要求,那么法律上所确定的基本权利也就不具有实然性价值,只是一种应然性的道德观念。所以,有权利必须有相应的救济途径,否则权利就失去了存在的意义。在经济权利的救济上,公民可以享有的途径主要包括自我救济、行政救济和诉讼救济,以及其他一些带有灰色性质的救济方式(比如中国的上访以及借助媒体)。在现代法治社会,公民权利的最终救济被赋予了司法机关,所以公民的诉权就具有非常重要的意义。宪法中的基本经济权利使公民可以形成明确的诉讼请求权,要求恢复或补偿所受到侵犯的权益。有学者认为:"诉权是现代法治社会中第一制度性的人权,只有诉权可以要求政府承担无限的保护责任的,并且这种保证责任是可能的、现实的。"②

笔者认为,公民的诉权在保障经济权利上具有两方面的意义。一方面是在自己的经济权利受到侵犯时(包括来自其他公民、企业和政府的侵犯)向对方提出请求权,通过行政、司法或其他合法途径获得救济。对于社会普通主体的侵权行为,政府是受害者的保护人。从现代宪法的逻辑上讲,政府是公民通过宪法这种契约而建立的,政府的合法性来源于公民的权利,因此政府的责任就是通过立法、行政和司法等手段来阻止侵犯公民权利的行为的发生。另一方面的意义在于,当政府没有积极履行作为义务提供实现经济权利的必要条件时,公民有权向政府提出请求,要求政府积极提供相关条件保障自己的经济权利。这是经济权利的积极性质所产生的一个结论。不过在这一点上,对国家的义务可以要求到什么程度存在着争议,这与经济权利的实现依赖于社会发展的状况,尤其是经济实力有密切关系。

公民通过诉讼来保障自己的经济权利所遇到的最大障碍仍在于宪法权利的可诉性问题。普通诉讼一般只能解决政府和其他社会主体具体行为不

---

① 莫纪宏著:《实践中的宪法学原理》,中国人民大学出版社 2007 年版,第 294—295 页。
② 莫纪宏著:《现代宪法的逻辑基础》,法律出版社 2001 年版,第 304—305 页。

符合宪法所规定的经济权利要求的问题,但是对于政府的抽象行为、政府无法实现宪法规定经济权利这样的情况,是否可以通过宪法诉讼来保障经济权利则存在比较大的困难。虽然经济权利的实现在更大程度上依赖于社会的现实,但如果没有宪法诉讼机制,则政府很容易以现实困难为借口而推脱自己在保障经济权利方面的职责。所以,有必要在宪法的实施机制中加入宪法诉讼。

四、经济权利的国际法保障

1. 缔约国报告制度。目前,在国际人权法上,负责各国对经济权利实现状况进行监督和评价的主要机构是经济、社会和文化权利委员会,该委员会监测一国经济权利状况的主要做法是要求特定缔约国提交报告。相对于公民与政治权利的执行机制来说,经济、社会权利的执行机制比较薄弱,提交报告制度自身缺乏足够的法律约束力。此外,国际劳工组织也是全球促进经济、社会权利的一个主要机构,该机构主要监督方法也是缔约国报告制度。在地区一级,《欧洲社会宪章》《非洲人权与民族权宪章》《美洲人权公约》都有缔约国报告制度。经济、社会和文化权利委员会根据《经济、社会和文化权利国际公约》公约第16、17条的规定,制定了缔约国要提交的报告的基本内容。报告的一般性部分包括国家的概括、对公约的宣传情况、公约在该国的法律地位以及执行公约方面的国际合作的作用。在报告的特定权利部分,委员会根据具体条款的内容提出了一系列问题,要求缔约国对这些问题进行详细的说明,这些问题可以比较详细地展示缔约国的权利实现情况。

2. 指控程序。早期,在经济、社会和文化权利领域没有指控机制,目前在区域(美洲与非洲)以及国际一级均有这种机制。但这种指控机制所依据的制度模式是由公民与政治权利方面的公约所创立的。"由于现行有关经济、社会方面的新的指控程序的实践和判例法仍然处于初创阶段,明智的做法是首先利用良好的现有国际人权指控程序。"①在现有的国际一般性人权机制中,从经济、社会权利的角度看,依据《〈公民与政治权利国际公约〉第一议定书》提交个人来文申诉的可能性具有最重要的意义。《公民与政治权利国际公约》第26条包含了一般性的非歧视性规定,而不限于该公约所规定的实质性权利方面所出现的歧视。人权事务委员会在许多案件中发现了在经

---

① 〔芬兰〕A.罗萨斯、M.谢宁:《执行机制与救济》,载〔挪威〕A.艾德等主编:《经济、社会和文化权利教程》(修订第二版),中国人权研究会组织翻译,四川人民出版集团、四川人民出版社2004年版,第359页。

济、社会权利方面的歧视,根据任择第一议定书,人权事务委员会把 26 条的非歧视权利解释为一项独立的权利,并对这方面的歧视进行了审议。这是借用公民与政治权利保护中的指控程序的一种方法。

在《欧洲社会宪章》中,除了传统的报告制度,还包含了一项新的集体指控程序。依据附加议定书建立的集体指控机制,国际的、国内的雇员或工人组织及相关领域的富有经验的非政府组织都有权向欧洲理事会秘书长提出书面指控。

3. 司法指控。这种做法主要体现在区域人权执行机制上。比如欧洲人权法院就可以直接受理有关公民对国家的指控。欧洲人权法院依据《欧洲人权公约》中的非歧视条款,同时强调公民、政治权利与经济、社会权利之间没有绝对的界限,这样就把《欧洲社会宪章》中的一些经济、社会权利解释成了可以司法指控的权利。总体来看,目前国际上监督经济、社会权利的机制比较薄弱,特别是国际指控机制比较匮乏。目前,国际指控机制的缺失又常被作为否定经济、社会权利的借口,应该努力建立适合经济、社会权利的国际指控机制,包括司法指控机制。"《欧洲人权公约》的社会、文化维度业已表明,在经济、社会、文化领域建立指控机制并非不可能。但是也不要忘记,有些经济、社会权利不适合通过传统的个人指控机制来实现,更宜采用某种形式的集体指控机制。"①

五、经济权利的司法救济

在人权领域,对于经济、社会、文化权利的"可裁判性"(或可诉性)一直存在着争议。② 有人认为,公民权利和政治权利是"绝对的""立即可以实现的",很容易被司法机构加以适用,因而具有可裁判性。而经济权利和社会权利则是分层次而且只能逐步实现,所以无法认定将经济、社会权利作为可裁判的权利,因为充分实现这些权利需要大量旨在确保享有社会经济资源和服务的积极的国家行为,而国家行为又依赖于国家所能使用的资源。"经常

---

① 〔芬兰〕A. 罗萨斯、M. 谢宁:《执行机制与救济》,载〔挪威〕A. 艾德等主编:《经济、社会和文化权利教程》(修订第二版),中国人权研究会组织翻译,四川人民出版社集团,四川人民出版社 2004 年版,第 366 页。

② 由于本书的重点是对经济权利进行整体分析,而且中国还未建立完善的违宪审查或宪法诉讼机制,国内有关经济、社会权利的可诉讼性问题多数是进行国外理论的解释,相关案件研究也是建立在国外的人权案件分析基础上的,所以对此问题本书不做深入探讨。读者可以参阅黄金荣著:《司法保障人权的限度——经济和社会权利可诉性问题研究》,社会科学文献出版社 2009 年版;龚向和著:《作为人权的社会权——社会权法律问题研究》,人民出版社 2007 年版;柳华文主编:《经济 社会和文化权利可诉性研究》,中国社会科学出版社 2008 年版。

提出的反对将经济和社会权利作为可裁判的权利纳入宪法的理由是,法院没有实施此性质的权利的制度性权限。经济和社会权利常常涉及复杂的对社会经济有深远影响的政策选择。"①有学者认为出现这种局面与国际条约的内容以及监督机制有关,"经济和社会权利的国际条约的可裁判性不完善的两个主要原因可从相互补充的两点中找到:(1)这些条款的措辞;(2)这些条约的国际监督机制较弱。"也有人提出,没有经济和社会权利的权威国际判例法在很大程度上对拒绝其国内可直接适用性的趋势负有责任。②诚然,《经济、社会和文化权利国际公约》的要求就反映了国家在这方面的柔性义务,《公约》第2条要求国家采取步骤,用尽一切办法,"逐渐达到"该公约所规定的权利的充分实现。但在国际人权领域,也有很多学者赞成经济权利及社会权利的可诉性。有学者认为经济、社会权利与公民、政治权利具有不可分割性,而且人权委员会以及欧洲人权法院的一些做法已经为人权的不可分割性和经济权利的可裁判性提供了很好的例证。欧洲人权法院曾通过适用《公民权利与政治权利国际公约》第26条的非歧视条款和《欧洲人权公约》第6条的公正审判条款,用综合的方法来处理有关经济和社会权利的案件,对相关的社会保障、环境问题案件作出裁决。③

笔者认为,对经济权利的可诉性或可裁判性问题应该分不同的层次进行理解。《世界人权宣言》第8条规定:"任何人当宪法或法律所赋予他的基本权利遭受侵害时,有权由合格的国家法庭对这种侵害行为作有效的补救。"按照一般性的法理去分析,经济权利至少有一些具体权利是可以通过司法进行裁决的,比如国家需要履行消极义务的情形。"社会权作为一种法律权利,都要求国家一般法律义务的履行,既要求国家积极义务也要求国家的消极义务,其中包括一定程度的可由司法裁决的义务。"④事实上,《公约》的一些条款可以在缔约国国内立即实施。如果在国内法中,经济权利已经得到相关具体法律的确认,对于经济权利的侵害是完全可以提起诉讼,请求法律对经济权利进行保护。艾德先生就认为:"保护义务的重要内容具体体现在现

---

① 〔南非〕S.利本贝里:《经济和社会权利在国内法律制度中的保护》,载〔挪威〕艾德等主编:《经济、社会和文化权利教程》(修订第二版),中国人权研究会组织翻译,四川人民出版集团、四川人民出版社2004年版,第50页。
② 〔芬兰〕M.谢宁:《作为法定权利的经济和社会权利》,载〔挪威〕艾德等主编:《经济、社会和文化权利教程》(修订第二版),中国人权研究会组织翻译,四川人民出版集团、四川人民出版社2004年版,第26—27页。
③ 相关案例的介绍,详见前注 M.谢宁的文章。
④ 龚向和著:《作为人权的社会权——社会权法律问题研究》,人民出版社2007年版,第74页。

行法律当中。该种立法便于司法复审,因此推翻了经济和社会权利本来无法进行裁判的论点。"①对于缔约国的法院来说,它们应该避免使其本国处于违反国际条约的境地,至少应该确保以符合条约内容的方式解释和适用国内的相关法律。

从国际法的适用来说,对于国家没有履行相关国际公约的义务而提起诉讼,在目前来看,仍存在比较大的困难。这与国家适用国际条约的做法有关。对于国际条约的适用通常有三种做法:一是纳入(adoption),也称直接适用,即条约不需另经国内立法程序则直接纳入国内法,在国内具有法律效力,而不需要国际法转化为国内法。这种方式以德国为代表。二是转化(transformation),也称间接转化,即条约必须经国内立法程序,由国内法律行为而纳入国内法律体系中,成为国内法律,或者具有国内法律的效力。转化相当于参照国际条约进行国内立法,使国际条约的内容在国内法律中具有相应的规定。这种方式以英国为代表。三是混合转化,兼采前面两种方式。在国外,有些国家就采用纳入的方法使经济权利条款进入司法中。比如芬兰议会同意批准《欧洲社会宪章》并通过纳入《法案》时,社会事务委员会明确指出,纳入的结果是国内法院和行政当局可以直接适用《欧洲社会宪章》。所以M.谢宁认为,"有关社会和经济权利的条约条款在国内层面成为'可裁判性'的可能性,很大程度上取决于条约条款纳入其中的宪法框架。"②就我国来说,我国的《宪法》《立法法》没有对条约在我国法律中的地位及能否直接适用作出明确规定。所以有学者认为,经我国国内法转化的条约规则已经成为国内法的一部分,也自然就不存在条约可否在国内直接适用的问题,但对于我国"纳入"的条约规则不能一概而论,可参照自执行条约与非自执行条约的划分模式区别对待。对已经在国内法中明确规定优先适用的条约可以直接适用。对没有在国内法中明确规定可否直接适用的条约,是否直接适用,需要进行具体分析,应具体分析其内容及法律后果并结合我国的法制现状及实际国情后,再决定是否给予其直接适用的效力,而不能简单的一概而论。③ 2001年2月28日,第九届全国人民代表大会常务委员会第二十次会议批准了《经济、社会和文化权利国际公约》,并承诺中国政府有责任按照该公约对

---

① 〔挪威〕A.艾德:《作为人权的经济、社会和文化权利》,载〔挪威〕艾德等主编:《经济、社会和文化权利教程》(修订第二版),中国人权研究会组织翻译,四川人民出版社集团、四川人民出版社2004年版,第21页。

② 〔芬兰〕M.谢宁:《作为法定权利的经济和社会权利》,载〔挪威〕艾德等主编:《经济、社会和文化权利教程》(修订第二版),中国人权研究会组织翻译,四川人民出版社集团、四川人民出版社2004年版,第41—42页。

③ 慕亚平著:《国际法原理》,人民法院出版社2005年版,第437页。

缔约国政府的要求全面履行自身保障公民经济权利实现的义务。从实体权利来看，工作权、教育权已经获得了宪法和法律的明确保护，而适当生活水准权以及罢工权利尚缺乏明确的国内法律依据。全国人大常委会在批准时也对《公约》第8条第1项自由组织工会的权利申明进行保留。从我国对待公约的态度来看，基本采用的是"纳入"模式，但没有明确规定可以直接适用。在中国直接依据国际条约规定进行司法审判的做法尚不多见。

虽然经济权利的部分权利在中国的宪法和其他部门法中已经得到确认，也可以部分实现司法保护。但在中国的当前的司法体制下，法院的职责也受到诸多限制，对人权意义上经济权利的保护上还很难充分发挥作用，经济权利的可诉性在中国应该说仍举步维艰。诚如国外学者所言，"人权必须首先由权利人的角度出发而焦点一定要落在其必须受保护的利益上"，当前我国以及其他国家在经济权利司法救济上存在的问题是，"不是首先从权利主体及其应该受保护的利益出发，并从这引申出法院和立法机关在保护和执行权利方面各自的责任，反而从相反的方向来推理。先对法院和立法机构的责任进行归类和限制，在此基础上得出结论，确定哪些人权可诉、谁的利益可受保护。"①所以要加强经济权利的司法救济，首先应该改变我们国家的司法观念，立足于公民的权利去设计法院职责，而不是根据法院职责确保哪些权利可以诉讼。从我国目前来看，宪法权利诉讼制度的建立对于国际人权公约的可裁判性提升具有重要意义。② 如果能建立完善的宪法权利诉讼制度，公民可以直接依据宪法中的基本人权规定对行政机关或其他主体提起宪法诉讼，要求停止侵权或履行应有的义务，那么经济权利的可裁判性问题将得到比较好的解决。

第三节 经济权利的评价机制

经济权利的实现虽然是一种渐进式的过程，受制于经济、社会条件，但是

---

① 〔加拿大〕布鲁斯·波特：《经济、社会和文化权利的可诉性与有效救济权利：历史的挑战与新机遇》，余秀燕译，载柳华文主编：《经济 社会和文化权利可诉性研究》，中国社会科学出版社2008年版，第6页。

② 有人提出，"建立一种复合式的宪法权利诉讼制度，即依托现行宪法监督体制的立法违宪侵权审查与依托现行普通法院审判体制的行政与司法违宪侵权诉讼相结合的制度，是当前最适合中国国情的选择。"参见陆平辉著：《宪法权利诉讼研究》，知识产权出版社2008年版，第341页。笔者认为行政与司法侵权违宪诉讼对于经济权利的可诉性意义更大，期待我国相关制度能进一步发展。陆平辉先生在其著作的第八章进行了相关制度设计，见该书"中国建立宪法权利诉讼制度的构想"一章。

对已经或将要实现经济权利仍应有一定的评价标准,否则无法确立人权的保障状况。国际人权机构设定了一些评价指标,本节对此作简单介绍。

一、权利实现的一般评价标志

权利实现,又被称为权利获得,是指权利人对权利的实际享有或行使,即权利人的权利内容得到实现。权利的实现需要一定的标准加以判断,国内学者杨春福教授提出了权利获得的几种标志,可以用来分析经济权利的实现状况。权利实现或获得的标志包括:(1)权利人对自己权利的实际行使。权利人通过自己的行为实现权利,权利的行使、享有和获得表现为同一性质,形成"三位一体"。(2)权利人通过他人代为行使权利。(3)相对义务人对权利人履行了义务,表现为义务人为或不为一定的行为。相对义务人履行义务既可以是主动的、积极的履行,也可是被动的、强制的履行。[①] 从法律运作上来看,权利存在着一个形态变化的问题,是应然权利到法定权利再到实然权利的转换,而从法定权利转变为现实的权利需要特定的条件,那就是权利主体的法律实践活动。权利人为了获得权利必须进行一定的法律实践,形成具体的法律关系。在法律关系之中,权利人享有权利,义务人履行义务,通过权利人和义务人的行为使得法律关系得以形成、变更和消灭,实现主体的权利需求。经济权利的实现是一种结果状态,不管是权利人主动实现、通过国家保障实现或通过诉讼实现,最终的结果是权利人实现了经济权利中所包含的利益,满足了自己的需要。

权利人要享有经济权利,则必须通过参与一定的经济实践活动,或寻求国家保障以及司法救济才可以实现。对于经济自由、财产权利、工作权利,公民需要参与到经济活动中,努力获得工作,通过自己的行为获得经济收入,拥有财产权,实现工作权。国家在这个过程中,要保障主体的选择自由和经济地位平等,在出现贫困者的时候提供必要的社会保障。

二、经济权利评价的特殊要求

上文所述的权利实现标志其实比较适合于评价一般公民权利或具体法律关系中权利的实现状况,在应用于评价经济权利的实现时,还是会存在一些困难。由于作为人权的经济权利是一种比较特殊的权利,不像一般法律关系那样容易解决,在很多情形下国家积极和消极义务交织在一起,所以经济权利实现状况的评价存在一定的特殊性。

---

① 杨春福著:《权利法哲学导论》,南京大学出版社 2000 年版,第 156—157 页。

1. 经济发展与经济权利之间的不平衡性

如同前面所说过的,国外对经济权利进行否定的原因是经济权利的实现需要经济基础,不具有切实可行性。因此,要评价一国经济权利的实现状况,首先要保证该国家具有足够的经济基础。但经济发展到什么样的程度才足以保证经济权利却没有一个具体的标准。而且,即使一国总体经济水平比较发达,但不表明该国公民经济水平都达到良好的水平。国外学者在研究非洲人权问题时已经发现一个严重的问题:一个经济显著成功的国家也可能同时经历社会与经济权利状况的恶化。研究者从"善治"的角度出发,对非洲的乌干达进行了研究,发现经济的发展并不是人权状况提升的必然条件。① 自20世纪80年代以来,乌干达制定和执行宏观经济政策的能力已经显示出有所提高。根据1996年的调查,在财政经济计划部(the Ministry of Finance and Economic Planning)的努力下,这个机构在短短5年时间内将税收收入提高了380%,使年通货膨胀率从1986年的150%缩减到1996年的4%—5%。但是研究者发现,在许多重要的方面,政府提高服务的能力并没有显示出提高。1997年的一项研究得出的结论是,乌干达可以被描述为:"缺乏公共卫生系统……卫生系统几乎所有的公共成分都和医疗保健人员的私人商业活动结合起来……几乎没有为穷人提供的服务,无力支付的人们被赶走,被殴打或凌辱。"这说明经济权利的提升与经济状况改善不是必然对应前进的,二者之间具有不平衡性。②

从这个意义上说,评价一个国家公民的经济权利状况时,经常需要结合该国的政治制度状况、公民与政治权利状况等进行分析。在许多时候,资源状况不是决定经济权利的根本性因素,印度经济学家阿玛蒂亚·森就提出,"实际上,民主和政治权利的运作甚至能够有助于防止饥荒或其他经济灾难。权威主义统治者,他们自己是绝不会受到饥荒(或其他类似的经济灾

---

① 善治自20世纪90年代以来已成为治理理论中的一个热点问题,最早主要应用于世界银行对非洲国家的援助项目之中。善治又被称为"良好的治理""健全的治理""有效的治理"等,被认为是治理的一种标准化理想。1989年世界银行在提出治理危机的同时重新引入了善治的概念,把它作为获得可持续发展的方式,并定义为"运用政治权力去管理国家事务"。这里的管理——也被称为公共部门管理——包括三个因素:(1)发展的法律框架;(2)责任;和(3)透明度和信息化。善治已经被描述为:"可预见性、开放和启发性的决策(即透明过程)、充满着敬业精神的政府体制、对其行为完全负责的政府执行机器;参与公共事务的强大公民社会;以及所有法治下的行为。"在1992年出版的《治理与发展》中,世界银行提出了治理的四个核心要素:公共部门管理、用于发展的法律框架、责任、透明与信息化。有关善治与人权问题可以参阅王方玉:《论善治对人权的促进与阻碍》,载《北方法学》2009年第3期;另见俞可平主编:《善治与治理》,社会科学文献出版社2000年版。

② Mette kajar and Klavs Kinnerup, Good Governance: How Does It Relate to Human Rights, Hans-Otto Sano, *Human Rights and Good Governance*, Kluwer Law International, Netherland, 2002, pp.13—14.

害)的影响的,因而他们通常缺少采取及时的防范措施的动力。与此相反,民主政府需要赢得选举并面对公共批评,从而有强烈的激励因素来采取措施,防止饥荒或其他类似的灾难。毫不奇怪,饥荒从来没有发生在有效运行的民主体制中,不管是经济富裕的国家(如当代的西欧或北美),还是相对贫困的国家(如独立后的印度、博茨瓦纳或津巴布韦)。"① 虽然森是论证自由对于发展的意义,但是也同样表明,经济权利未能得到良好实现经常不是经济原因本身的限制,而是政治制度、社会观点、权力模式等其他因素的影响。

2. 国家义务的模糊性

在一般的权利评价体系中,权利主体与义务主体是相对意义上的法律关系主体,权利主体可以自己行使权利,或通过义务主体的行为满足自己的权利要求,在权利无法得到实现时还可以通过司法等权利救济途径进行补救。但对于作为人权的经济权利来说,由于义务主体是针对国家,因而国家义务的内容,也就是国家责任的性质和程度都难以认定。

从国际人权法的角度来看,国家是人权的义务主体,但这种义务主体主要是一种道德意义上的,而不完全是法律意义上的。而且,国际人权法中的国家义务不同于一般国际法中的国家责任。按照目前的国际人权公约,国家依然是最主要的权利义务承担者,要履行国际人权公约规定的义务,如提交定期报告、接受相关机构的监督或成为国家间来文的申诉对象等,但这些义务都是形式性的或者说是程序性的。"国际人权法规定的实质性的权利义务关系是缔约国与'在其领土内和受其管辖的一切人'之间的权利义务关系,在目前国际法领域尚未承认个人为国际法主体的情况下,这些个人只能作为第三方受益者看待。""国际人权法调整的权利义务关系并不具有缔约国之间的'相互性'和'对应性'。"② 这与一般国际法中国家之间义务的相互性不同,国家之间加入国际人权公约并不是为了对应国家之间权利的交换,国际人权公约的目的是要建立一种努力保障人权的"公共秩序"(国际行动),而不是严格限制国家的具体义务。国际人权法的这种义务主体的特殊性使得国际人权法与一般国际法有了本质的区别。因此,由于人权的绝对性,导致国家义务的绝对性,而国家义务的绝对性又导致了国家义务的模糊性,因为没有绝对性的标准来评价国家的义务,这一点在经济权利的评价上更为突出。这也导致目前相关国际人权公约中的国家在经济、社会权利上的

---

① 〔印度〕阿马蒂亚·森著:《以自由看待发展》,任赜、于真译,中国人民大学出版社2002年版,第11—12页。
② 王祯军:《论国际人权法中的国际责任问题》,载莫纪宏主编:《人权保障法与中国》,法律出版社2008年版,第136页。

义务多数是程序性的,而不是具体的、实质性的。国际社会关于经济、社会权利申诉机制的建立由于这个原因也一直困难重重,落后于公民权利和政治权利的申诉机制。

3. 经济与政治权利的不可分割性

虽然本书专门讨论经济权利,但在评价经济权利时,不能忽略的一点是人权的相互依赖性与不可分割性。对经济、社会权利与公民、政治权利进行彻底的、决裂性划分是愚昧的看法,因为很多经济权利的实现依赖于或是通过公民与政治权利相关的执行机制得以实现。因此,在评价经济权利的实现状况时,必须结合政治权利状况。上文所提到的阿玛蒂亚·森先生就认为,"大量的实证证据表明,经济增长更多地与友善的经济环境而不是严厉的政治体制相容。"①友善的经济环境需要的是民主、自由的政治体制,这种体制下的政治权利状况也应该比较良好,就像善治需要有效率、透明、负责的政府一样。

按照这样的思路,对一个国家经济权利进行评价时,不能简单地根据公民的经济水平来进行分析,虽然这是最重要的一点。除了经济水平以外,还需要分析经济自由、平等状况以及政府在保障经济权利方面履行职责的情况、经济政策制定和执行是否透明等问题。

三、经济权利的评价指标

由于经济权利的主要义务主体的国家,要监测国家的义务履行情况和公民经济权利实现情况,必须是国家的义务具有可操作性。"这样做的目的是将人权法'转变'成涉及经济领域的量化指标,而这对促进经济和社会权利的逐步实现是至关重要的,但迄今为止它还没有被纳入政府和政府间组织的人权义务的范畴。"虽然设立指标比较困难,但"经济和社会权利指标的设立为在经济领域——迄今为止基本上不受民主化、追究责任和全面适用人权标准等要求的影响——推行法制以及国际人权义务提供了机会。"②经济权利评价指标是监测一个国家实现经济权利的重要手段,但这不代表一个国家具体公民的经济权利都得到实现。结合国际人权公约和相关人权理论,目前的评价指标或者说监测的主要标准有如下几项。

---

① 〔印度〕阿马蒂亚·森著:《以自由看待发展》,任赜、于真译,中国人民大学出版社 2002 年版,第 11 页。

② 〔瑞典〕K.托马谢夫斯基:《指标》,载〔挪威〕A.艾德等主编:《经济、社会和文化权利教程》(修订第二版),中国人权研究会组织翻译,四川人民出版集团、四川人民出版社 2004 年版,第 433 页。

(一) 意愿指标

意愿指标指特定国家保障和促进经济、社会权利的意愿。一个国家批准《经济、社会和文化权利国际公约》就表明了愿意促进和保证经济、社会权利,经济、社会和文化权利委员会也只对那些已经成为公约缔约国的国家有监督作用。

有关促进经济、社会权利的意愿指标还可以进行细化。首先要考虑的就是有关国家是否通过了相应的立法。经济、社会和文化权利委员会在1998年的第9号一般性意见中强调,"必须在国内法律秩序中以适当方式承认国际规范"。委员会根据《维也纳条约法公约》重申了国际法的基本原则,"当事方不得援引其国内法律规定为理由而不履行条约。"为了保证经济权利的实现,国家必须对国内法律秩序进行必要的修订,以履行他们的条约义务。"如果某国已经制定关于权利的框架立法,那么就能反映出该国对于履行其公约义务有多大的政治意愿。"①以中国为例,我国在2004年对宪法进行修正,明确规定"公民的合法的私有财产不受侵犯。""国家依照法律规定保护公民的私有财产的继承权";2007年3月16日我国又制定了《中华人民共和国物权法》,对财产权的保护作了更加明确的规定;2010年4月29日,我国修改了《国家赔偿法》;2014年我国修改了《行政诉讼法》等。这些都是我国促进经济权利的意愿的重要体现。

意愿指标的第二个方面是追索程序。经济、社会和文化权利委员会已经注意到,通过规定司法和其他有效补救措施,权利的享受状况往往能够得到有效改善,而且,获得有效补救措施或确定追索程序不一定意味着非要得到司法救济,在许多情形下,行政措施就可以达到救济目标。实际上,行政救济措施在个案中对于公民经济权利的保证往往具有很强的现实意义,比如针对失业者提供就业培训。所以,委员会要求行政救济措施应当对一切人开放、使人们能负担得起并且及时有效。追索程序的设立体现了国家对经济权利的平等保障,比如中国建立的就业技能培训、失业救济以及最低生活保障制度,都体现了行政救济的作用。

意愿指标的第三个方面是统计数据,包括全国性的和地区性的或特定群体的统计数据。经济、社会和文化权利委员会要求各国定期监测经济、社会和文化权利的实际情况,以便掌握本国国内每个人在多大程度上能够享受或

---

① 〔挪威〕A.艾德:《经济、社会和文化权利委员会在实践中对指标的运用》,载〔挪威〕A.艾德等主编:《经济、社会和文化权利教程》(修订第二版),中国人权研究会组织翻译,四川人民出版社2004年版,第447页。

不能享受各项权利。委员会在第1号一般性意见中对缔约国提交报告作出要求,委员会认为,"只是通过编写总的国家统计数字或预计数字是不可能实现这一目标的,还需要特别注意任何情况更差的区域或地区和看来特别容易受害或出于不利情况中的任何集团或分集团。"①这种统计数据对于国家了解本国的问题和缺点具有重要意义。"如果某国在收集这些方面的分类数据上付出的努力明显不足,就可以视为在确定处境不利群体方面缺乏责任,而这类群体应该在促进有关权利的实现的工作中给予优先考虑。"②

(二) 成就指标

成就指标与国家的能力密切相关,国家应该根据本国资源情况而逐渐实现经济、社会权利。这种成就指标是在意愿指标中的统计数字基础上而制定的,缔约国应根据本国的资源分配情况制定改善处境不利者的衡量标准。政府要表明正常采取措施努力消灭权利享有时的差异和社会中不利者的生存状况。成就指标被委员会理解为一个国家的最起码的核心义务。"如果在一个缔约国内有任一较大数目的个人被剥夺了粮食、基本初级保健、基本住房或最基本的教育形式,该缔约国就等于没有履行《经济、社会和文化权利国际公约》下的义务。"③

成就指标的具体内容可以有三个方面,首先是缔约国制定的对公民经济、社会权利,尤其社会弱者经济、社会权利的总体改善标准。其次是国际援助情况。缔约国是否寻求国际援助以履行改善本国处境最为不利者权利的义务也是衡量的一个重要内容。最后是对特定弱势群体和在特定权利上设定指标。经济、社会和文化权利委员会在第5号、第6号一般性意见中对残疾人、老年人的经济、社会权利的工作、食物、住房问题提出了具体的指标。而特定权利方面,委员会对食物、住房等问题提出了具体指标。

---

① General Comment No.1 of CESCR(1989), Para.3.
② 〔挪威〕A.艾德:《经济、社会和文化权利委员会在实践中对指标的运用》,载〔挪威〕A.艾德等主编:《经济、社会和文化权利教程》(修订第二版),中国人权研究会组织翻译,四川人民出版社2004年版,第448页。
③ General Comment No.3 of CESCR(1990), Para.10.

第六章 经济权利的体系

前面几章对经济权利进行总体上的一般性理论分析,这些介绍对所有经济权利都具有适用性,但具体的某一项经济权利还是有一些独特性。因此,本章对一些具体经济权利进行单独阐述。根据前面的界定,笔者对人权中的经济权利采取一种广义但又有限的理解,经济权利包括了经济自由权、经济平等权、财产权、工作权和适当生活水准权等,这些具体经济权利构成了经济权利的基本体系。由于理论界对经济权利具体包括哪些权利仍然存在争议,这里结合国际公约的规定对主要经济权利作简单介绍。

第一节 经济自由权

一、经济自由的含义

"经济自由"原本是一种基本的经济原则或者说经济运行理念,核心是经济活动的自由,反对国家干预,经济自由的内容来自于自由主义基本理念。对于自由观念,古典自由主义者进行了诸多论述,典型的如穆勒(又译为密尔)所言,"在人类生活的很大范围内,必须毫无保留地、无条件地排除命令式的干预。无论我们信奉什么样的社会联合理论,也无论我们生活在什么制度下,每个人都享有一个活动范围,这一范围是政府不应加以侵犯的……只要是稍许尊重人类自由和尊严的人都不会怀疑,人类生活中确实应该有这样一种受到保护的、不受干预的神圣空间。"①因此,自由主义的基本理念是强调个人与政府的分离,以及政府的不干涉。当然,自由主义包括很多方面,经济自由只是其中之一。按照霍布豪斯的概括,自由主义的基本内容包括:公民自由、财政自由、人身自由、社会自由、经济自由、家庭自由、地方自由、种族自由、民族自由、国际自由、政治自由和人民主权这样一些内容。② 西方自由

---

① 〔英〕约翰·穆勒著:《政治经济学原理及其在社会哲学上的若干应用》(下卷),朱泱等译,商务印书馆1991年版,第531页。
② 〔英〕霍布豪斯著:《自由主义》,朱曾汶译,商务印书馆1996年版,第8—21页。

主义传统为经济自由思想的形成奠定了基础,许多经济学家都以自由主义基本理念为核心,构建自己的经济理论。

资产阶级革命以后,在强大的利润动机推动下,市场机制充分发挥其促进经济发展的作用,主要资本主义国家的经济在自由放任政策的指导下运转正常,并向全球扩张。18 世纪以后,资本主义进入自由竞争阶段,资本主义经济模式已经具备了自我发展的能力,于是资产阶级思想家就大声疾呼自由重要、国家无权干预社会、一切听凭市场的自发调节,这就是亚当·斯密与大卫·李嘉图的基本经济观念。斯密认为,"在这种场合,像其他许多场合一样,他受着一只看不见的手的指导,去尽力达到一个并非他本意想要达到的目的。也并不是因为事非出于本意,就对社会有害。他追求自己的利益,往往使他能比在真正出于本意的情况下更有效地促进社会的利益。"①20世纪30 年代的经济大危机,使古典经济自由主义遭到严峻挑战,最终由凯恩斯主义的国家干预理论所代替。但 20 世纪六七十年代以后,以哈耶克为代表的新自由主义经济理论又逐步取代凯恩斯主义。

相对于其他权利对国家的积极要求,经济自由更多的是要求消极不作为,即不得干涉权利主体的经济活动。经济自由的要求具体有三项:(1) 经济活动自由。市场参与主体应具有经济选择偏好的自由、价值自由、使用资源的自由和交换的自由,等等。"而这些自由中最大的自由就是利用自己的有限资源在对他人有利至少无害的条件下实现福利最大化或者利润最大化的自由。"②对个人来说,只有个人的经济活动可能危及其他人的利益时,经济自由才应该受到限制。(2) 限制政府的作用。经济自由的逻辑结论就是反对政府的干涉,不能实施强制,而且政府还要保护经济自由,免受社会或国外的其他干涉。早期经济自由主义强调"最小化"政府,政府管的越少越好,20 世纪以后经济自由主义者对国家在调控经济方面的作用都比较认可。(3) 加强私有财产权的保护。经济自由的基础是私有财产权不受侵犯,财产权是保证每一个经济主体追求自利最大化的基础,它为任何经济单元设法降低成本、增加收益提供了最直接也是唯一的利益驱动。"法律和政府似乎也只有这个目的:它们只保护那些积累了巨资的人,使他们能够平安地享受劳

---

① 〔英〕亚当·斯密著:《国民财富的性质和原因研究》(上卷),郭大力、王亚南译,商务印书馆 1983 年版,第 11 页。
② 匡安荣著:《经济之道:道法自然与经济自由》,世纪出版集团、上海人民出版社 2007 年版,第 39 页。

动的果实。"①

经济自由的保障对于经济发展意义重大,有学者在总结改革开放三十年的经验时就说,"正因为制度基础和运行机制的上述变化,人们获得了有一定保障的财产权利和经济自由,才造成了中国近三十年的高速经济发展。整个经济告别了短缺,完成了从供给推动型经济向需求拉动型经济的转化;财富分配发生了很大变化,政府直接支配的社会财富减少,个人支配的财富增加,个人资产已经超过了国有资产。"②经济权利要获得充分实现,首先必须具有足够的社会财富,经济自由的重要功能就是促进社会财富的增长,经济自由也由此才形成一项基本人权。

二、经济自由权的形成

同列奥·施特劳斯所说,17世纪的自由主义思想家们举起了近代自然法的旗帜,通过诉诸自然法,瓦解了国王专制统治的合法性,从而实现了人的权利。③ 这种宪法上的经济自由权是一种抽象的自由权,其最初的基本目的是为了摆脱封建等级和制度的束缚。经济自由对于资本主义经济发展至关重要,但从人权法的制度历史来看,经济自由并没有在早期相关宪法和人权文件中得到明确规定,法国18世纪的《人权宣言》没有直接提出"经济自由",而是提出了财产自由。

直到1919年的《魏玛宪法》,经济自由才得到明确承认。《魏玛宪法》第111条规定:"一切德国人民,在联邦内享迁徙自由之权,无论何人,得随意居留或居住于联邦内各地,并有取得不动产及自由营生之权。唯根据联邦法律,始得限制以上规定。"第151条规定:"经济生活之组织,应与公平之原则及人类生存维持之目的相适应。在此范围内,各人之经济自由,应予保障。"本条明确提出了经济自由。第152条规定:"经济关系,应依照法律规定,为契约自由之原则所支配。"这一条是对经济自由实现措施的规定,也就是契约自由。《魏玛宪法》使经济自由成为宪法中的基本权利,这种对经济自由的确认,二战后被国际人权法所吸收,经济自由权成为一项基本人权。人权领域的经济自由权是通过对自由的规定而间接体现出来的,在全球性的国际人权法上,《世界人权宣言》前三条都强调自由的价值和对自由的尊重,这成为经济自由权的直接依据。此外,《世界人权宣言》第22条规定:"每个人,

---

① 〔英〕亚当·斯密著:《国民财富的性质和原因研究》(上卷),郭大力、王亚南译,商务印书馆1983年版,第252页。
② 张曙光:《中国经济转轨与社会变迁:经济学视觉》,载《学术研究》2009年第4期。
③ 李宏图著:《从"权力"走向"权利"》,上海人民出版社2007版,第6页。

作为社会的一员,有权享受社会保障,并有权享受他的个人尊严和人格的自由发展所必需的经济、社会和文化方面各种权利的实现,这种实现是通过国家努力和国际合作并依照各国的组织和资源情况。"这里也提出了保护经济活动自由的要求。2000 年的《欧洲基本权利宪章》在第 16 条规定各国要保障营业自由,"依欧洲共同体法律与国内法令规定之营业自由应予确认。"这是国际人权法是对经济自由比较直接的规定。

三、经济自由权的内容与保障

经济自由的内容十分广泛,不仅意味着经济人的偏好自由、价值自由、使用自己的资源自由,而且包括自由交易和自由定价等。关于经济自由权的基本内容,有人认为,"选择职业的自由、居住与迁徙的自由以及财产权,总称为经济自由权。"[1]国内也有学者认为,从宪法基本权利意义上说,"经济自由是指公民为了获得物质利益和与物质有关的财产利益而采取相关的活动不受国家的限制、剥夺和禁止,同时国家应当积极行使权力,排除影响公民行使经济自由权利的障碍。"[2]但不管是经济活动原则的经济自由还是宪法基本权利的经济自由,核心内容都是经济主体在市场经济活动中的自主性发挥。因此,较广义的经济自由权包括职业选择自由、财产自由、契约自由、经济体结成协会的自由,竞争自由及兼职自由等。因此,人权中的经济自由权主要针对公民的经济活动自由,各国政府必须创立良好的市场环境,尤其是建立完善的市场经济法制体系,在经济管理过程中贯彻法治原则,充分发挥法律的作用来加强对政府管理、调控经济的行为的控制,避免行政机关的过度干预,尤其是对微观经营活动的干预。

经济自由权作为市场经济存在的基础权利条件,必须受到以下几个方面的保障:(1)经济活动自由,不允许任何力量干预公民的自由交易和自由定价,除非这种交易本身带有强制或不正当性。(2)消费者选择自由,包括政府在内的任何力量都不得限制消费者的身份或消费偏好,除非某种消费被公认为不良消费,或者是不良的偏好或者具有不良的外部效应。(3)生产自主,禁止限制任何生产者的生产偏好,除非法律上作出明确限制。(4)职业自由,禁止限制劳动者的职业选择自由与兼职。(5)团结自由,在经济活动中,为使公民能够有效维护自己的权益,国家保障经济结社自由,例如劳动者有组织工会的自由,消费者可以通过消费者协议维权。当然,经济自由权也

---

[1] 〔日〕芦部信喜著:《宪法》(第三版),林来梵等译,北京大学出版社 2006 年版,第 194 页。
[2] 周伟著:《宪法基本权利:原理·规范·应用》,法律出版社 2006 年版,第 250 页。

不是不受限制的自由,有权利就有界限,经济自由权的界限是,公民的经济自由选择或偏好不得为公认的不良偏好,且其行为不得损害他人利益或社会公共利益。

经济自由权的保障主要通过宪法来实现,宪法确认经济自由权具有双重意义:(1)限制政府的行为,政府不能对生产者(包括劳动者)、消费者以及其他市场主体之间的交易实施任何非法的强制或变相强制。(2)政府必须保护公民的经济自由权免受其他社会势力的强制。从第一种意义而言,经济自由权属于消极权利,即防御权的范畴;就第二种意义而言,经济自由又属于经济、社会、文化方面的权利,即积极的经济权利范畴。除了宪法之外,各国也通过其他法律保障公民的经济自由,比如对于公民选择职业的自由,各国通过劳动法等法律来加以保障;在消费者权利实现层面,国家消费者权益保障法律必不可少。(3)其他方面的自由配合。政治自由和经济自由是关联着的,仅仅有经济自由是不够的。一方面,在没有触动原有社会政治利益格局的前提下,经济自由保持了社会经济生活的正常运行;另一方面也促成了利益多元化,形成了不同的利益群体和社会阶层,这样个人的生存、社会、活动空间和自由度比过去不断扩展。因而除了经济自由,人们在私下交往中,必须享有了一定的政治自由。

第二节 经济平等权

一、经济平等权的概述

有学者认为,"在一切关于社会平等的理论与实践中,人的经济权利平等也许是最难以实现,也是最令理论家们感到棘手和头痛的问题。"而且,从理论上讲,人的经济权利平等涉及三个重要的理论问题:其一,社会竞争与平等的关系问题。其二,人的能力和对社会贡献的差异与经济权利平等的关系问题。其三,效率与平等的关系问题。① 这种思路是一种经济学的思路,和人权领域的思维并不完全一致。在人权中,经济平等权是指公民在经济活动中的基本法律地位平等,不存在非法的歧视或不公平待遇。经济自由和经济平等是传统人权观点中"人生而自由平等"的延伸。在经济权利的保障中,经济平等权具有重要意义。在一个经济不平等的社会中,不平等的经济权利是富人反抗国家干预的权利,也是富人剥削穷人的手段,比如财产权就意味

---

① 王一多:《经济权利平等解析》,载《西南民族大学学报(人文社科版)》2009年第12期。

着贫困者会受到更多的剥削和压迫。因此,经济平等意味着地位平等和不歧视,比如在工作权保障中,公民在职业的选择和待遇的获得上应保证享有平等的地位,不得存在歧视。

从自由与平等的关系上来说,只有自由没有平等实际上自由也是不可能的,自由、平等是密切联系在一起的价值理念。在哲学意义上,自由不能和经济环境相分离。自由必须包括人的个性的充分发展,但因为"没有平等的自由是高贵声音和悲惨结局的代名词",重大的不平等将会使个人自由转化为某些人位于其他人之上的权力,国家有责任以集体善的名义对此加以校正。① 享有经济自由,但在实际的经济活动中,如果经济地位严重不平等,经济自由也会被强势主体给剥夺。因此,经济平等必须纳入经济权利之中,因为,经济权利"其实质是体现了经济公平,是对经济自由的一种修正和补充。"②

单纯从《经济、社会和文化权利国际公约》的规定中看不出经济平等权,但结合《世界人权宣言》和《公民权利与政治权利国际公约》则很明显推论出公民应享有经济平等权,《世界人权宣言》第1条就强调"人人生而自由,在尊严和权利上一律平等",这样的平等当然包括经济平等。在专项人权公约中,1965的《消除一切种族歧视国际公约》第5条第4款的第5项确认财产平等权,这可以认为是经济平等权的直接体现。《消除一切种族歧视国际公约》第5条要求各缔约国,"承诺禁止并消除一切形式种族歧视,保证人人有不分种族、肤色或民族或人种在法律上一律平等的权利",这些权利包括"单独占有及与他人合有财产的权利"。

二、经济平等权的层次

经济平等权可以分为两个层次,一是经济活动中主体地位的形式平等,二是经济权利享有中的实质平等。

第一个层次的经济平等是起点上的形式平等。现代市场经济的权利主体是平等的理性人,经济主体之间不得存在歧视或特权,只有这样才能激发主体的创造性。洛克在《论平等》中详细地说明了人的平等权利的具体方面,他认为最根本的平等权就是每个人都拥有不可剥夺的私有财产权。但是这种自由平等权不是自然经济时代的"农民式的平均主义",而是对人们在

---

① 〔英〕诺曼·巴里著:《福利》,储建译,吉林人民出版社2005年版,第46页。
② 杨春福著:《自由·权利与法治——法治化进程中公民权利保障机制研究》,法律出版社2007年版,第280页。

获取财富的机会、规则上的平等自由选择,其基本手段就是普遍规则下的有序竞争。因此,市场经济条件下的平等克服了过去时代的人对人的依赖关系和平均主义域境的两个局限,为经济自由、平等的真正实现奠定了基础。"很显然,在现代市场经济条件下,机会均等本身是一种价值。它使一种制度在形式上具有正义性,因而也就具有了合法性。"①现代各国宪法基本上都承认公民在法律上的平等地位,这是经济平等权的起点。

经济平等既要保证起点的平等,又要顾及结果的平等,因而第二个层次的经济平等是指经济权利享有中的实质平等,这种平等考虑到了不同主体之间的现实差距,否则仅仅要求形式的平等结果只能是"弱肉强食"。一个充分保障人权的社会经济结构应该能够通过自身的机制纠正或补偿社会中的不公正。无论是亚里士多德的伦理学,还是古罗马法,抑或是现代法律,都极力主张"矫正正义"。"矫正正义"是指社会必须有某种机制来消解复杂社会生活中必然存在的困难以及不均衡甚至严重失调状况,以实现社会的基本正义。现代人权观念的基础是保障人的尊严,当社会存在极端的社会经济差异时,对于处于社会底层的那些人,何来尊严。在风险社会下,这种矫正正义尤其显得重要。经济平等对国家的要求就是建立比较公正的社会分配机制和社会保障机制。社会分配机制可以避免社会的严重分化和地区不平衡,而社会保障则是实现社会弱者经济权利的补救措施。

三、经济平等权的保障

在市场经济中,公民个人的经济平等权应该得到国家的保障,具体来说以下几个方面值得重视:一是平等的工作权,就业是公民获得经济来源的主体途径,反对就业歧视是经济平等权的重要保障措施;二是平等保障财产权,不得因主体的不同而区别对待;三是平等获得基本社会保障,也就是能维持适当生活水准,在非个人化的市场力量的背景下,个人很难或无法控制其命运,因此适当生活水准的维护是公民人格尊严平等的需要。

此外,基于经济公平的需要,在法律上对不同经济主体的行为进行倾向性限制也是必需的,比如消费者权益保护法对消费者进行倾斜保护,制定有关对消费者经济自由加以保障以及对生产者经济自由加以限制的规定也是符合经济正义原则;还比如劳动立法对劳动者权益的倾向保护亦是如此。

---

① 吴育林:《论市场经济的自由与平等价值》,载《社会科学家》2006年第7期。

第三节 财 产 权

一、财产权的内涵

财产权是最重要的、最基本的经济权利,但在人权的划分中,财产权既不能完全归入公民与政治权利,也不能完全划入经济权利。① 财产权可以分别归入这两大类人权的分类之中。从历史上看,财产权与公民自由密切相关,但财产权又具有很强的经济含义,因此,人权中经济权利的兴起首先从财产权的重视开始。

从权利的角度理解财产权,可以是民法(或私法)意义上的,也可以是宪法(或公法)意义上的。在民法意义上,财产权的起点和核心是所有权,即主体对客体的占有、使用、收益、处分的民事权利。民法上的所有权概念在20世纪初得以扩张,包括了传统的所有权、债权、继承权、知识产权以及其他私法上的权利,或者称为"任何具有财产价值的私权利",它们与身份权、人格权等人身权并列,构成民法权利体系。在公法意义上财产权与平等权、自由权相并列,构成人权法和宪法基本权利体系,人权法或宪法上财产权的意义在于形成公法意义上财产权的特别排他性。由宪法确认财产权,首先划定了公民财产免于侵犯的私人领域,目的是为了防范国家公权力对人民财产权的侵害。"民法所有权的一般排他性建立了针对一般他人的防御和保护,宪法财产权的特别排他性则建立了针对国家和政府的防御和保障。"②其次,宪法划定财产权为立法机关建立财产权的具体制度和公民利用这一权利来防止非法侵犯提供准则。从私法意义上所有权的一般排他性到公法意义上财产权的特殊排他性,财产权制度变得更为完整,也具有明确的人权和宪政意义。《世界人权宣言》第17条规定:"人人得有单独的财产权以及同他人合有的所有权。""任何人的财产不得任意剥夺。"人权中经济权利的最直接表现就是公民的财产权,公民的财产权得到保障才能真正实现经济权利。

二、财产权的人权特性与人权价值

作为一种经济权利,财产权除了具有一般的民事权利特征外,还具有更

---

① 有关财产权划分的理论争议,参见〔芬兰〕C.克洛斯:《财产权》,载〔挪威〕艾德等主编:《经济、社会和文化权利教程》(修订第二版),中国人权研究会组织翻译,四川人民出版社2004年版,第157页。

② 肖金鸣、冯威:《公民财产权的制度化路径》,载《法学论坛》2003年第2期。

多的人权性特征,具体包括:(1)财产权是实现基本人权和经济自由的基础。生命权是一切权利的源泉,财产权则是实现这些人权的工具,一个更加普遍的财产权,有助于每个人具有体面的生活水准以及有尊严的生活。没有财产权,也就无法自由参与经济活动,市场经济也无法发展起来。(2)财产权不可转让不可剥夺。基本人权意义上的财产权与主体的人身不可分离,它是人所固有的,只是在宪法产生后为宪法所确认和规定。"全体公民据此可以普遍享有对物的排他的、不可转让的、不可剥夺的支配权。"①这里需要指出,在人权意义上的财产权是一种抽象意义上的基本人权,"作为基本人权,财产权并不明确地指向某一个具体客体,一个人不因为暂时没有财产而失去取得、占有、收益、处分财产的资格。"因而财产权具有排他性,不可转让,不可剥夺。② (3)财产权具有普遍性和平等性。人人生而平等,人人生而具有造物主赋予的某些不可转让的权利,对这些与生俱来的权利,每个公民应受到同样的对待,财产权也不例外。作为一种资格与自由,财产权旨在保障公民有平等的发挥自己才智去享有、获取以及处置财产的机会。它不以实际占有财产为条件,只与各人的公民身份有关,但与身份的贵贱、地位的高低和能力的大小无关,与实际占有财产的多寡无关。因此,人权意义上的财产权是全体公民普遍、平等享有的。(4)作为人权的财产权具有抽象性。人权意义上的财产权是一种抽象的基本权利,保障并实现财产权是政治、经济和文化生活的根本原则和价值理念,因此其内容具有高度的抽象性。作为人人都享有的普遍资格,财产权的意义在于确定其在人权内容中的重要地位,至于怎样详细保护却不是人权法中财产权的旨趣所在,这个任务由各国宪法完成。

财产权要求各国通过宪法承认它是公民享有的自由和基本人权,并确立这种自由不得遭受不法的与不合理的侵害,这种保护具有重要的人权价值。首先,保障财产权是促进经济繁荣的基本要求。在市场经济条件下,保障个人财产权,个人才能自由地利用自己的资源去追求利润最大化,从而在市场交换作用下,促进经济的繁荣。其次,财产权是实现生命权、自由权的基础。财产权与生命权、自由权一道,构成公民最基本的三项权利。财产权意味着个人在社会范围内自治的正当性,意味着个人有权支配在私人领域内属于个人的物品,意味着个人能够通过自己的劳动成果来维持自己的生存,意味着个人不得被强迫为他人提供生活必需品,也意味着个人不得为了生活而丢失人格尊严。再次,财产权保障是限制国家公权力的需要。米塞斯曾经说过:

---

① 赵世义:《论财产权的宪法保障与制约》,载《法学评论》1999年第3期。
② 何士青、王涛:《论财产权是一项基本人权》,载《求索》2004年第1期。

财产权为个人创造了一个不受国家控制的领域,限制了政府的行动范围及统治者的专横意志。财产权是抵制统治权力扩张的最牢固的屏障,是市民社会和民间政治力量赖以植根和获取养料的土壤,它对人类的一切精神和物质文明的巨大进步产生了深远的影响。财产如没有保障,那就意味着政府权力可以直接对社会财富进行转移,导致社会经济的发展出现停滞甚至倒退的局面;而且国家权力总是指向财产的,如果不承认私人财产权,国家权力就缺少物化的制约力量,腐败就将横行无忌。

三、财产权在国际公约中的体现

资产阶级启蒙思想家的努力使财产权成为宪法中保证的一项基本权利,在各国的国内得到确认。但财产权作为一项基本人权的国际确认却是在20世纪以后完成,而且,有关财产权的争议,也影响了财产权在国际人权法上的确认。在现代国际人权法的形成过程中,以美国为代表的许多西方国家,倾向于声明对财产权的有力保护,而当时的社会主义国家和第三世界国家则强调财产的社会功能,允许以公共利益的名义对财产权进行广泛的干涉。由于这种争议,再加上财产权的双重特性,导致很多国际人权公约都没有规定财产权。

在国际人权法中,1948年12月10日,联合国大会通过了《世界人权宣言》。这个宣言把人权概括为"人人享有言论和信仰自由并免于恐惧和匮乏"的权利。关于财产权,《世界人权宣言》第17条规定(一):"人人得有单独的财产权以及同他人合有的所有权。(二)任何人的财产不得任意剥夺。"但在后来国际人权公约的起草过程中,由于意识形态的影响,财产权并未能直接写进国际人权公约。1966年12月9日,联合国大会通过了《经济、社会和文化权利国际公约》和《公民权利和政治权利国际公约》,这两个人权公约的"序言"和"第一部分"都宣称:只有在创造了使人可以享有其经济、社会及文化权利,正如享有其公民和政治权利一样的条件的情况下,才能实现自由人类享有免于恐惧和匮乏的自由的理想。《公民权利和政治权利国际公约》着重在"免于恐惧"之权,宣布人人有生存权、人身自由、人身安全、思想和信仰自由、发表意见的自由、集会结社自由,等等,没有明确涉及"财产权"。《经济、社会和文化权利国际公约》着重在"免于匮乏"之权,宣布人人有工作权、休息权、免于饥饿权、住房权、受教育权、享受文化生活权、享受医疗权等等。两个公约都没有提到"财产权",更没有"保护私有财产""私有财产不可侵犯"的条文。而且,由于财产权的双重属性,《欧洲人权公约》在起草过程中,一些人批评财产权无法得到立即保障(在缺乏其他经济权利的情况下),

所以1950《欧洲人权公约》也没有规定财产权。

　　虽然财产权在两大人权公约中没有获得认可,但在一些区域性人权公约和一些专项人权公约中仍然得到确认。1969年的《美洲人权公约》中,第21条对财产权进行规定:"(1)人人都有使用和享受财产的权利。法律可以使这种使用和享受服从社会利益。(2)不得剥夺任何人的财产,但因公用事业或者社会利益等理由以及法律规定的情况和按照法律规定的形式,给予正当赔偿的情况除外。(3)高利贷和任何其他人剥削人的形式都应当受到法律的禁止。"不过,必须要注意的是,《美洲人权公约》将财产权划入了公民权利与政治权利,因为本公约只有一个条文(第26条)简单提出了不断发展经济、社会和文化权利。1981年的《非洲人权与民族权宪章》也在第14条规定了财产权:"财产权利应受到保障。除非为了公共需要或者为了整个社会的利益并依照适当的法律规定,否则不受侵犯。"这里强调了财产权不受侵犯。在专项人权公约中,1965的《消除一切种族歧视国际公约》第5条第4款的第5项确认了财产权,本条要求"承诺禁止并消除一切形式种族歧视,保证人人有不分种族、肤色或民族或人种在法律上一律平等的权利,"这些权利包括"单独占有及与他人合有财产的权利"。1979年的《消除对妇女一切形式歧视公约》第15条要求缔约国保证"特别应给予妇女签订合同和管理财产的平等权利,并在法院和法庭诉讼的各个阶段给予平等待遇"。

　　20世纪90年代以来,随着世界政治局势和意识形态的变化,财产权获得了更多国际人权文件的认可。2003年生效的《保护所有移徙工人及其家庭成员权利国际公约》第15条规定:"移徙工人或其家庭成员的财产,不论个人所有或与他人共有,不应被任意剥夺。"2000年制定的《欧洲联盟基本权利宪章》在第17条明确规定了财产权:"人人均享有拥有、使用、处分与遗赠其合法取得的财产之权利。除了基于公共利益、符合法律规定条件及情形,并于合理期间内适当补偿损失,否则不得剥夺个人财产。为公共利益之需要,法律可以规制个人财产的使用。"①这和以前的《欧洲人权公约》有了很大区别。

　　从财产权的人权法变迁来看,随着意识形态变化,财产权作为基本人权已经获得了国际人权法的认可,成为最基本、最重要的经济权利。而且,在国际人权法的发展中,财产权开始变得宽泛,欧洲人权法院在对《欧洲人权公约》第一议定书第1条进行术语界定的时候就"指示了一个非常广泛的财产

---

① Charter of Fundamental Rights of The European Union,2000/C 364/01,Article 17:Right to property.

权利范围",财产权"当然并不局限于对物质上的拥有:构成资产的特点,一些其他权利和利益也可以被看做'财产权利'"。①《欧洲联盟基本权利宪章》第 17 条有关财产权的第 2 款也同样规定:"知识产权(或译为智慧财产权)应受到保护。"

四、财产权的保障

1. 国家保障财产权的基本义务。

经济权利保障中,国家义务具有重要的作用,而且,国家义务主要有消极和积极两种分类。从国家的尊重义务来看,国家保障财产权方面的消极义务是不干涉、不侵犯公民合法的私有财产。国家不干涉公民私人的财产权是实现经济自由的基本前提。国家保障公民财产权除了消极义务,还有积极义务的要求,至少经济平等权的实现有时需要国家采取积极措施。国家的积极义务包括两个层面:第一个层面是国家保障公民的财产权不受任意第三方的非法干涉,这个层面的义务为国家积极提供社会服务的要求,各国立法对侵犯财产权犯罪的惩罚即为此义务的直接体现;第二个层面的义务为直接提供义务,为了实现财产权以及财产权的社会功能,每个人应该享有一定的满足基本生活需要或实现有尊严生活的财产,这里财产的获得依赖于国家的社会保障和直接援助机制。

2. 财产权保护的主要措施。

作为最基础的经济权利,财产权的保障对于经济权利实现的重要性自不待言。根据《经济、社会和文化权利国际公约》对国家义务的要求,以及其他国际公约有关财产权的一些规定,本书认为,对经济权利中财产权的保障主要有以下几个应注意的问题:首先,宪法、法律应该规定公民有权自由使用、收益、处分其财产,排除他人的干涉;其次,国家征收、征用公民财产须为公共利益,且必须依法给予公平补偿;再次,国家机关及其工作人员违法侵犯公民财产权的,应负赔偿责任;最后,私人不得非法侵害他人财产权,否则应负相应的法律责任,国家应该对责任者加以追究。

3. 财产权的限制与补偿。

从私人的角度,侵犯别人的财产权必须进行赔偿,这已经获得各国法律的基本认可,因此人权法对于私人侵犯财产权的问题关注并不多。由于财产权可能遭受的最大侵害来自公权力,因此,财产权的剥夺与补偿主要关注国

---

① 〔英〕克莱尔·奥维,罗宾·怀特著:《欧洲人权法:原则与判例》,何志鹏、孙璐译,北京大学出版社 2006 年版,第 414 页。

家的行为。在国际人权法上,《经济、社会和文化权利国际公约》第17条规定"任何人的财产不得任意剥夺",欧洲人权法院对财产的剥夺进行了解释,"财产剥夺的实质是所有人的合法权利的消灭"①,财产权剥夺的范围可以很广泛,国家在很多情形下都面对如何对公民财产进行限制与补偿的问题。

从权利的角度,任何权利都有一定的限度,《世界人权宣言》第29条第1款规定:"人人对社会负有义务,因为只有在社会中他的个性才可能得到自由和充分的发展。"财产权也是如此,公民应忍受因为公共利益而对其财产所施加的限制。因公共利益需要,财产权可能受到的常见限制包括:(1)纳税。纳税公民获得国家保护所必须付出的对价,也是政府提供公共服务的需要。(2)罚款、没收等制裁性措施。对于违法或犯罪方式获得的财产,国家可以也应当加以限制甚至剥夺。(3)征收与征用。征收是指国家基于公共利益需要,在给予公平补偿之后,强制剥夺特定公民的财产权;征用是指国家为了公共利益需要暂时性地限制或剥夺特定公民的财产权使用权,征用完毕应予以归还并补偿的行为。(4)国有化。指将私人所有的财产直接收归国家所有,这在各国法律实践上都产生巨大争议。

财产权的限制中,各国立法基本都规定,纳税以及国家的罚款、没收等行为不需要补偿,而征收、征用以及国有化涉及补偿问题,这是平衡公共利益和个人财产权保障之间关系的需要,也是限制政府权力的需要。《世界人权宣言》第29条第2款规定:"人人在行使他的权利和自由时,只受法律所确定的限制,确定此种限制的唯一目的在于保证对旁人的权利和自由给予应有的承认和尊重,并在一个民主的社会中适应道德、公共秩序和普遍福利的正当需要。"从征收条款的规定来看,征收或者征用国家权力受到以下几方面的限制:(1)公共利益的限制。国家立法应该对公共利益进行比较明确的界定,这是避免政府滥用权力、随意借口公共利益进行征收、征用的需要。一般而言,公共利益应当是特定的、明显的、经过慎重选择的公共利益。(2)法律程序的限制。国家的征收、征用行为应该符合法律事先规定的法律程序,并在必要时允许公民提出异议。(3)补偿的限制。这里的公平补偿应当是依据法律和市场估价进行的公平补偿,由于公共利益存在解释和认定上的困难,因此,依据市场定价形成的公平补偿是对征收权力所施加的最有效限制。

---

① 〔英〕克莱尔·奥维,罗宾·怀特著:《欧洲人权法:原则与判例》,何志鹏、孙璐译,北京大学出版社2006年版,第423页。

第四节 工 作 权

一、工作权概述

(一) 工作权的含义

工作权,中国法律语言中一般称为劳动权,对于工作权,可以有不同的理解。有将工作权理解为"工作者的权利"(Workers' Rights),即劳动者所享有的一切权利,这种理解下的工作权范围最为广泛。有的将工作权等同于"工作的权利"(right of work),即获得一份适当的工作的权利。例如,我国《宪法》第 42 条规定:"中华人民共和国公民有劳动的权利和义务。"这里即就业的权利,这是比较狭义的理解。还有将工作权囊括那些具有人权属性的劳动者权利,包括团结权、集体协商权、集体行动权、社会保障权等权利(the right to work),在《经济、社会和文化权利国际公约》中就是这种用法。本章所讲的"工作权",也采用这种理解,工作权不仅是经济社会权利的核心,也是基本人权的核心,尊重和保护公民的工作权已经受到现代法治国家的普遍重视,并相继载入各国宪法。因此,经济权利中的工作权包括狭义的工作权以及工作中的权利,具体包括劳动就业权、劳动报酬权、劳动保护权、休息权、组织参加工会权、罢工权等。

从工作对个人和社会的重要意义而言,每个有工作能力的人都应该从事合适的工作,但这并不意味着国家要为每个公民提供一份工作或强迫某人去从事特定工作。在人类社会目前的发展水平下,各国普遍实行市场经济制度,以经济自由和经济平等为基本理念,任何国家都无法保证人人都有工作,而且也没有必要绝对做到这一点。因而工作权在自由权意义上的要求是国家因采取适当的措施为公民就业创造条件使其能获得工作的机会。"广义的工作权的规范内容经常被错误地等同于就业权或被给予工作的权利。这一倾向从道德和法律角度讲都是有害的,它反映在强调实现事实上的充分就业的思想观念中,可能使工作权变为人人获得工作的权利。这真是典型的所谓'真正社会主义'国家的态度,在经济国有化的情况下,这些国家基于合理的经济考虑,以就业为代价,实际上提供大量的就业机会。结果,以充分就业为导向的政策导致就业过多和经济效率低下。"[①]结合《经济、社会、文化权利

[①] 〔波兰〕K.杰维茨基:《工作和工作中的权利》,载〔挪威〕艾德等主编:《经济、社会和文化权利教程》(修订第二版),中国人权研究会组织翻译,四川人民出版社 2004 年版,第 192 页。

国际公约》第6条第2款的规定,这里的"工作权"应该是指获得就业机会的权利,而不是每个人必须获得工作的权利。

(二) 工作权的属性

工作权对个人和社会都具有重要的意义,因此,工作权的权利和义务属性明显并存。"工作权利是实现其他人权的根本所在,并构成人的尊严的不可分割和固有的一部分。每一个人均有工作的权利,使其生活的有尊严。工作权利同时有助于个人及其家庭的生存。从能够自由选择和接受工作的角度出发,这一权利有助于个人的发展和获得所在社区的承认。"①就人类的个体而言,工作是每个人谋生的手段,是个体生存权的基本保障,所以工作权是一项基本人权。就国家和社会而言,工作或劳动是国家和社会赖以生存和发展的基础,是一切物质财富和精神财富的渊泉,是"人的价值、社会需求以及自我实现和人的个性发展的手段"。② 因此,不同社会都摒弃不劳而获的思想,工作此时又成了人人应尽的义务。但工作权的义务属性更多体现了一种集体伦理的要求,无法形成直接强制,这一点从国际人权法禁止强迫劳动体现出来。

正由于工作权的重要意义,因此工作权的人权属性也非常明显。人权属于人的固有权利,既不是制定法所授予的,也不能由制定法所剥夺,工作权是基于生存和发展衍生出来的一类权利。每个劳动者都是社会的一个成员,都通过组成社会而为全社会作出了贡献。因此,社会的每一个参加者都有权要求社会为其创造工作条件,并获得公正对待。保障劳动者获得工作上的公正对待,主要包括两个方面:一方面是在劳动者具有劳动能力的情况下,首先应当保障劳动者获得一份工作,并保障通过工作所应该获得的权利,如获得足够的收入、允许组织工会或集体谈判等。这是工作权的自由属性所衍生出的要求。另一方面,在劳动者因为年老、患病、工伤、失业、生育等原因造成收入减少甚至完全丧失的情况下,工作权的人权属性要求劳动者有权从国家和社会获得必要的物质帮助和补偿,此即劳动者的社会保险权和社会保障权。这些要求体现了工作权的积极权利属性。

二、工作权的权利内容

1948年《世界人权宣言》第23条规定:"(一) 人人有权工作、自由选择

---

① General Comment No.18 of CESCR(2005), Para.1.
② 〔波兰〕K. 杰维茨基:《工作和工作中的权利》,载〔挪威〕艾德等主编:《经济、社会和文化权利教程》(修订第二版),中国人权研究会组织翻译,四川人民出版社2004年版,第182页。

职业、享受公正和合适的工作条件并享受免于失业的保障。(二)人人有同工同酬的权利,不受任何歧视。(三)每一个工作的人,有权享受公正和合适的报酬,保证使他本人和家属有一个符合人的尊严的生活条件,必要时并辅以其他方式的社会保障。(四)人人有为维护其利益而组织和参加工会的权利。"这条规定被认为是工作权范围的核心界定。《经济、社会和文化权利国际公约》中对工作权的相关规定集中体现在第三部分的第 6、7、8、10 条。经济、社会和文化权利委员会在 2005 年的第 18 号一般性意见中对《经济、社会和文化权利国际公约》中的工作权的范围进行说明。委员会认为,公约第 6 条从总的方面阐述了工作权利,是一个总纲性的条款,第 7 条通过承认人人有权享受公正和良好的工作条件,尤其是有权享有安全的工作条件,明确引申了工作权利的个人内涵,具体分为最低限度工作报酬、男女同工同酬、工作条件以及休息、休假的具体标准。第 8 条阐述了工作权利的集体内涵,它阐明了人人有权组织工会和参加所选择的工会,并由其使工会自由运作。第 10 条规定了对妇女和儿童、少年的工作权的特殊保护。而《欧洲联盟基本权利宪章》则在第四章"团结"中规定了工作权的相关内容,包括获得资讯与协商、集体协商与行动、免费获得职业介绍、公正合理的工作环境、休息及带薪休假等相关权利。①

从《世界人权宣言》和《经济、社会和文化权利国际公约》中我们可以归纳出以下各种具体的工作权利:

(1)就业权。可以进一步分为工作获得权、自由择业权、享受公正和合适工作条件权,等等。从公约的规定以及一般性意见来看,本项权利的重心在于平等地自由选择职业,并且免于强制劳动。《经济、社会和文化权利国际公约》第 6 条就规定了就业自由权以及国家的渐进性义务。《欧洲联盟基本权利宪章》第 29 条就规定"人人有免费获得职业介绍的权利"。

(2)获得报酬权。这里包括获得公平报酬权、男女同工同酬权和最低报酬权。有人认为劳动权不包括获得报酬权。"劳动权作为基本权利,应当由公民向国家来主张。但是,我国传统上将取得报酬权作为劳动权的一部分,这势必产生疑问,即劳动者之中除了作为国家雇员的劳动者之外,其余的作为私企业或私团体雇员的劳动者如何来向国家主张其报酬? 由此可见,劳动权的内涵不可能包含请求劳动报酬的内容,否则将与基本权利的 Addresser (相对人)理论产生矛盾。"②笔者认为这是对工作权过于狭隘的理解,工作权

---

① Charter of Fundamental Rights of The European Union,2000/C 364/01, Chapter IV:Solidarity.
② 王锴:《我国宪法上的劳动权和劳动义务》,载《法学家》2008 年第 4 期。

是需要国家加以保障基本人权,但"缔约国的主要义务是确保行使工作权利的逐步实现"①,这里的义务是创造就业机会之类的义务。从另一个方面来看,工作权毕竟还包括自由权属性,通过工作获得财产也是工作自由的应有之义。

(3) 职业安全权。职业安全属于人身安全的范围,是人身安全在职业劳动中的要求和体现。劳动者既可以要求用人单位提供安全、卫生的劳动条件,又可以拒绝用人单位在不提供安全卫生的工作环境和条件时为其工作。

(4) 团结权与集体协商权。团结权和集体协商权是一种劳动关系自治的形式,是劳动者通过自身的力量向劳动使用者争取公平劳动条件的必要条件。工人个体力量弱小,为了提高维权的影响力,必须结合起来,于是组织参加工会就获得了国际人权法的认可。工会是工人自愿结合的民间性组织,参加和组织工会是公民的合法权利,也是集会、结社自由的直接体现。

(5) 罢工权。《经济、社会和文化权利国际公约》第8条规定工人的罢工权利,"有权罢工,但应该按照各个国家法律行使此项权利。"绝大部分国家在其宪法和劳动法规中都有罢工权的规定。为了保证工人团结权和集体协商权的实现,工人有集体行动权,即采取罢工、怠工等集体争议行为的权利。

(6) 休息权。休息权是确保劳动者恢复体力,实现个人全面发展的权利,是确保劳动的人道性和伦理性所必需的,是现代文明社会的标志。国际劳工组织也在多个国际公约和文件中对此加以确认。

(7) 失业保险权。工人在市场竞争中总是存在着失业的风险,因此为了保障个人的生存不受影响,必须具有失业保险,这是维护生存权的需要。当然,失业保险与一般的社会保障权具有差异,失业保险是经济自由带来的风险的一种防范,不具有普遍的必然性,对国家也没有直接的义务要求;而社会保障权实际上是工作权之外的保障权利,是在无法工作时对公民的一种辅助措施,这种辅助是为了保障公民能获得最低限度的生活水平。《世界人权宣言》第23条规定:"每一个工作的人,有权享受公正和适合的报酬,保证使他本人和家属有一个符合人的尊严的生活条件,必要时并辅以其他方式的社会保障。"这里其实是严格意义上的社会权内容,而不是本书所说的经济权利。

三、工作权保障的国家义务

经济、社会和文化权利委员会在2005年的第18号一般性意见中指出,

---

① General Comment No.18 of CESCR(2005), Para.19.

"从事各种形式和各种水平的工作要求存在下列相互依存和必不可少的要素,其执行取决于每一缔约国目前的条件。"而保障工作权实现的具体要素包括:(1)可提供性(availability),缔约国必须拥有专门的服务,以协助和支持个人,使他们能够找出并找到现存的就业;(2)可获取性(accessibility),劳务市场必须向缔约国管辖下的所有人开放;(3)可接受性和平等性(acceptability and quality),保护工作权利有若干个组成部分,尤其是工人享有正当和有利的工作条件,特别是安全工作条件的权利,组织工会的权利和自由选择和接受工作的权利。① 与这些要求相适应,缔约国也有多个层次的义务。

第一层次,一般性法律义务。如同所有人权一样,工作权利给缔约国规定了三种类型的一般性义务:遵守义务、保护义务和履行义务。它意味着,缔约国应当采取恰当的立法、行政、预算、司法和其他措施确保逐步全面实现。缔约国除了逐步实现的义务,还包括立即执行的义务,比如保证行使工作权利而无任何歧视和采取步骤充分实现公约第 6 条的义务,要"尽可能迅速和有效地"全面实现第 6 条的内容,原则上不应采取倒退措施。

第二层次,具体的法律义务。(1)缔约国有义务遵守工作权利,尤其是通过禁止强迫或强加劳动和避免拒绝或限制所有人平等获得体面的工作,尤其是弱势和遭边缘化的个人和群体,其中包括囚犯和在押犯,少数群体成员和移徙工人。缔约国要保护妇女和年轻人获得体面工作的权利,进而采取措施,减少歧视并促进平等获得机会。(2)缔约国要通过立法禁止雇佣 16 岁以下的童工,禁止对儿童的各种形式的经济剥削和强迫劳动。(3)缔约国有责任采取童工立法和其他措施,确保平等获得工作和培训,确保私有化措施不损害工人的利益。禁止非国家的强制或强迫劳动。(4)当个人或群体无法实现工作权利时,国家应履行(提供)义务。法律要承认工作权利,国家要制定政策和计划,包括对付失业的计划。(5)国家要提供教育,提高工作者对工作权利的认识。

第三层次,国际义务。缔约国应单独采取步骤和通过国际援助和合作,特别是经济和技术合作,全面实现《经济、社会和文化权利国际公约》承认的权利和义务,缔约国为遵守与第 6 条有关的国际义务,应在其他国家以及双边和多边谈判中促进工作权利。

第四层次,核心义务。委员会在第 3 号一般性意见(1990 年)确认缔约国的核心义务是确保达到公约所涵盖的每一项权利的最起码基本水平。就工作权利而言,这一"核心义务"包括确保无歧视和平等保护就业的义务。

---

① General Comment No.18 of CESCR(2005), Para. 12.

具体要求包括：保证获得就业的权利，尤其是弱势和遭边缘化的个人的就业权利，使他们能过一种有尊严的生活；避免这些人在私营和公共部门中遭歧视和不平等待遇；以参与和透明性的进程，通过并执行解决这些人所遇到的问题的国家就业战略和计划。

第五节 适当生活水准权

一、适当生活水准权的内涵

《世界人权宣言》第 25 条第 1 款规定："人人有权享受为维持他本人和家属的健康和福利所需的生活水准……"一般认为这条规定包含的内容就是适当生活水准权，而适当生活水准的内容"包括食物、衣着、住房、医疗和必要的社会服务"。《经济、社会和文化权利国际公约》第 11 条规定："本公约缔约各国承认人人有权为他自己和家庭获得相当的生活水准。包括足够的食物、衣着和住房，并能不断改进生活条件。"这里同样是关于适当生活水准权的规定。除了这两条之外，《儿童权利公约》第 27 条也规定："缔约国确认每个儿童均有权享有足以促进其生理、心理、精神、道德和社会发展的生活水平。"除了这些基本的规定，在有关国际人权法中都没有对适当生活水准权进行更详细的说明，所以，很多人根据《世界人权宣言》的规定认为适当生活水准权包括的内容有：适当的食物、衣着、住房，以及适当的预防和控制疾病。

关于适当生活水准权的"适当"程度，并没有一个统一的标准。笔者赞成人权学者艾德的观点，"从纯物质的角度说，适当的生活水准意味着有关社会的贫困线以上的生活。"[①]从这个意义上说，适当生活水准权带有更高的目标追求，而不限于最低限度的物质保障，是超越贫困基础上的生活。这种生活是保证《世界人权宣言》所说的"人类家庭所有成员的固有尊严及其平等的和不移的权利"的基础。"人人应该能在不受羞辱和没有合理的障碍的情况下，充分地与他人进行一般的日常交往。这特别是指他们应该能够有尊严地享有基本要求。任何人都不应生活在只能通过乞讨、卖淫或债役劳动等有辱人格或丧失基本自由的方法来满足其需求的状况之中。"[②]因此，必要的食物、衣着、适当住房与医疗是生活的必需品，从人权的保障人的尊严意义上说，这些条件必须被实现。笔者将这种权利列入经济权利的理由也在于其经

---

① 〔挪威〕A.艾德：《包括食物权在内的适当的生活水准的权利》，载艾德等主编：《经济、社会和文化权利教程》（修订第二版），中国人权研究会组织翻译，四川人民出版社 2004 年版，第 112 页。
② 同上书，第 111—112 页。

济上的特性,它是保证主体拥有较好的食物、衣服和适当住房的权利,这也是其他权利的基础。

经济发展包含着财富的增长,但其目的是为了满足人的需要,提高人的生活水准,而不是为了经济发展本身,因而维持适当的生活水准是必需的权利诉求。"适当生活水准权的出现是社会经济发展到一定阶段的产物,它反映了国家对自由放任的经济生活的一种干预。"①在中国《国家人权行动计划(2012—2015年)》中,中国政府同样提出:"保持经济平稳较快发展,调整收入分配格局,实施扶贫开发攻坚工程,完善基本住房保障制度,依法保障农民的土地权益,提高公民基本生活权利的保障水平。"适当生活水准权体现了经济权利的国家经济干预性特征,但又区别于社会权利的福利性特征。

二、适当生活水准权的基本要求

概括国际人权文件的规定,笔者认为,适当生活水准权的要求可以分四个方面。

(一)适当的食物与衣着

经济、社会和文化权利委员会在1999年的第12号一般性意见"取得足够食物的权利"中认为,适当的食物权的核心内容是指获得在数量上和质量上足以满足个人饮食需要的权利。食物不得含有有害物质并能为某一特定文化环境或消费者所接受。此外,食物还必须是可持续获得的,即具有长期的可提供性和可获取性。"当每个男子、女子、儿童,单独或同他人一道在任何时候都具备取得足够的食物的实际和经济条件或获取食物的手段时,取得足够食物的权利就实现了。"②对于衣着的要求应该以维护人的身体尊严为基本条件,在实现目标上与食物的要求应该基本相同。

(二)实足的住房

住房是保障人类尊严的基本条件之一,实足住房也是实现适当生活水准的标志。《经济、社会和文化权利国际公约》第11条第1款作为适足住房权的最重要的法律之一,已得到广泛认可。经济、社会和文化权利委员会在1991年关于"实足住房的权利"的一般性意见中认为,"实足的住房之人权由来于相当的生活水准之权利,对享有所有经济、社会和文化权利是至关重要的。"③实足的住房满足了人类对私人空间的心理与物理需求,具有重要的经

---

① 郑智航:《论适当生活水准权》,载《政治与法律》2009年第9期。
② General Comment No. 12 of CESCR(1999), Para. 6.
③ General Comment No. 4 of CESCR(1991), Para. 1.

济、社会功能。因此,实足住房的权利也为一系列国际人权文件所承认,从世界范围看,50多个国家的宪法承认了住房权。① 而且,经济、社会和文化权利委员会在第4号一般性意见中认为,"实足的住房权利适用于每个人。"而且"不能狭隘或限制性地解释住房权利,譬如,把它视为仅是头上有一遮瓦的住处或把住所完全视为一商品而已,而应该把它视为安全、和平和尊严地居住某处的权利。"②委员会认为,实足住房权的评判包括以下要求:(1)使用权的法律保障,保证使用人得到法律保护,免遭强迫驱逐或其他威胁;(2)服务、材料、设备和基础设施的提供;(3)力所能及,住房的费用不应该使其他基本需要的获得与满足受到威胁或损害;(4)适于居住;(5)机会开放,须向一切有资格享受住房的人提供实足的住房;(6)居住地点具有便利性;(7)适当的文化环境。

国家在保障实足住房权方面的基本义务是要采取一切可能的措施,包括积极的和消极的放弃某些做法的措施,尽力确认人人都有机会获得价格适当以及可接受的住房,对于弱势者,应该通过其他措施合理分配经济资源,促进住房的改善。一方面,住房权利的保障完全依赖政府提供并不现实,因此,政府必要的时候消极对待,让市场实现一些人的自助是很有必要的,这需要国家对自己的房地产政策有清醒的认识。经济、社会和文化权利委员会第4号一般性意见已经提出,国家在保障实足住房权方面,除了根据资源情况直接采取措施,有时,"正如《全球住房战略》和其他国际分析文件中所承认的那样,促进住房权利所需要的许多措施只要求政府放弃某些做法,并致力于促使受影响群体的'自助'。"③另一方面,政府的积极义务对于实现社会弱者实足住房权利也是必要的。我国在《国家人权行动计划(2012—2015年)》提出:"完善保障性住房建设、分配、管理、退出等制度。加快廉租住房、公共租赁住房、经济适用房等保障性住房建设,推进城镇棚户区改造,力争使城镇中等偏下和低收入家庭住房困难问题得到基本解决,新就业职工住房困难得到缓解,外来务工人员居住条件得到明显改善。"但对于判断这项权利是否实现来说仍非常困难,中国城市虚高膨胀的房价在多大程度上影响住房权的实现很值得思考。

此外,实足住房权利的保障也需要和其他权利配合起来实现,人权的各项权利具有不可分割性,住房权利的真正实现必须能够同时享有其他基本权

---

① 〔瑞士〕S.莱基:《实足住房权》,载〔挪威〕艾德等主编:《经济、社会和文化权利教程》(修订第二版),中国人权研究会组织翻译,四川人民出版社2004年版,第126—127页。
② General Comment No.4 of CESCR(1991), Para.7.
③ General Comment No.4 of CESCR(1991), Para.10.

利,如人身自由、言论自由、隐私权等,越来越多的国家通过宪法或法律明文规定或间接规定对住房相关权利的保障。

(三) 适当的照料

适当的生活水准除了具有食物、衣服和住房外,还需要适当的照料,这种照料对于儿童、老年人、残疾人以及那些对幼儿负有直接责任的人来说尤为重要。"适当的照料这一概念包括在发展个人,尤其是社会上的最弱群体——幼儿(特别是贫困的幼儿)和孕妇——的营养福利过程中的许多极其重要的因素。"① 联合国行政协调委员会营养小组认为,"照料是指家庭和社区提供时间、关心和支持,以满足正在成长的孩子和其他家庭成员的生理、心理和社会需要。它导致最有效地利用人力、经济和组织资源。"② 艾德先生认为,照料成了努力使妇女获得和控制资源到为适当的营养、健康、学习能力和生育下一代所必须的条件的转折点。

(四) 适当的预防和控制疾病

适当的预防和控制疾病是基本健康权的要求,这种基础性的保健工作不是为了治疗疾病,而是为了预防疾病和促进健康,这方面的满足对于实现适当生活水准必不可少。1948 年世界卫生组织建立以后,健康权在国际社会获得越来越广泛的认可。世界卫生组织的宪章确认,"不分族群、宗教、政治意见、经济或社会条件,享受高标准的健康是基本人权之一。"《经济、社会和文化权利国际公约》第 12 条规定,缔约国承认人人均享有健康的权利,并在该条第 2 项特别规定了四个需要国家充分落实的领域:减低死胎率和婴儿死亡率,使儿童得到健康的发育;改善环境卫生和工业卫生的各个方面;预防、治疗和控制传染病、风土病、职业病以及其他的疾病;创造保证人人在患病时能得到医疗照顾的条件。1978 年 9 月,世界卫生组织和联合国儿童基金会联合在苏联的阿拉木图主持召开国际初级卫生保健大会,通过了著名的《阿拉木图宣言》,明确了初级卫生保健是实现"2000 年人人享有卫生保健"全球战略目标的基本途径和根本策略。《阿拉木图宣言》提出,基本健康照顾是国家义务落实的关键,"政府为其人民的健康负责……使所有人民享有能使他们过着社会及经济富裕生活的健康水平应是今后数十年内各政府、国际组

---

① 〔挪威〕A.艾德:《包括食物权在内的适当的生活水准的权利》,载艾德等主编:《经济、社会和文化权利教程》(修订第二版),中国人权研究会组织翻译,四川人民出版社集团、四川人民出版社 2004 年版,第 113 页。

② 同上书,第 114 页。

织及整个国际大家庭的一项主要社会性目标。"①1979年的联合国大会和1980年的联合国特别会议,分别表示了对《阿拉木图宣言》的赞同,使初级卫生保健活动得到了联合国的承诺。基本健康照顾是国家在保障健康权方面的主要义务,也是实现适当生活水准权的必要条件之一。

经济、社会和文化权利委员会在第14号关于"享受能达到的最高健康标准的权利"的一般性意见中指出,"健康权与实现国际人权宪章中所载的其他人权密切相关,又相互依赖……"②而且,委员会认为,"健康权包括多方面的社会经济因素,促进使人民可以享有健康生活的条件,包括健康的基本决定因素,如食物和营养、住房、使用安全用水和得到适当的卫生条件、安全而有益健康的工作条件,和有益健康的环境。"③根据《经济、社会和文化权利国际公约》以及其他相关文件,基本健康保障至少应该包括以下内容:(1)卫生防控的宣传与措施计划;(2)妇幼保健;(3)重要传染疾病的防疫与治疗;(4)地方性疾病的防疫与治疗;(5)基本医疗条件与必要药品的提供;(6)基本食物供给及合理营养计划,食物匮乏是导致健康状况下降的直接原因;(7)安全饮用水及基本卫生设备的提供;(8)有益健康的住房生活环境,(9)有益健康的工作环境。

三、适当生活水准权的评价与救济

尽管适当生活水准权作为一个人权概念已经获得认可,但是由于人们对生活质量存在着不同的看法,适当生活水准便也存在着不同的标准。在经济学理论中,"经济学家对生活水准的理解主要有两种,一种是主流经济学家的理解,相应的衡量标准是单一的人均收入或人均实际收入指标,另一种是阿马蒂亚·森等人的理解,相应的衡量标准则是多元指标体系,例如人类发展指数。"④从人权的角度来说,经济发展或经济收入确实是提高生活水准的途径,但不是衡量标准,经济发展包含着财富的增长,但其目的是为了满足人的需要,提高人的生活水准,而不是为了经济发展本身。阿马蒂亚·森总结认为,生活水准之所以并不等同于一种富裕的水平,是因为"生活水准毕竟直接与一个人的生活相关,而不是直接与一个人的生活资源和谋生手段相关……最终,我们的关注焦点不得不放到:我们究竟过的是什么样的生活,我

---

① WHO, Declaration of Alma-Ata, Intenational Conference on Primary Health Care, Alma-Ata USSR, 1978.
② General Comment No. 14 of CESCR(2000), Para. 3.
③ General Comment No. 14 of CESCR(2000), Para. 4.
④ 徐大建:《论生活水准作为经济发展的衡量标准》,载《上海财经大学学报》2007年第5期。

们能做什么不能做什么,能成为什么不能成为什么。"总而言之,"生活水准真正说来,是一个功能活动和可行能力的问题,而与富裕、商品或效用没有直接的关系。"①按照阿马蒂亚·森的观点,对适当生活水准权的评价也应该是一个综合、多元的标准体系。就适当生活水准权而言,一国采取何种适当标准的确受到了国民收入再分配的影响,各个国家也不可能完全相同,不过阿马蒂亚·森强调的以"功能活动"和"可行能力"作为标准具有一定的参考性。适当的食物、衣着、住房和适当的疾病控制与预防是实现人作为自然人的功能的需要,也是人发展其自身各种能力的需要,国家在适当生活水准方面的积极作用应该以能实现人的能力发展为基准。

和其他经济权利一样,适当生活水准权的救济可以分为外部救济和内部救济,外部救济主要依靠经济、社会和文化权利委员会的相关作用,内部救济则依靠各国国内资源分配政策和相关立法。而内部救济中,司法救济的作用不可忽视,所谓适当生活水准权的司法救济,主要是将政府与国家侵犯适当生活水准权的行为提请相关的宪法法院或者专门法院,以通过宪法诉讼的方式来维护公民的适当生活水准权。作为内部救济模式,适当生活水准权的司法救济以国家或政府违背其应尽义务为前提,从这种意义上讲,法院在救济过程中所起的主要作用不是去检验适当生活水准权的"适当标准"本身是否具有合法性,而在于基于现有立法裁判政府是否兑现了法律中的承诺。有学者认为,适当生活水准权是一项让人免予遭受物质匮乏的权利,它包含着合理的政策请求权和合理的生存资料请求权两种请求权。② 所谓合理的政策请求权是在法庭上请求国家(主要包括立法机关和行政机关)在其可利用的资源范围内采取合理的立法和其他措施的权利;如果认为国家采取的措施不合理,那么个人也可以要求法院予以审查。所谓合理的直接的生存资料请求权,即个人在生存状况受到威胁时,向政府直接请求生存资料的权利。倘若政府不提供,个人有权向宪法法院提起诉讼。这两种请求权虽然性质上存在差异,但确实都赋予了公民以司法救济请求权。

---

① 〔印度〕阿马蒂亚·森等著:《生活水准》,徐大建译,上海财经大学出版社2007年版,第19—20页。
② 郑智航:《论适当生活水准权》,载《政治与法律》2009年第9期。

第七章　经济权利在中国

中国在改革开放后的三十年中,市场经济不断完善,经济建设取得巨大成就,国家经济实力的提升为保障经济权利提供了坚实的物质基础,消除了饥荒,人民收入和生活水平不断提高。随着宪法以及各种具体法律制度不断完善,我国又加入了《经济、社会和文化权利国际公约》,中国经济权利保障的制度体系基本建立。当然,中国的经济权利状况仍然存在许多问题,这是必须面对和需要改进的现实。本章即对中国经济权利保障的成就、存在的问题以及未来的改进进行简单探索。

第一节　中国经济权利的宪法保障及不足之处

一个国家的法律制度,尤其是其中的宪法规定对于经济权利保障具有重要的意义。中国现行宪法以及其他法律制度对经济权利作了比较详细的规定,保障经济权利的制度体系基本成形,但也存在很多问题。宪法是国家的根本法,不管是成文宪法还是不成文宪法,对于保护公民基本权利都具有重要的作用,只是从目前各国宪法规定来看,"在宪法资料中查找'经济权利'的定义是一件让人厌烦而沮丧的工作,评论者在对宪法以及其他法律进行讨论和批判时多次提到经济权利的定义,但宪法的立法者们却很少提及。"①在宪法规定中,明确经济权利作为一项宪法权利并规定其宪法内容的,到目前为止还没有看到比较好的立法实例。"分散在宪法文本中的'经济权利'只能在宪法解释意义上被视为与'经济权利'相关的权利。迄今为止,理论界和宪法制度上对'经济权利'还缺少整体意义上的宏观把握和结构性描述。"②在中国也一样,目前中国宪法中并未直接出现"经济权利"这一个术语,但这不代表中国宪法中没有经济权利方面的规定,除了宪法之外,中国的其他法律中也有非常多保障经济权利的规定。

---

①　〔英〕特伦斯·丁提斯:《经济权利的宪法保护》,潘新艳译,载张庆福主编:《宪政论丛》(第4卷),法律出版社2004年版,第562页。
②　莫纪宏著:《实践中的宪法学原理》,中国人民大学出版社2007年版,第280页。

一、新中国经济权利的宪法保障历史

新中国历史上,经济权利的宪法保障经历了曲折的历程。1949 年,起临时宪法作用的《共同纲领》明确体现了保障公民基本权利的思想,就经济权利来说,《共同纲领》第 6 条规定男女具有经济上的平等权;第三章"经济政策"中,第 26 条集中规定涉及经济权利,本条规定了各种经济成分的共存,"使各种社会经济成分在国营经济领导之下,分工合作,各得其所",这体现了经济自由和经济平等的要求,并且表明了对私有财产权的保障。

中华人民共和国建立以后,1954 年《宪法》是新中国的第一部宪法,其中对经济权利的规定有多个条款。1954 年《宪法》在"序言"中承认当时中国仍处在一个过渡时期,所以第 5 条承认多种所有制经济的合法性;第 8 条承认土地和其他生产资料私有制的合法性;第 9 条、第 10 条保护手工业者、其他非农业个体劳动者和资本家的财产所有权;第 11 条规定"国家保护公民的合法收入、储蓄、房屋和各种生活资料的所有权";第 12 条规定"国家依照法律保护公民的私有财产的继承权"。这些内容可以说比较全面地规定了公民可以拥有的各项经济权利。第 14 条则对经济权利的行使进行了限制,"国家禁止任何人利用私有财产破坏公共利益。"第 91—93 条规定公民有劳动、休息和获得社会保障的权利,第 96 条规定了妇女与男性享有平等的经济权利,第 98 条规定了华侨正当权利和利益的保护。从 1954 年《宪法》的条文来看,对经济权利保障非常重视,规定也比较全面细致,尤其是对私有财产权、资本主义经济成分的合理承认,完全符合社会发展的实际需要,有利于促进经济的自由、繁荣。这部宪法也确立了后来 1982 年《宪法》修订的基本模式,但是非常遗憾的是,由于极左路线的影响,这部宪法在新中国历史上并没有真正发挥应有的作用。

1954 年《宪法》之后是 1975 年《宪法》。这部《宪法》是在十年动乱这一特殊历史条件下制定的,总体上强调阶级斗争,存在严重的缺点和错误,对公民基本权利和自由的规定极为狭隘,涉及经济权利只有允许非农业的个体劳动、劳动权、休息权等少量内容。1978 年《宪法》纠正了 1975 年《宪法》的一些缺陷,但也没有完全摆脱极左思想的影响,也是一部很不完善的宪法,涉及经济权利的规定主要包括允许非农业的个体劳动;在保证集体经济占绝对优势的条件下,允许个人经营少量的自留地和家庭副业;保护公民的合法收入、储蓄、房屋和其他生活资料的所有权等内容。而且,在这部宪法中,劳动完全变成了义务,而不是权利。

总的来看,中华人民共和国建国后的前三十年,公民经济权利的保障非常不理想,这里面有诸多原因,核心的有两个方面,一是政治上,坚持了极左的阶级斗争治国路径,导致了社会的动乱,公民的基本权利不可能获得保障;另一个方面是经济原因,那就是坚持计划经济模式,以绝对控制一切的公有制经济彻底取代了私有经济,在这种经济环境下,强调私有财产、工作自由等内容的经济权利同样不可能存在。因此,换一个角度来说,要想保障经济权利,民主、宽松的政治环境是必需的基本条件之一;另外就是要实行市场经济模式,市场经济才能允许私有经济的存在,公民个体的经济权利才能获得合法地位。

二、现行宪法对经济权利的保障

中国现行宪法是1982年《宪法》。1982年《宪法》继承和发展了1954年《宪法》的基本原则,同时吸取以往的教训,将公民的基本权利和义务的规定放在了第一章总纲后面,以凸显对公民权利的重视,对社会主体的经济自由和公民的经济权利都有比较详细的规定,体现了社会主义市场经济发展的要求以及公民平等享有经济权利的需要。前文所描述的经济权利具体权利内容,在现行宪法中都能找到直接或间接的规定,详述如下:

1. 经济平等权。我国宪法中没有经济平等权的直接规定,但经济平等权可以通过相关宪法规定推导出来。《宪法》第33条规定了公民"在法律面前一律平等",个体法律地位的平等也就包括了经济上的平等权。《宪法》第11条规定了多种所有制经济共存的原则,"法律规定范围内的个体经济、私营经济等非公有制经济,是社会主义市场经济的重要组成部分。国家保护个体经济、私营经济等非公有制经济的合法的权利和利益。国家鼓励、支持和引导非公有制经济的发展,并对非公有制经济依法实行监督和管理。"这一条规定其实也包含了一个重要原则,就是经济平等,我国虽然是公有制经济占主导的经济体制(见《宪法》第6条),但对不同的经济成分仍然进行平等的法律保护,这种平等保护引申出的权利也就是经济平等权。与之相类似,《宪法》第48条规定妇女"在政治的、经济的、文化的、社会的和家庭的生活等各方面享有同男子平等的权利",这里包含了男女经济权利平等的立法理念。

2. 经济自由权。《宪法》对经济自由权的规定也是间接的模式。其一,有关财产权的宪法规定就可以直接引申出公民经济活动自由权。其二,《宪法》规定了劳动权,部分承认了经济自由权。其三,第51条对公民自由和权利的兜底性规定也证明了我国《宪法》间接承认公民的经济自由权。其四,《宪法》还有针对企业的经济自由权。第16条规定:"国有企业在法律规定的范围内有权自主经营。"第17条规定:"集体经济组织在遵守有关法律的前提下,有独立进行经济活动的自主权。"这两条规定虽然针对企业和集体经济组织,但至少直接表明了我国宪法承认经济活动自由,这项原则在公民经济权利上的体现也就是经济自由权。

3. 财产权。《宪法》第12条规定:"社会主义的公共财产神圣不可侵犯。"第13条规定:"公民的合法的私有财产不受侵犯。国家依照法律规定保护公民的私有财产权和继承权。"这两条规定都是对财产权的保障,尤其是对公民私有财产权进行宪法保护,对于实现经济权利意义重大。财产权保障有两种基本路径,一种是国家统一控制大部分财富,然后通过分配制度公平分配,这就是公有制和计划经济。另一种是国家和社会财富主要掌握在私人手里,鼓励市场经济和个人财产所有权。① 在市场经济条件下,财产权是公民赖以安身立命的根本,无财产即无人格,鼓励市场经济就必然要充分保障公民的私有财产权。我国宪法在经历了对私有财产的否定之否定后,最终承认私有财产权的宪法合法性,这对于各项基本权利的保障非常重要。

4. 劳动权。1982年《宪法》对劳动权的规定比较丰富。《宪法》第42条规定:"中华人民共和国公民有劳动的权利和义务。国家通过各种途径,创造劳动就业条件,加强劳动保护,改善劳动条件,并在发展生产的基础上,提高劳动报酬和福利待遇。""国家对就业前的公民进行必要的劳动就业训练。"本条规定包含了劳动者的就业权,以及国家的促进就业、培训义务。第43条规定:"中华人民共和国劳动者有休息的权利。国家发展劳动者休息和休养的设施,规定职工的工作时间和休假制度。"本条为劳动者休息权的规定。第44规定:"国家依照法律规定实行企业事业组织的职工和国家机关工作人员的退休制度。退休人员的生活受到国家和社会的保障。"本条为劳动者退休制度和退休后的社会保障规定。

现行《宪法》对社会主体的经济自由和公民的经济权利都有了比较详细的规定,体现了社会主义市场经济发展的要求以及公民平等享有经济权利的需要。"现行宪法关于经济权利的上述规定,不仅规定了经济权利主体的广泛性,而且还突出强调了经济权利的平等性,为公民个人获得独立的经济地位提供了最坚实的宪法基础。"②

除了宪法之外,中国其他部门法律中也对宪法中的经济权利作了进一步详细的规定。在全国人大及其常委会制定的其他法律中,如《物权法》《工会

---

① 陈雄著:《国家权力与公民权利的规范理论》,法律出版社2012年版,第186页。
② 莫纪宏著:《实践中的宪法学原理》,中国人民大学出版社2007年版,第286—287页。

法》《劳动法》《劳动合同法》《消费者权益保护法》《反垄断法》《残疾人权益保障法》《妇女权益保障法》《行政诉讼法》等等,都涉及对经济权利的保障,这里不再详细赘述。此外,中国加入国际公约也使得经济权利在中国受到更广泛的保护。我国已经签署并批准了《经济、社会和文化权利国际公约》,这就表明中国承认了经济权利的合法地位并承诺努力根据国际人权公约的要求保障公民的经济权利。2004年我国《宪法》在第四次修正案中明确规定"国家尊重和保障人权",这是与国际公约相衔接的重要体现。为了执行相关法律和履行国际公约规定的义务,2009年4月国务院还公布了《国家人权行动计划(2009—2010年)》,行动计划在第一部分列举了对工作权等经济权利的保障。这是中国政府制定的第一份以人权为主题的国家规划,受到国内公众的普遍欢迎和充分肯定,也受到国际社会的广泛关注和好评。此次计划完成之后,国务院又发布了《国家人权行动计划(2012—2015年)》,对经济权利等人权保障进行了更加充分的规划。

三、现行宪法保障经济权利的不足之处

我国现行宪法和相关法律对经济权利作了比较详细的规定,但这些法律制度仍然存在一些不足之处。

1. 宪法对经济权利的规定不够全面。比如对经济活动自由和经济平等都没有明确的规定,而只能通过权利推定来认识这两个权利。《宪法》第33条规定了公民"在法律面前一律平等",因此个体的平等也就包括在经济性法律面前的经济平等权。《宪法》规定了劳动权,部分地承认了经济自由权,而第51条对公民自由和权利的兜底性规定证明了我国《宪法》间接承认了公民的经济自由权。这种间接性规定在实际的执行中会因为宪法的不明确而导致下位法律无法直接对相关权利作出规定,也为下位法律的隐形违宪提供了机会。"虽然《宪法》并不明文禁止公民的某些经济自由,但是由于下位阶的法律、法规和政策对公民的经济自由的进一步限制,导致我国公民的某些经济自由事实上在一定程度上被剥夺了。其中最为重要的,也是社会最为关注的迁徙自由就是如此。"① 此外,已有规定没有能够完全实现经济权利的平等保障,比如宪法关于退休的规定就体现了城乡二元分割不平等问题。因为,在中国,退休一直是针对工人阶级的特权,直到现在农民仍没有"退休"的概念。这种在宪法上对经济权利的不平等规定,其实已经严重影响了中国

---

① 吴越著:《经济宪法学导论——转型中国经济权利与权力之博弈》,法律出版社2007年版,第132页。

社会财富的公平分配,社会分配不公与宪法的规定有很密切的联系。有关财产权和工作权利的规定也同样存在很多不完善之处。

2. 宪法、法律以及其他规范中存在较多冲突,相关制度修改频繁。《宪法》和其他有关经济权利保障的制度经常存在冲突,比如曾经的《城市房屋拆迁管理条例》就长期存在违宪现象,2011 年修改后的《国有土地上房屋征收与补偿条例》虽然有所进步,但涉及公民财产征收问题仍然由国务院的行政法规来规定,仍然违背《立法法》的要求。宪法和法律上对经济权利规定的缺陷不仅导致制度无法实施和公信力下降,还导致宪法中关于经济制度和经济政策的规定随经济发展的不断深入而经常变化,频繁地产生修宪要求,这不应该是一个民主国家应有的现象。我国宪法在不到 30 年的时间中已经修订 4 次,而且宪法的 17 条修正案中,有 11 条涉及经济问题。由于宪法过度地迎合经济政策的需要而忽视了对经济权利基础地位的保护,所以导致了宪法随着经济政策的变化而发生经常性的变动,宪法成为服务于政策的工具,这明显破坏了宪法的权威性。宪法的这些缺陷从尊重人权和实现经济权利的角度来看,仍须进一步完善。

3. 宪法和法律在确定经济权利时,内在理念仍是重国家利益、轻公民权利。比如宪法对公民的财产权保障就存在一定的缺陷。宪法规定"公民的合法的私有财产不受侵犯。""国家依照法律规定保护公民的私有财产的继承权。"但宪法中仍保留"公共财产神圣不可侵犯"的规定,私有财产则没有变得"神圣",因而公共财产的优势地位依旧过分强烈,私有财产的经济平等地位不够充分。《物权法》第 41 条规定"法律规定专属于国家所有的不动产和动产,任何单位和个人不能取得所有权"也是公共财产优势的体现。推崇公有财产、否定私有财产的观点,所谓的"公有财产神圣不可侵犯"已背离了私有财产公有化的目的——增加每个人的财富、自由、幸福,而成了冷冰冰的异化了的财产。在当代宪法中,"财产神圣"如果不是空洞的,就不能漠视私有财产,也不能排拒公有财产。以人民福利为最高追求的私有财产与公有财产的最佳衡平保护制度才是人民主权的真正基础。①

此外,宪法对公民财产权的限制也存在不完善之处。公民的权利不是绝对的,任何权利都应该受到限制,问题的关键不在于是否限制,而是如何限制、如何平衡个人权利和公共利益的关系。我国宪法规定,国家为了公共利益的需要可以征收和征用私人财产,并作出"补偿",但由于缺乏公平补偿和正当程序的规定,具体的补偿原则和补偿标准往往不利于弱势的公民。由于

---

① 徐显明:《人权研究》(第 3 卷),山东人民出版社 2003 年版,第 358 页。

宪法如此规定,《物权法》在第 42 条关于征收补偿方面的规定同样显得很软弱,无法充分起到保护公民经济权利的作用。当下的中国,强制拆迁和补偿不公仍然是中国私人财产权保障中的重要缺陷,仍然需要更全面的努力来保障公民的私人财产权。

4. 现行法律体系与国际人权公约不够协调。宪法仍然将关于私有财产权的规范安排在"总纲"部分,即放在根本经济制度下,而在"公民的基本权利与义务"中未曾涉及,没有突出财产权的人权价值。此外,像迁徙自由、罢工自由等内容在国际公约都有规定,我国宪法和法律中却基本缺失。再比如关于劳动权,仍被认定为是一种"义务",带有强烈的国家至上主义色彩。宪法与国际人权公约之间存在不同规定是很正常的,但是由于不同规定导致不协调则影响了宪法和公约的执行效力。我国已加入《经济、社会和文化权利国际公约》,但在国内法律制度上却规定得不够明确,必然导致《公约》的规定被虚置,既影响宪法的权威,也破坏公约的公信力。此外,基于人权的不可分割性要求,《公民与政治权利国际公约》对于经济权利的保障也具有重要的作用,我国自 1998 年签署该公约,但至今全国人大仍未批准,这也非常不利于经济权利的保障。

5. 宪法中缺乏通过法院保障公民经济权利的规定。一直以来,我国宪法的监督、适用机关都局限于全国人大及其常委会,法院在审理具体案件中不得依据宪法去审查判断法律文件的有效性,即宪法不具有此种意义上的司法适用性。① 我国宪法直接规定了许多具体的经济权利,但我国宪法在司法"可适用性"问题上表现得十分谨慎,司法实践中很少直接将宪法作为司法依据。"长期将宪法视为政治法的结果就是,忽略了宪法的权利保障功能,无法通过具体的司法实践加以实现,以致造成宪法虚置,宪法权威凋零,规定的十分全面的权利内容无法得到有效保障。"②在中国,公民无法通过宪法诉讼来保障自己的经济权利,中国宪法在实践中一般也不具有司法的可适用性。对于宪法内容的可诉性,我国曾经作出这样的努力,比如山东的"齐玉苓诉陈晓琪案",2001 年最高人民法院作出了批复,可以使用宪法基本权利(本案为受教育权)规定作为裁判理由,但后来这条具有宪法司法解释功能的批复在 2009 年被最高人民法院撤销了。在我国,普通诉讼一般只能解决政府和其他社会主体具体行为不符合宪法所规定的经济权利要求的问题,但是对于政府的抽象行为、政府无法实现宪法规定经济权利这样的情况,是否

---

① 胡锦光:《中国宪法的司法适用性探讨》,载《中国人民大学学报》1997 年第 3 期。
② 张千帆等著:《宪政、法治与经济发展》,北京大学出版社 2004 年版,第 291 页。

可以通过宪法诉讼来保障经济权利则存在比较大的困难。虽然经济权利的实现在更大程度上依赖于社会的现实,但如果没有宪法诉讼机制,则政府很容易以现实困难为借口而推脱自己在保障经济权利方面的责任。

第二节　中国经济权利保障的完善

新中国建立后的前三十年,由于政治因素的影响,我国在经济权利的保障方面进步缓慢。改革开放三十多年来,经济权利的保障取得巨大成就。比如经济持续、快速发展,中国经济总量不断上升,至2010年已经上升至世界第2位,仅次于美国。伴随改革开放和经济的不断发展,居民生活水平也在不断提高,已经消除饥荒,解决了温饱问题,并不断向更加富裕的阶段迈进。在公民基本权利上,公民的合法收入和财富得到了法律的明确保护,加强对私有财产权的保护,是我国人权保障的一个重大进步。此外,《劳动合同法》的制定、《行政诉讼法》的修改、《国家赔偿法》的修订等立法行为对公民经济权利的保障都具有重要作用。对于中国社会经济权利保障取得的成就,所有关注中国社会的人都绝不应该加以忽视,但是,研究权利问题也应该看到仍然存在的不足之处,由此才有改进的空间,本节结合前文对经济权利具体内容和我国的不足之处,分别探讨我国经济权利保障的完善。

一、改进相关法律制度

1. 落实迁徙自由,保障经济自由权和经济平等权。目前在中国,虽然就业等经济活动自由看起来可以自由选择,但实际上仍然存在一些限制,比如因为宪法中没有迁徙自由的规定,公民的就业自由其实受到了很大的限制,典型的表现是农村进城务工人员,很多为了落户到城市,必须要满足非常苛刻的条件,一些大城市对于进入本市的人员户口也进行了限制。户口的限制也严重影响了就业的选择权问题。此外,户口限制其实也违背了经济平等原则,而经济不平等导致的严重后果是社会分配不公、贫富差距加大以及社会保障体系不均等。我国《宪法》中没有迁徙自由的规定,也无完整的户籍法律,有关户籍制度的完善实属必要,这是避免不平等对待的重要措施。

2. 完善私有财产权的立法。从目前我国相关法律来看,财产权保障最重要的问题有四个方面:平等保护、公共利益的界定、公平补偿和正当程序问题。(1) 有关平等保护,我国《宪法》没有规定经济平等权,我国《物权法》第4条规定:"国家、集体、私人的物权和其他权利人的物权受法律保护,任何单位和个人不得侵犯。"从法律的实证层面看,平等保护指对物权等采取平等法律措施加以保护,在我国加强财产权的平等保护,需要努力的仍是在立法中改变公有财产的优势地位。(2)有关公共利益界定,这个涉及对公民财产权的限制,财产权应该受到限制,但什么是公共利益一直缺乏明确的界定,这种缺乏既是由于公共利益本身的模糊,也是由于国家立法在这方面故意的懒惰,回避了问题。虽然公共利益确定比较模糊,但笔者认为,通过立法适当界定公共利益并留下一种开放的途径便于对公共利益进行界定,是降低目前征收、征用中各种纠纷的重要途径。(3)对于公平补偿,最终重要的是以更加市场经济的方式进行多方经济价值评估。比如土地征收,赔偿时既要考虑土地现期的市场价值,也要考虑土地的预期收益,通过不同主体的经济评估确定相应的价格。我国宪法修正案只规定了国家依照法律规定给予补偿,而未规定公平补偿,而且其他法律也缺乏对公平补偿具体标准的确认,这样的规定明显存在法律漏洞。在各种补偿机制中,公平补偿应该具有优先性。(4)法治社会还应该注重正当程序。正当法律程序作为法治观念产生于13世纪的英国,它作为一条重要的法治观念与宪法原则,起源于英国的"自然正义",随着历史的发展,注重程序公正日益成为现代法治国家共同的价值取向。我国向来重实体,轻程序,这实质上是重视国家权力而忽视个人权利的体现。美国宪法文本中有"正当法律程序"的规定(修正案第5、14条),它并非从一开始就是对行政机关的拘束,而是应现实需要衍生出今天的功能。正当程序原则所表达出的理念即是对人的主体性的认知与尊重,也正因此,人们对程序的正当性的关注才会经久不衰。只有在宪法中确立了正当程序原则,未经正当法律程序不得剥夺公民的私人财产,财产权才能得到良好的保障。因此,有必要在我国宪法中引入正当程序原则,为行政程序法的制定和实施提供良好的宪法基础。

3. 加强工作权的保障。工作权的保障需要完善以下几个方面。其一,工作自由和工作平等问题。关于工作自由,《经济、社会和文化权利国际公约》第6条规定,"人人有机会凭其自由选择和接受的工作来谋生的权利",本书认为,这里包含国家对工作自由的支持与保障。对于工作自由权,我国相关法律已经有了比较明确的规定。《劳动法》规定,"劳动者享有平等就业和选择职业的权利"。《劳动合同法》规定,"订立劳动合同,应当遵循合法、公平、平等自愿、协商一致、诚实信用的原则。"《就业促进法》规定,"劳动者依法享有平等就业和自主择业的权利。"从制度上说,我国的相关劳动立法都确认了工作自由这一基本原则,也承认了工作自由权,但工作自由的保障不仅需要劳动立法的确认,更多还需要其他方面制度的支持。目前对工作自由的有些制度限制超越在劳动法律、法规之外,比如我国目前的户籍制度、社会保险制度、入学制度等,都可能从其他角度限制了工作自由。因此,工作自由的保障需要更自由的配套机制。关于工作平等,《就业促进法规定》,"劳动者就业,不因民族、种族、性别、宗教信仰等不同而受歧视。"但由于没有明确的就业平等考核制度,违背就业平等要求的法律责任也比较弱化,市场的混乱和就业不公平现象仍然存在,《劳动法》《劳动合法法》对平等问题的保障仍需要加强。

其二,集体协商和集体行动机制的完善。《经济、社会和文化权利国际公约》规定,"人人有权组织工会和参加他所选择的工会,以促进和保护他的经济和社会利益;这个权利只受有关工会的规章的限制。"参加工会的目标就是为了形成集体协商和行动的力量,维护劳动者的合法权益。关于集体协商问题,我国《工会法》第6条规定:"工会通过平等协商和集体合同制度,协调劳动关系,维护企业职工劳动权益。"2007年制定的《劳动合同法》也规定要进行集体协商,以及工会应该发挥相应的作用。随着经济体制改革的深入,市场经济的蓬勃发展,个体、私营和外资经济等非公有制经济的迅速成长,在这种背景下,劳动者与企业之间的矛盾冲突成为不可回避的问题,立法应该更加正面承认工人和企业在很多方面的利益是不一致的,甚至可能存在冲突,所以相关立法也应该加以完善,鼓励、支持劳动者形成更强大、更独立、更多元化的谈判力量。关于集体行动的权利,《经济、社会和文化权利国际公约》规定了罢工权,目前我国《宪法》和相关法律都没有对此加以直接规定。《工会法》有部分内容涉及劳动者集体行动的问题。《工会法》在第6条规定,"工会依照法律规定通过职工代表大会或者其他形式,组织职工参与本单位的民主决策、民主管理和民主监督。"这条规定体现了劳动者对企业管理的集体参与。第27条规定,"企业、事业单位发生停工、怠工事件,工会应当代表职工同企业、事业单位或者有关方面协商,反映职工的意见和要求并提出解决意见。对于职工的合理要求,企业、事业单位应当予以解决。工会协助企业、事业单位做好工作,尽快恢复生产、工作秩序。"这条规定体现了工会对集体事件的协商作用。从目前的规定来看,工会的职能更侧重于协调或者民主监督,而缺乏采取集体行动的制度依据。目前的《工会法》为1992年制定,虽然经过了2001年修改,但在组织劳动者进行集体协商和采取集体行动方面,相关规定还不够细致。随着市场经济的发展和社会利益的多元化,《工会法》有关集体行动规定还应该加强,工会应该被赋予更强大的作用。

4. 完善社会分配机制,提高适当生活水准权的保障。首先是完善收入分配机制,实现社会公平。收入分配是各国政府都十分重视的问题,也是我国当前发展社会主义市场经济,实现共同富裕必须面对的现实问题。完善分配机制首先是要建立比较公平的社会分配机制,缩小社会贫富差距。我国经济建设取得巨大成就,但是社会阶层之间的贫富差距、地区之间不平衡问题越来越严重。国际上衡量贫富差距的一个重要指标是基尼系数。对我国的基尼系数目前各机构认识不一,根据国家统计局公布的数据,2012 年我国居民收入的基尼系数是 0.474。[①]"我国基尼系数在 10 年前越过 0.4 的国际公认警戒线后仍在逐年攀升,贫富差距已突破合理界限。"[②]我国目前居民收入差距过大表现在三个方面:一是居民总体收入差距扩大;二是城乡居民收入差距扩大,2012 年达到 3.21 倍;三是区域之间以及区域内部居民收入差距扩大。[③] 虽然有人认为这是因为我国二元城乡体制、各地区情况不同等导致基尼系数偏大、城乡差距明显,但至少这意味着我国居民的收入不平等已经非常剧烈。这种社会分配机制的不平等,对于社会中处于底层的弱势群体来说,如何保证适当生活水准就非常困难。

其次是提高社会保障水平。近年来我国过度重视经济发展速度,社会保障及其他措施跟不上,引发社会矛盾凸显。根源于中国的城乡二元结构,城市居民享受的经济利益保障明显多于农村居民,国家对就业、养老等保障仍以实现城市人口的福利为基本目标,对农村人口则没有具体的保障目标。[④]而社会的贫富分化又导致处于社会底层的人无法分享到社会发展带来的利益。此外,我国东部地区和西部地区的地区差异也日渐明显,对于西部贫困地区的居民来说,经济权利的实现仍存在诸多不合理的障碍。因而必须改善社会保障水平,包括提高医疗保险、失业保险以及社会物质帮助等的覆盖面。

再次,控制房地产市场价格,保障住房权利。城市化的飞速发展带来了城市房价的高涨,很多城市已经明显形成房地产泡沫,城市低收入者或者低收入的年轻人,不得不沦为"房奴",因房屋带来的经济压力已经严重影响人

---

① 舒天戈、孙乃龙编著:《释放改革红利的 16 个关键问题》,中国方正出版社 2014 年版,第 203 页。

② 新华社调研小分队:《我国贫富差距正在逼近社会容忍"红线"》,载《经济参考报》2010 年 5 月 10 日。

③ 舒天戈、孙乃龙编著:《释放改革红利的 16 个关键问题》,中国方正出版社 2014 年版,第 203 页。

④ 在本书基本完成之际,国家的政策发生改变。2014 年 12 月 23 日,国务院审议通过机关事业单位养老保险制度改革方案,改革的基本思路是党政机关、事业单位建立与企业适用统一相同基本养老保险制度,从制度和机制上化解"双轨制"矛盾。

们的生活质量,降低社会发展的创造力和活力。而地方政府为了获得经济增长,盲目发展房地产业,近些年违法拆迁导致一些自焚、上访事件。要实现居民充分的住房权,合理的房地产价格以及普遍的保障房建设是政府必须实现的任务。

因此,就我国目前来说,实现经济权利保障的基本要求是,完善基本经济制度,健全现代市场体系,坚持和完善公有制为主体、多种所有制经济共同发展的基本经济制度,巩固和发展公有制经济,鼓励、支持、引导非公有制经济发展。坚持平等保护物权,形成各种所有制经济平等竞争、相互促进新格局。促进劳动就业自由和工人团结能力。注意社会分配的公平与弱者的社会保障,赋予农民、农民工、城市低收入阶层以特殊的保障权利,增加低收入者的收入,提高社会的购买能力,消除贫富不平衡,维持经济持续、稳定的发展。伴随着权利观念的成长,公民个人财产的积累,公民也会拥有更多保护自己经济权利的物质力量和手段。

二、提高司法保障经济权利的能力

我国的司法机关在限制政府权力、保障公民经济权利方面的作用受到诸多限制,因此,加强经济权利的保障,不仅需要完善相关立法制度,还需要提高司法机关在保障经济权利方面的作用。虽然通过诉讼来保障具有社会权性质的经济权利在世界各地都存在争议和困难,但这不代表法院不能起作用。至少通过司法机关限制公权力对私人经济权利的侵犯还是可以发挥比较大的作用,但我国目前囿于政治体制的限制,法院在限制政府权力方面所起的作用薄弱,比如有关土地征用、房屋拆迁问题曾经在维护和谐稳定的大目标下经常被阻挡在法院大门之外,目前虽然法律已经修订,但实际效果还有待实践检验。① 法院作用的降低导致社会中形成的观念是"信访不信法",其实,社会中的信访问题多数都与经济权利,尤其是国家的经济补偿有关,法院的作用本应该得到更充分的发挥。具体来说,提高司法保障经济权利的水平有三个方面需要改善。

第一个方面,在公民具体经济权利受到侵犯的场合,继续提高案件的受理、审理和执行能力,在现有法律制度体系下,努力通过各种诉讼机制保障经济权利。在这一点上又分为两个层面,一个层面要提高普通社会主体之间侵犯经济权利的案件处理水平,这一点在我国已有的法律制度体系下从制度上

---

① 2014 年修订后的《行政诉讼法》第 13 条规定,"对征收、征用决定及其补偿决定不服的"可以提起行政诉讼,这是一项很大的进步。

说已经有了比较全面的依据。这个问题其实是普通法律规定经济权利的可诉性问题，如果立法机关对普通法律中有关经济权利的适用对象、内容、程序等都作出规定，司法机关在保障经济权利时一般不需要过多的司法解释，也不存在司法能力和合法性的限制。另一层面则是要提高国家侵权所形成的国家赔偿案件的处理水平，这一点也有《国家赔偿法》作为保障，但目前《国家赔偿法》仍存在很多缺陷，这方面的关键是如何合理地通过司法权力限制行政权力的滥用。长期以来，由于《国家赔偿法》明显偏向于政府，对公民因国家行为造成的损害赔偿保护不力，司法机关在保障公民经济权利方面的作用受到很大限制，直到2010年4月29日《国家赔偿法》才被修订，然后2012年全国人大常委会进一步修订，但是仍有很多不足。这里就新修订的《国家赔偿法》在经济权利保障方面的不足进行论述，这些不足也是需要改进的地方。(1) 赔偿原则上虽然多元化，但赔偿范围仍局限于法律列举之情形。比如2012年《国家赔偿法》规定："国家机关和国家机关工作人员行使职权，有本法规定的侵犯公民、法人和其他组织合法权益的情形，造成损害的，受害人有依照本法取得国家赔偿的权利。"对于不属于法律列举情形的，按照目前的立法意图仍不赔偿，这样该法废除违法归责原则的作用将很有限，更严重的还将堵塞实践中拓展国家赔偿范围的各种可能。比如侵犯了公民的经济自由权、经济平等权是否可以获得赔偿？目前法律的赔偿范围仍然有些狭窄。(2) 赔偿标准仍然过低。比如对侵犯公民人身自由导致的经济损失，虽然增加了精神损害赔偿，但抚慰性赔偿金的理念仍未改变。按照上一年度平均工作日工资计算赔偿金的办法仍然不够科学，在现实中由于地区收入差异经常显失公平。对于其他财产损失仍然只赔偿直接损失，没有赔偿合理预期利益。(3) 修订后的《国家赔偿法》将"违反国家规定征收财物、摊派费用的"改为"违法征收、征用财产的"，不仅将摊派费用从应赔偿中删除，而且用"违法"代替"违反国家规定"的做法明显缩小了行政赔偿的范围，更与删除"违法"归责原则相矛盾。(4) 赔偿委员会的设置和运作仍存在一定的缺陷。我国的国家赔偿委员会设在法院，而法院自己也是赔偿义务机关，法院不仅要对自己错误的刑事判决进行赔偿，而且要对民事行政诉讼中的违法查封、违法执行等进行赔偿。特别是近年来，个别地方法院乱查封、乱执行情况时有发生，对当事人经济权利损害极大，对于这些行为，法律明确规定要赔偿，但是如果法院不赔偿，检察院能否真正发挥监督效能仍值得怀疑。(5) 公共设施与国家赔偿问题没有明确规定。由于公共设施及其中反映出来的公共服务职能具有特殊性，很多人主张按照公法来处理，认为这些非权力行政仍属于行政活动和政府行为，仍属于行政法规范的内容，应纳入国家赔偿法。目前修改后的《国家赔偿法》将赔偿费用列入财政预算,保障了赔偿费用,因此用国家赔偿解决公物致害问题更有利于受害人利益保障。

司法保障经济权利需要完善的第二个方面是关于国家的立法行为、抽象行政行为能否进行司法审查的问题。按照我国《行政诉讼法》(修订后自2015年5月1日起实施),抽象行政行为都被置于行政诉讼范围之外。由于我国权力体制的原因,司法机关目前直接审查抽象行为或其他立法行为的机制还不容易建立起来。对于这种因立法或抽象行政行为引起的经济权利保障问题,如果是直接侵权,则可以等到侵权行为发生后,通过具体个案提起行政诉讼;如果涉及国家的提供或直接实现义务,在有明确立法规定的情形下,可以通过行政诉讼,起诉政府不作为来保障经济权利。

此外,在我国还有很多保障经济权利方面的法律、法规,如《社会保险法》《工会法》《城市居民最低生活保障条例》等,有些法律、法规里面规定权利人认为自己的权利受到侵害时,可以提起行政诉讼,但有很多立法中并没有相关直接进行司法救济的措施,这样当事人可能很难获得救济。我国修改后的《行政诉讼法》第12条(修订前的第11条)采取列举的方式规定了受案范围,而且最后规定,"除前款规定外,人民法院受理法律、法规规定可以提起诉讼的其他行政案件。"有学者在分析原《行政诉讼法》第11条时就认为,这意味着"公民权利可以获得司法救济实际上成了例外而不是原则",对于"没有明确规定个人可以向法院提起诉讼的法律而言,个人在自己的权利受到行政机关侵犯而向法院提起诉讼时,法院可以不予受理。"[①]修改后的《行政诉讼法》仍然坚持这样的规定,其实不利于公民保障经济权利。这也表明,在我国,立法者还没有将通过司法救济人权作为法治社会的一项根本措施。因此,在保障公民经济权利方面,将更多普通法律中有关权利的规定能够纳入司法保障的范围是我国未来法治建设的一个重要领域。

第三个方面是宪法规定的可诉性问题。在中国目前的司法权力体制下,司法的作用远远没有得到发挥,普通法律上的经济权利有时得不到司法保障,宪法上基本权利更是存在救济困难。普通法律中的经济权利需要更完善的具体制度设计加以保障,而宪法中基本经济权利也需要建立相应的机制来加以保障,这种机制就是通常所认可的违宪审查机制。在我国目前的权力设置体制下,如何设立违宪审查的机制一直有不同的意见,包括司法违宪审查、设置宪法监督委员会、设置宪法法院等不同观点。司法违宪审查就是将解释

[①] 黄金荣:《实现经济和社会权利可诉性:一种中国视角》,载柳华文主编:《经济、社会和文化权利可诉性研究》,中国社会科学出版社2008年版,第110页。

《宪法》权力赋予最高人民法院,由最高人民法院对其他机关的行为进行违宪审查。设立宪法监督委员会就是在全国人大常委会中专门设立一个独立委员会。设置宪法法院是在宪法之下设立宪法法院,与全国人大的权力平行,此法院不同于普通法院。这些做法都有各自的优缺点,但在中国目前仍不具有充分的可行性,而且,最关键的是无法解决目前中国的权力体制问题。① 不管什么样的做法,只要中国能够建立起真正负责监督宪法实施的机制,更充分发挥《宪法》的应有作用,公民的经济权利肯定会得到更好的保障,这一点也是未来中国法治建设的一个非常重要的问题。从目前中国的权力体制以及宪法规定来看,更值得关注的是在现有普通法律制度和诉讼机制下,如何更好地通过立法完善有关经济权利的保障制度,如何更好地发挥司法机关普通诉讼在保障经济权利方面的作用,至于有关宪法的违宪审查以及有关国际公约的适用,可能还需要时间来不断改善。

三、提升国际公约的履行水平

我国自2001年正式成为《经济、社会和文化权利国际公约》的缔约国,因此,除了保留条款外,公约规定的内容对中国具有约束力,那就意味着,中国必须更深入履行公约提出的义务要求。这里的"更深入履行"应是一种抽象的国家义务要求,而无法直接将公约的内容直接变成司法上的权利要求。从中国政府的表现来看,中国政府正在努力按照公约的义务要求,实施各种政治、行政、司法措施保障经济权利,这是"条约必须遵守"的国际习惯的要求。比如中国政府实施的"国家人权行动计划"就是履行义务的体现,但这种履行义务在多大程度上实现国际人权公约的要求仍然很难准确评估。而至于《经济、社会和文化权利国际公约》能否作为司法实践的依据这个问题在中国仍然找不到具体的解决办法。有关国际公约在中国的适用问题,中国一直缺乏一个明确的立法规定,在民商事领域,中国对国际公约并不排除,但对于公法领域的很多问题,中国至今仍然没有解决是否可以适用国际公约的问题。而从中国的司法实践来看,在涉及公民基本权利的问题上,都不会适用国际公约作为裁判的依据。由于立法对涉及公法、公民基本权利问题的国际条约适用没有规定,中国的司法机关又是产生于权力机关,因此中国的法院必然非常谨慎对待国际公约,所以目前仍没有中国法院适用国际人权公约

---

① 陆平辉:《宪法权利诉讼研究》,知识产权出版社2008年版,第357页。此书的作者还提出,"建立一种复合式的宪法权利诉讼制度,即依托现行宪法监督体制的立法违宪侵权审查与依托现行普通法院审判体制的行政与司法违宪侵权诉讼相结合的制度,是当前最适合中国国情的选择。"本书认为,这种想法同样面临重重困难,很难真正建立有效的宪法实施监督机制。

的判例。

国际公约有关经济权利的规定不能直接成为司法中的裁判依据,但这不代表中国就没有履行国际公约的义务要求,比如我国正在执行的《国家人权行动计划(2012—2015年)》就是提升人权保障水平的重要举措,此外,全面推进依法治国的国家治理方略也将提升我国的经济权利保障水平。因此,就目前中国的实际来说,提升国际公约的履行程度,更多的仍然是依赖社会治理方面的努力,通过经济发展、加强社会保障、改善社会公平、完善司法体系等各方面的具体措施,营造合理的环境和途径促进公民经济权利保障水平的提高。

第三节 国家治理与经济权利保障

一、法治语境下的创新社会管理

(一)创新社会管理与法治

自中国共产党十七届五中全会之后,有关中国社会未来发展道路的相关看法备受各界关注和热议,国家治理问题成为诸多理论中的热点。为了提高国家治理水平,创新社会管理被作为国家的社会建设方针提出来,2011年国家"十二五"规划纲要提出,"标本兼治,加强和创新社会管理",2012年中共十八大报告又强调,"坚持走中国特色社会主义政治发展道路和推进政治体制改革","在改善民生和创新社会管理中加强社会建设",这些都在强调社会管理模式的改进,并通过创新模式的改进促进社会发展、促进民生的改善。现代学者趋向于将社会治理理解为政府与公民对公共生活的合作管理,因而社会治理包括了社会自治和社会管理两个方面,但一般情况下,基于公权力的社会管理总是包括社会自治。有学者就认为,社会治理是"基于一定社会基础之上的、政治国家和公民社会之间特定秩序的合作关系,这种合作关系的最佳状态即是善治。"① 由于本书侧重从国家义务关注经济权利的保障,这里也更多关注创新社会管理对经济权利保障的作用。

创新社会管理是近年来中国社会转型过程中产生的一个重要问题,关于创新社会管理涉及具体内容,论者的意见也不统一。有学者将具体举措概括为十个方面,每个方面又有一些具体的要求,这十个方面包括:(1)强化政府社会管理和公共服务职能;(2)大力发展社会组织;(3)加快事业单位改革;

---

① 殷昭举著:《创新社会治理机制》,广东人民出版社2011年版,第17页。

(4) 改革户籍制度;(5) 推进和谐社区建设和管理;(6) 畅通利益诉求表达渠道;(7) 培育社会主义核心价值观;(8) 加强应急管理工作;(9) 培养和使用好社会工作人才;(10) 严格依法实施社会鼓励。① 也有一些学者从某一个方面关注社会管理创新,如冯钢教授关注了中国市场化改革引发的社会转型以及带来的社会治理问题,强调要成功实现转型,必须充分实现社会各阶层自身利益。② 于建嵘从抗争性政治的角度关注了社会治理中的维权与泄愤事件,并提出解决社会冲突的关键是对社会主体权利的维护。③ 法学界学者关注创新社会治理问题更多与法治、公民权利保障联系在一起。如有学者就明确提出,社会管理创新的目标是实现社会治理的民主化与法治化。④ 还有学者提出,社会管理体制创新应以尊重公民权利为基础和基本价值导向。⑤ 本书认为,社会管理创新要重视法治和公民权利保障,法学界的这些观点很值得重视。

由于我国处在一个转型性发展的时期,会不断地产生各种社会矛盾或不平衡,包括地区之间、城乡之间、经济增长与社会发展之间,等等。⑥ 因此创新社会管理,树立以人为本的管理理念、改革权力过于集中的管理体制、完善以法律为中心的社会管理方法具有很强的时代意义。在创新社会管理中,法治的作用不容忽视,不管是社会管理还是社会自治,都必须依法进行。创新社会管理之所以要强调法治,在于法治对现代社会管理和国家治理所具有的基础作用和全面渗透力。在治国方式上有两种基本的模式,一是人治或德治,另一是法治。"人治"强调统治者的个人素质,个人意志决定国家法律和治理方向,也决定了国家的治理水平。中国古代基于儒家思想,长期坚持这种模式,虽然在特定时期可以实现短暂的繁荣稳定,但历史证明,人治不可能实现国家的长治久安。德治主要指是依靠道德教化和礼俗习惯来治理社会,人治基本上同时都兼具有德治色彩,道德教化很容易沦为强权政治的工具,德治实际上仍是一种人治。而法治是众人之治,建立在民主与宪政基础之上的法治体现了人民的意志与智慧,具有及时性与国家强制力,适合现代社会,是一种良好的治理模式。亚里士多德就说过:"法治应包含两重意义:已成立的法律获得普遍的服从,而大家所服从的法律又应该本身是制定的良好的

---

① 任剑涛著:《社会的兴起:社会管理创新的核心问题》,新华出版社2013年版,第74—75页。
② 参阅冯钢著:《转型社会及其治理问题》,社会科学文献出版社2010年版。
③ 参阅于建嵘著:《抗争性政治:中国政治社会学基本问题》,人民出版社2010年版。
④ 刘旺洪:《社会管理创新与社会治理的法治化》,载《法学》2011年第10期。
⑤ 张帆、陆艺:《基于公民权利价值导向的社会管理体制创新》,载《求实》2012年第4期。
⑥ 包心鉴主编:《社会治理创新与当代中国社会发展》,人民出版社2014年版,第5—7页。

法律。"①因此,法治体现了法律在社会生活中的最高权威性与介入社会生活的广泛性。在社会主义国家,社会主义法治就是指一切国家机关、各政党、武装力量、各社会团体、各企事业单位和全体公民都必须在法律的范围内活动,不允许任何人、任何组织凌驾于法律之上。正是这种最高权威性,使得法律渗透到社会生活的方方面面,调控所有社会主体的行为,最终形成整个社会依法办事状态。在现代法治国家,依法办事的要求是社会关系的参加者都应该以法律作为自己的行动规则。不仅普通的公民、一般社会组织和企事业单位要依法办事,国家机关、政党、武装力量也要依法办事。

正是由于法治在创新社会管理中的根本作用,2012年中共十八大报告中强调,"提高领导干部运用法治思维和法治方式深化改革、推动发展、化解矛盾、维护稳定的能力",又提出要"更加注重发挥法治在国家治理和社会管理中的重要作用……保证人民依法享有广泛权利和自由。"2014年中共十八届四中全会《关于全面推进依法治国若干重大问题的决定》又进一步指出,"依法治国,是坚持和发展中国特色社会主义的本质要求和重要保障,是实现国家治理体系和治理能力现代化的必然要求,事关我们党执政兴国,事关人民幸福安康,事关党和国家长治久安。"这些社会治理理念的提出,意味着法治成为转换、进一步推进改革的动力,法治是中国正在出现的一种新的社会治理模式,创新社会管理必须坚持法治作为根本路径。但我国的法治建设也有很多不足之处,十八届四中全会的决定也对此有清醒的认识。

(二)法治化创新社会管理的基本原则

法治化创新社会管理意味着从管理主体到管理对象、从管理规则到管理体制,都要坚持法治思维。中共十八大报告将社会管理的实施框架分为四个方面,即社会管理体系、公共服务体系、社会组织体系和社会管理机制,这四个方面总体配合起来解决社会管理中的各种冲突与不协调,而要实现这样的目标,法治化社会管理的基本原则必须坚持。

其一,国家作用的辅助性原则。创新社会管理,意味着需要国家充分发挥社会管理的作用,但在法治社会中,又必须承认另一个假定,即国家权力不是无限的、最优先发挥作用的,而是有限的、辅助性的,不能要求国家权力可以解决一切社会问题。对于社会管理来说,首先需要发挥的是社会的自治功能,发挥市场的作用,这是市场经济的基本要求,只有当市场、社会因为自身原因解决不了时,才需要发挥国家公权力的作用。"国家的某些机能,像邮

---

① 〔古希腊〕亚里士多德:《政治学》,吴寿彭译,商务印书馆1981年,第199页。

局和初等教育,可以由私人团体来办,至少为了便利起见,才由国家来承办。但是,另有一些事务,像法律、警察、陆军和海军,本质上更应该属于国家;只要还有一个国家存在着,就很难想象这些事情会落在私人手里。"① 在当下中国,如何放开国家管理空间,培育社会的自治力量仍是未来行政管理改革的重要内容。

其二,权力法定原则。公民权利可以进行扩张性的权利推定,也就是没有法律明文规定的时候,可以依据已有的权利合理推理出相关权利,如前文所说的经济平等权等。但对于国家的权力,则必须持限制理解,权力必须法定。所谓权力法定是指"公权力的产生和享有必须通过法律明文规定的方式来获得,没有法律依据未经法定方式形成所创造、产生和享有的公权力不具有合法性。"② 权力法定对于社会管理创新具有重要作用,分别约束社会管理的不同方面,由此产生不同的要求,"它们依次分别体现为立法领域中的法律保留原则、司法领域的罪刑法定原则、行政领域的法律创制原则和社会领域的依法治理原则。"③ 总之,权力法定要求所有国家公权力都要依法设立、依法行使、依法监督。任何一种公权力的创设和产生都必须有实体的法律依据,不得违法创设;在权力行使过程中,必须坚持程序法治原则,不得违法行使;所有权力都要依法接受监督,包括国家的专门监督和一般社会监督。

其三,权力的分工与制约原则。法治的核心要求是限制权力,因此在创新社会管理权力中,必须通过科学的制度设计实现权力的合理分工与有效制约。所谓权力的分工,则是强调国家的公权力必须分配给不同的社会管理主体,避免权力的过分集中。但权力分散后,也可能导致效率低下和滥用权力,因此,必须使不同的社会管理主体在相互合作的基础上,形成权力的合理制约状态。在当前中国,创新社会管理中构建权力分工和制约的重要内容是加强司法权力的合理制约作用。当前我国行政管理权力过于膨胀,司法权力的监督作用很难发挥出来。

二、创新社会管理与经济权利

既然创新社会管理需要以法治为基本模式,树立依法治国的决心,那么创新社会管理对经济权利保障有什么影响呢?如同前文所说,创新社会管理的基本路径是实现国家治理的法治化,而国家治理法治化的评判标准是加强

---

① 〔英〕伯特兰·罗素著:《社会改造原理》,张师竹译,上海人民出版社2001年版,第25页。
② 韩春晖著:《社会管理的法治思维》,法律出版社2013年版,第105页。
③ 同上。

公民基本权利保障。因此,加强经济权利的保障是创新社会管理的重要内容和任务之一。创新社会管理,加强法治,对于经济权利保障至少有三个方面的直接影响。

其一,创新社会管理必须以经济市场化为背景展开,注重经济利益的保护。创新社会管理的思维,意味着要改变以前的社会管理思维定式,在市场经济的浪潮下必须矫正全能国家的思路,就经济发展来说,必须限制权力经济,实现权利经济。"和平年代,社会需要具有自己占有的资源、自己独特的活动空间、自己分流行事的方式、自己处置相关纠纷的路径。"①社会要自己占有、利用资源,基本的方式是通过产权的保护和市场的自由流通,实现经济发展,在法律上的要求就是,对私有财产权等经济权利进行平等保护,鼓励经济自由,在需要对私有财产进行征用时,应该按照市场的要求进行公平补偿。而且,对于因经济利益而产生的公民与政府之间的纠纷,不能采取粗暴压制的方式解决,应该努力协商并依法解决。

其二,创新社会管理需要实现政治民主化,加强公民对政治活动的参与。法治必须具有政治民主化的社会基础,否则这种法治模式就可能变成哈贝马斯所说的"没有民主的法治国家"。现代法治应该是一个宪政民主的国家,是一个能够让公民平等、有序、有效参与国家和社会治理的国家。在经济权利保障方面,创新社会管理,加强公民的政治参与,就是注重公民的经济权利的诉求表达和维护机制。没有合适的经济利益表达和维护机制,国家保障经济权利不力,就可能导致社会的反抗行为,比如 2011 年美国的"占领华尔街"活动就是民众对经济权利保障不满而形成的一种抗议活动,来自《人民日报》的消息就认为,"占领华尔街"这场始于金融中心纽约、由数百人发起的小规模抗议,之所以能成为席卷全美的社会运动,重要根源之一是"贫富分化激化社会矛盾",草根阶层试图通过抗议影响决策。②

其三,创新社会管理需要发挥社会主体保障经济权利的自治作用。创新社会管理中,应该否定社会不足以自治的思维定势,"事实上,中国公民经过30 年现代市场经济的训练,已经开始拾起长期丢失的经济自主能力,并在国家无能为力的微观经济活动领域,发挥了相当巨大的推动国家发展的作用。"③社会自我管理,可能远比国家直接进行管理更为复杂,充满试错机制,但社会自我管理能够增强社会活力,提高经济效率,避免国家压制所导致的

---

① 任剑涛著:《社会的兴起:社会管理创新的核心问题》,新华出版社 2013 年版,第 43 页。
② 消息来源:《人民日报》2011 年 10 月 10 日。
③ 任剑涛著:《社会的兴起:社会管理创新的核心问题》,新华出版社 2013 年版,第 44 页。

局和初等教育,可以由私人团体来办,至少为了便利起见,才由国家来承办。但是,另有一些事务,像法律、警察、陆军和海军,本质上更应该属于国家;只要还有一个国家存在着,就很难想象这些事情会落在私人手里。"①在当下中国,如何放开国家管理空间,培育社会的自治力量仍是未来行政管理改革的重要内容。

其二,权力法定原则。公民权利可以进行扩张性的权利推定,也就是没有法律明文规定的时候,可以依据已有的权利合理推理出相关权利,如前文所说的经济平等权等。但对于国家的权力,则必须持限制理解,权力必须法定。所谓权力法定是指"公权力的产生和享有必须通过法律明文规定的方式来获得,没有法律依据未经法定方式形成所创造、产生和享有的公权力不具有合法性。"②权力法定对于社会管理创新具有重要作用,分别约束社会管理的不同方面,由此产生不同的要求,"它们依次分别体现为立法领域中的法律保留原则、司法领域的罪刑法定原则、行政领域的法律创制原则和社会领域的依法治理原则。"③总之,权力法定要求所有国家公权力都要依法设立、依法行使、依法监督。任何一种公权力的创设和产生都必须有实体的法律依据,不得违法创设;在权力行使过程中,必须坚持程序法治原则,不得违法行使;所有权力都要依法接受监督,包括国家的专门监督和一般社会监督。

其三,权力的分工与制约原则。法治的核心要求是限制权力,因此在创新社会管理权力中,必须通过科学的制度设计实现权力的合理分工与有效制约。所谓权力的分工,则是强调国家的公权力必须分配给不同的社会管理主体,避免权力的过分集中。但权力分散后,也可能导致效率低下和滥用权力,因此,必须使不同的社会管理主体在相互合作的基础上,形成权力的合理制约状态。在当前中国,创新社会管理中构建权力分工和制约的重要内容是加强司法权力的合理制约作用。当前我国行政管理权力过于膨胀,司法权力的监督作用很难发挥出来。

二、创新社会管理与经济权利

既然创新社会管理需要以法治为基本模式,树立依法治国的决心,那么创新社会管理对经济权利保障有什么影响呢? 如同前文所说,创新社会管理的基本路径是实现国家治理的法治化,而国家治理法治化的评判标准是加强

---

① 〔英〕伯特兰·罗素著:《社会改造原理》,张师竹译,上海人民出版社2001年版,第25页。
② 韩春晖著:《社会管理的法治思维》,法律出版社2013年版,第105页。
③ 同上。

公民基本权利保障。因此,加强经济权利的保障是创新社会管理的重要内容和任务之一。创新社会管理,加强法治,对于经济权利保障至少有三个方面的直接影响。

其一,创新社会管理必须以经济市场化为背景展开,注重经济利益的保护。创新社会管理的思维,意味着要改变以前的社会管理思维定式,在市场经济的浪潮下必须矫正全能国家的思路,就经济发展来说,必须限制权力经济,实现权利经济。"和平年代,社会需要具有自己占有的资源、自己独特的活动空间、自己分流行事的方式、自己处置相关纠纷的路径。"①社会要自己占有、利用资源,基本的方式是通过产权的保护和市场的自由流通,实现经济发展,在法律上的要求就是,对私有财产权等经济权利进行平等保护,鼓励经济自由,在需要对私有财产进行征用时,应该按照市场的要求进行公平补偿。而且,对于因经济利益而产生的公民与政府之间的纠纷,不能采取粗暴压制的方式解决,应该努力协商并依法解决。

其二,创新社会管理需要实现政治民主化,加强公民对政治活动的参与。法治必须具有政治民主化的社会基础,否则这种法治模式就可能变成哈贝马斯所说的"没有民主的法治国家"。现代法治应该是一个宪政民主的国家,是一个能够让公民平等、有序、有效参与国家和社会治理的国家。在经济权利保障方面,创新社会管理,加强公民的政治参与,就是注重公民的经济权利的诉求表达和维护机制。没有合适的经济利益表达和维护机制,国家保障经济权利不力,就可能导致社会的反抗行为,比如 2011 年美国的"占领华尔街"活动就是民众对经济权利保障不满而形成的一种抗议活动,来自《人民日报》的消息就认为,"占领华尔街"这场始于金融中心纽约、由数百人发起的小规模抗议,之所以能成为席卷全美的社会运动,重要根源之一是"贫富分化激化社会矛盾",草根阶层试图通过抗议影响决策。②

其三,创新社会管理需要发挥社会主体保障经济权利的自治作用。创新社会管理中,应该否定社会不足以自治的思维定势,"事实上,中国公民经过 30 年现代市场经济的训练,已经开始拾起长期丢失的经济自主能力,并在国家无能为力的微观经济活动领域,发挥了相当巨大的推动国家发展的作用。"③社会自我管理,可能远比国家直接进行管理更为复杂,充满试错机制,但社会自我管理能够增强社会活力,提高经济效率,避免国家压制所导致的

---

① 任剑涛著:《社会的兴起:社会管理创新的核心问题》,新华出版社 2013 年版,第 43 页。
② 消息来源:《人民日报》2011 年 10 月 10 日。
③ 任剑涛著:《社会的兴起:社会管理创新的核心问题》,新华出版社 2013 年版,第 44 页。

沉闷与低迷,尤其是在经济领域。在市场经济逐渐发达的社会背景中,市场开始摆脱国家强力控制,市场主体也需要更多的社会自治,国家必须尊重公民的经济自主管理,在市场领域充分发挥作用。因此,创新社会管理中,应该允许社会主体为了追求、维护自己经济权利而实施自我管理,比如发展各种经济联合体、成立基金会等。国家所要做的是制定合理的规则,起到监督以及责任追究作用。首先,国家应该通过立法确保社会主体的经济平等权利,运行社会主体自主参与经济活动。其次,允许社会主体在经济活动中的试错,市场风险应该由市场主体自己承担,国家只需做好最低生活保障等社会基本保障工作。再次,国家对自我经济管理中出现的纠纷,起到中间裁判作用,并且允许社会主体在不违背立法强制规定的情况下,自行解决合作与纠纷问题。

三、国家人权行动计划与经济权利

(一)两个人权行动计划简介

改革开放以来,我国不断推动人权事业的发展,坚持以人为本,将人民的生存权、发展权放在首位,促进公民、政治权利与经济、社会、文化权利以及个人权利与集体权利的全面协调发展。进入 21 世纪以后,中国更是把"尊重和保障人权"作为治国理政的重要原则,庄严载入《中华人民共和国宪法》,同时,为了适应社会治理的需要,采取切实有效的措施促进人权事业发展,我国也努力建立起了一整套促进和保障人权的基本制度。在这种历史背景下,中国政府制定、颁布和实施了第一个以人权为主题的国家规划《国家人权行动计划(2009—2010 年)》,推动中国人权状况的不断完善。国家人权行动计划在结构上包括六个部分:(1) 导言;(2) 经济、社会和文化权利保障;(3) 公民权利与政治权利保障;(4) 少数民族、妇女、儿童、老年人和残疾人的权利保障;(5) 人权教育;(6) 国际人权义务的履行及国际人权领域交流与合作。这是继 1991 年发表《中国的人权状况》白皮书以后,中国政府关于主流人权观、人权框架、权利保障体系最系统的表述,不仅明确表达了中国"全面人权"的主流价值观,还完整地描述了中国特色的人权框架与权利保障指标体系。

在《国家人权行动计划(2009—2010 年)》中,行动计划的基本原则是:(1) 根据中国宪法的基本原则,遵循《世界人权宣言》和国际人权条约的基本精神,完善保障人权的各项法律法规,依法推进中国人权事业的发展。(2) 坚持各类人权相互依赖与不可分割的原则,平衡推进经济、社会和文化权利与公民权利和政治权利的协调发展,促进个人人权和集体人权的均衡发展。(3)从中国的国情出发,本着务实的精神,确保设定的目标和措施切实可行,科学推进中国人权事业的发展。

《国家人权行动计划(2009—2010年)》颁布实施以后,中国公民的人权意识明显增强,经济、社会和文化权利保障得到全面加强,公民权利与政治权利保障更加有效,少数民族、妇女、儿童、老年人和残疾人的权利得到进一步保障,国际人权领域交流与合作日益深化,各领域的人权保障在制度化、法治化的轨道上不断推进,中国人权事业的发展进入了一个新的阶段。[①]制订国家人权行动计划是中国政府落实尊重和保障人权宪法原则的一项重大举措,对推动科学发展,促进社会和谐,努力实现全面建设小康社会宏伟目标,具有重要意义。为了进一步推动中国人权保障状况的进步,中国政府在完成第一个人权行动计划后,在认真总结经验的基础上,又制订了《国家人权行动计划(2012—2015年)》明确2012—2015年促进和保障人权的目标和任务。

《国家行动计划(2012—2015年)》提出的基本原则是:(1)依法推进原则。根据宪法关于"国家尊重和保障人权"的原则,遵循《世界人权宣言》和有关国际人权公约的基本精神,从立法、行政和司法各个环节完善尊重和保障人权的法律法规和实施机制,依法推进中国人权事业发展。(2)全面推进原则。将各项人权作为相互依存、不可分割的有机整体,促进经济、社会、文化权利与公民权利、政治权利的协调发展,促进个人人权与集体人权的协调发展。(3)务实推进原则。既尊重人权的普遍性原则,又坚持从中国的基本国情和新的实际出发,切实推进人权事业发展。

从基本原则上说,我国在实施人权行动计划过程中,一直坚持依法推进原则、不可分割或全面推进原则、务实原则。实施《行动计划》的目标是:(1)全面保障经济、社会和文化权利。(2)依法有效保障公民权利和政治权利。(3)充分保障少数民族、妇女、儿童、老年人和残疾人的合法权益。(4)广泛开展人权教育。继续开展对公务人员的人权培训;在各级各类学校开展多种形式的人权教育;在全社会普及人权知识,不断提高公民的人权意识。(5)积极开展国际人权交流与合作。认真履行国际人权条约义务,深入参与联合国人权机制工作,继续在平等和相互尊重的基础上与各国开展人权对话、合作和交流。

---

① 参见中华人民共和国国务院新闻办公室:《国家人权行动计划(2012—2015年)》,2012年6月11日。

（二）国家人权行动计划对经济权利保障的意义

1. 国家人权行动计划体现了国家在经济权利保障过程中的重要作用。我国通过人权行动计划的方式，有计划、有步骤逐步提高人权保障水平，对我人权保障事业的发展意义重大。在两个人权行动计划中，经济权利都受到广泛重视，两个人权行动计划的第一部分都涉及经济权利，如工作权、基本生活水准权、健康权等，其他经济性权利还包括农民土地权利、宅基地用益物权等。这些经济权利不仅在政府规划中受到重视，而且通过具体国家行为努力得到实现。中国政府坚持将落实国家人权行动计划与积极应对国内外经济环境、保持国民经济平稳较快发展有机地结合起来，将保障人权贯穿于经济、政治、文化和社会建设各个领域以及立法、司法、执政、行政各个环节之中，坚持将维护人民的生存权、发展权放在保障人权的首要位置，在推动经济社会又好又快发展的基础上，有力地促进了人权事业的全面发展，有效地提高了经济权利保障的整体水平。

2. 人权行动计划也体现了我国经济权利保障的时代适应性。2004年，"尊重和保障人权"写进宪法，为了履行这样的宪法义务，国家实施人权行动计划理所当然，这是人权时代发展的需要。在经济权利保障方面，2009年的人权行动计划与和2012年的人权行动计划也随时代发展有所变化，比如2009年的人权行动计划中对"四川汶川特大地震灾后重建中的人权保障"进行专门规划，强调要用三年左右时间完成恢复重建的主要任务，使受灾群众基本生活条件和灾区经济发展水平达到或超过灾前水平，实现家家有房住、户户有就业、人人有保障的目标。这部分的内容更多、更具体针对灾区的经济权利保障。2012年的人权行动计划中，由于灾区重建工作基本完成，相应的内容就不再体现。

3. 人权行动计划体现了中国特色的经济权利保障理念。"国家人权行动计划将经济、社会和文化权利摆在人权框架体系的首位，表达了自1991年以来中国政府在人权问题上的一贯立场，即优先考虑与人的生存和发展关联的各种经济、社会和文化权利，将公民就业、子女教育、医疗保险、社会保障等方面的权利明确置于言论自由、集会自由和获得审判公正等权利之前。"[①]当然，人权行动计划还坚持了人权的不可分割性，但在中国，由于社会发展与西方国家的表现形式和发展进程不一样，中国的人权保障道路也会不同于西方社会。对经济权利的保障首先强调，体现了把保障人民的生存权、发展权放

---

① 肖金明：《中国特色的人权框架与权利保障体系——阅读〈国家人权行动计划（2009—2010年）〉》，载《当代法学》2009年第5期。

在首位的中国人权保障的特色。

4. 人权行动计划是评价我国经济权利保障水平的重要指标。1993年维也纳世界人权大会通过《维也纳宣言和行动纲领》，建议各会员国考虑制订国家人权行动计划，以明确各国为促进和保护人权应采取的措施。能否制订国家人权行动计划，被视为衡量一个国家的政府对保障人权重视程度的重要指标。国家人权行动计划作为规范政府及其执法部门和司法部门的行为指南，包含各种具体数据要求，这样人权行动计划就成了经济权利实现、进步程度的重要依据。以工作权利为例，《国家人权行动计划（2012—2015年）》就明确提出："2012—2015年，年均城镇新增就业900万人，城镇登记失业率控制在5%以内。""建立工资正常增长机制，稳步提高最低工资标准，最低工资标准年均增长13%以上，绝大多数地区最低工资标准达到当地城镇从业人员平均工资的40%以上。""全面推行劳动合同制度。到2015年，企业劳动合同签订率达到90%。"这些具体数据是评价经济权利实现程度的基本指标。

四、全面推进依法治国与经济权利

2014年10月23日，中国共产党第十八届中央委员会第四次全体会议通过《中共中央关于全面推进依法治国若干重大问题的决定》（以下简称《决定》），这是贯彻落实党的十八大作出的战略部署，加快建设社会主义法治国家的重大举措。虽然《决定》是党的文件，但在我国，中国共产党是中国社会主义事业的领导者，党的领导是中国特色社会主义最本质的特征，是社会主义法治最根本的保证。因此，《决定》的出台对于中国未来法治建设具有重大影响，对中国人权保障也同样具有重要影响。

就人权乃至具体的经济权利保障来说，《决定》在第二部分提出："加强重点领域立法。依法保障公民权利，加快完善体现权利公平、机会公平、规则公平的法律制度，保障公民人身权、财产权、基本政治权利等各项权利不受侵犯，保障公民经济、文化、社会等各方面权利得到落实，实现公民权利保障法治化。"这种对各项权利法治化保障是市场经济的根本需要，《决定》坚持了社会主义市场经济是法治经济的本质要求。强调"使市场在资源配置中起决定性作用和更好发挥政府作用，必须以保护产权、维护契约、统一市场、平等交换、公平竞争、有效监管为基本导向，完善社会主义市场经济法律制度。健全以公平为核心原则的产权保护制度，加强对各种所有制经济组织和自然人财产权的保护，清理有违公平的法律法规条款。创新适应公有制多种实现形式的产权保护制度，加强对国有、集体资产所有权、经营权和各类企业法人财产权的保护。"在立法方面,《决定》提出;"完善教育、就业、收入分配、社会保障、医疗卫生、食品安全、扶贫、慈善、社会救助和妇女儿童、老年人、残疾人合法权益保护等方面的法律法规。"而且,为了防止公权力的侵害,《决定》也明确要求,"明确具体操作流程,重点规范行政许可、行政处罚、行政强制、行政征收、行政收费、行政检查等执法行为。严格执行重大执法决定法制审核制度。"这些要求对于保护公民的财产、经济自由权、经济平等权等意义重大。

总的来说,十八届四中全会通过的《决定》对推进我国依法治国作了全方位的论述,适应了当前社会发展的需要。"经过30年的发展,中国的经济市场化改革和社会变迁已经进入了一个新的阶段。如果说前30年的任务主要是通过市场化改革,发展经济,解决民生的问题,那么,现在则必须在继续推进经济市场化的同时,加快社会变革,解决民权的问题。"[①]解决民权问题,就必须要法治。《决定》的执行对于全面深化改革、完善和发展中国特色社会主义制度,提高党的执政能力和执政水平,提高我国人权保障水平具有重要意义。这无疑是依法治国、建设社会主义法治国家新的"里程碑",或者说是依法治国的升级版,《决定》的全面落实,也必将不断完善我国经济权利的保障状况。

---

① 张曙光:《中国经济转轨与社会变迁:经济学视觉》,载《学术研究》2009年第4期。

结　语

　　本书从人权法的角度分析了经济权利的基本内涵、产生的历史根源、兴起的表现、规范性经济权利的体系、经济权利的实现与评价，以及我国经济权利的保障，总体上采取了一种时空交汇的立体式分析。当然，这不是说本书的分析就很全面，再完美的理论也会有缺陷。

　　经济权利既已被提出，对其进行独立研究至少在理论上具有开拓意义，只是很多问题无法像部门法的权利研究那样形成比较完整、内洽的理论。本书对经济权利进行独立分析，首先会被质疑的就是经济权利是否具有独立性。这既是一个疑问，也是本书的创新之处。本书至少论证了经济权利的相对独特的内容以及存在的必要性。经济权利突出的双重性和经济利益性显示了其自身的独特性，如经济自由、财产权、工作自由这样的传统自由都可以归入经济权利的范畴，但很难列入社会权利。本书对经济权利进行了一个比较全面的概括，而且检视了相关人权法以及宪法的内容，为其他人进行经济权利的深入研究提供了一种思路。

　　经济权利在现代人权观念中出现以后，在理论分析中并没有获得足够的重视，多数人都在社会权的范围内顺带进行研究，对于什么是经济权利，以及经济权利范畴下的一些具体问题一直缺乏独立、深入的分析，这不能不说是人权研究中的缺陷。经济权利表面看起来应该是一个很简单的问题，因为人们经常使用"经济权利"这个语词来描述一些经济利益，尤其是在捍卫自己的利益时，但当论者仔细思考究竟什么是经济权利时，却时常陷入语词的纠结之中。在进行理论研究过程中，界定清楚自己的研究对象是必不可少的，可由于经济权利是一个含义非常丰富的概念，为了避免问题研究陷入概念界定的漩涡之中，本书只局限于人权的视角，根据国际人权公约对经济权利作一个大致的范围描述，而没有特意给出一个科学或比较精准（事实上不可能也没必要）的概念，本书的总体内容都是根据这种范围的描述构建而成的。

　　经济权利的形成表面上看是第二次世界大战后人权运动重新高涨下的国际社会刻意制造出来的结果，但其实有着深刻的历史背景。经济权利的出现，既是弥补古典人权运动缺陷的体现，也是古典人权思想反思后的理论产物,更是现实斗争和需要的产物。古典人权运动在思想和实践上都偏重于对抽象自由和平等的追求,资产阶级革命的胜利和工业革命的发展并没有带来普遍人权的全面落实。经济权利的根本起源在于生存的需要,"一般地说来,生存权的保障从其历史来看,主要是从经济方面的保障开始的。开始之时,因为深受资本主义弊端之害,除劳动力之外一无所有的劳动者和生活贫困者,完全地陷入了不能享受自由与权利的状态。为了改善这种状况,使他们实际上能享有自由与权利,生存权便作为自由权的补充开始受到了保障,而保障主要限于经济生活的方面。"①对于大须贺明关于生存权的这段话,我们反过来理解就是为了生存首先要保证的是经济权利,经济权利必然会形成和受到重视。19世纪工人运动的结果使西方国家对保障生存而需要的经济、社会权利更加重视,对国家的义务形成新的理解。20世纪初的经济危机使这种认识更进一步强化,而对二战的反思以及民族解放运动最终促使现代人权运动的形成。现代人权观念的落脚点在人的尊严,而为了实现尊严首先必须能够生存下去,并能享有"适当的生活水准",这都需要经济利益的支持,经济权利得以进入现代人权视野。

虽然经济权利正式被提出是20世纪中后期的事情,但作为经济权利部分权能的经济自由、财产权、经济平等权、工作权等则早已有之,因此,本书坚持一种历史的视角,在分析经济权利时,没有局限于现代人权法中的相关规范。对历史上的经济性权利的回顾可以加深对人权历史的反思,清楚地了解经济权利的历史演变过程。经济权利作为第二代人权,是在反思和补充第一代权利基础上形成的,因而与第一代人权注重抽象平等和形式自由相比,经济权利更加注重实质平等和创造性自由,以保障人的生存为首要的目标,这也是很多学者以生存权为视角去研究经济、社会权利的原因。经济权利具有双重性,不同的主体享有的经济利益不一样,所以权利主体可以分为不同层次,消极性经济权利的主体是所有经济活动的参加者,积极权利意义上的经济权利主要针对社会中的贫困者,而作为集体权利则针对民族和国家。经济权利的主要义务主体是国家,国家的义务包括尊重、保障和实现三个层次,在不同的层次上国家的作用不同。

经济权利是一种"昂贵"的权利,对于经济权利是否可以实现也就存在争议。如果根据经济权利的双重属性去理解,消极意义上的经济权利比较容易实现,需要国家坚持市场经济和经济自由原则,对公民的私有财产权和工作自由权予以平等保障。积极意义上的经济权利的实现则比较困难,需要良

---

① 〔日〕大须贺明著:《生存权论》,林浩译,吴新平审校,法律出版社2001年版,第26—27页。

好的经济资源作为支持,同时配合良好的政治制度。总体上,经济权利的实现是各国国内的事情,国际社会对经济权利的实现尚缺乏有效的监督机制。目前,经济、社会和文化权利委员会主要实行缔约国报告制度,而司法途径在保障经济权利方面的作用不大。由于经济权利要求国家提供积极义务,而国家的具体义务内容很难确定,导致无法认定经济权利是一项"纲领性的权利"还是"具体法律权利"①,这也成为经济权利可诉性问题上争议的根源。同样根据本书对经济权利双重性的理解,消极性经济权利的可诉性问题比较好解决,而积极性权利在目前仍很难通过司法来加以保障,尤其是在成文法国家。

在当前中国,虽然经济权利的法律保障以及具体实践已经取得了巨大成就,但也存在不足之处。因此,一方面要加强对经济权利的理论研究。经济发展并不必然带来经济权利保障水平的提高,城市化、老龄化、贫富分化、社会矛盾激化,各种社会问题都与经济权利密切相关,经济权利的保障是解决很多社会问题的基础,期待理论界能对经济权利进行更深入的研究。另一方面,当然更期待实践中我国经济权利保障更加完善。我国推行社会管理创新,实施国家人权行动计划,全面推进依法治国,这些国家治理方略、措施的推行,相信未来一定会不断提高我国经济权利保障的水平。

最后也要承认,经济、社会和文化权利是并列的第二代人权,所以经济权利的研究与社会权利、文化权利的相关研究并不矛盾。本书虽然将经济权利独立出来进行分析,实际上在许多方面,本书有关经济权利的分析同样适用于社会权利或文化权利。其他人权论者在社会权(与自由权相对意义)框架下对经济权利、社会权利和文化权利的论述与本书的论述有很多地方也是相通的。本书在写作过程中,由于略带刻意地维持经济权利的独立性,尽量避开社会权利的相关问题,理论上的局限也如影随形。

---

① 纲领性权利只是表面国家的方针政策,没有赋予国民的直接请求权,而具体性权利则具有可请求性。参见〔日〕大须贺明著:《生存权论》,林浩译,吴新平审校,法律出版社2001年版,第4页。

参考文献

一、著作类：

1.《中国大百科全书》(经济学卷)，中国大百科全书出版社 1988 年版。
2.《现代汉语大词典》(下册)，汉语大词典出版社 2006 年版。
3.《中国大百科全书》(法学卷)，中国大百科全书出版社 1984 年版。
4.〔美〕托马斯·潘恩著：《常识》，何实译，华夏出版社 2004 年版。
5.〔德〕康德著：《法的形而上学原理》，沈淑平译，商务印书馆 1991 年版。
6.〔古希腊〕亚里士多德著：《政治学》，吴寿彭译，商务印书馆 1965 年版。
7.〔意〕但丁著：《论世界帝国》，朱虹译，商务印书馆 1985 年版。
8.〔意〕尼科洛·马基雅维里著：《君主论》，潘汉典译，商务印书馆 1985 年版。
9.〔英〕霍布斯著：《利维坦》，黎思复、黎廷弼译，商务印书馆 1985 年版。
10.〔英〕洛克著：《政府论》(下卷)，叶启芳、翟菊农译，商务印书馆 1982 年版。
11.〔英〕约翰·密尔著：《论自由》，许宝骙译，商务印书馆 1959 年版。
12.〔法〕卢梭著：《社会契约论》，何兆武译，商务印书馆 2003 年修订第 3 版。
13.〔英〕梅因著：《古代法》，沈景一译，商务印书馆 1959 年版。
14.〔英〕亚当·斯密著：《国民财富的性质和原因研究》(下卷)，郭大力、王亚南译，商务印书馆 1983 年版。
15.〔英〕坎南编著：《亚当·斯密关于法律、警察、岁入及军备的演讲》，陈福生、陈振骅译，商务印书馆 1962 年版。
16.〔英〕大卫·李嘉图著：《政治经济学及赋税原理》，郭大力、王亚南译，商务印书馆 1962 年版。
17.〔英〕约翰·穆勒著：《政治经济学原理及其在社会哲学上的若干应用》(下卷)，朱泱等译，商务印书馆 1991 年版。
18.〔美〕米尔顿·弗里德曼、罗丝·弗里德曼著：《自由选择》，张琦译，机械工业出版社 2008 年版。
19.〔美〕约拉姆·巴泽尔著：《国家理论——经济权利、法律权利与国家范围》，钱勇、曾咏梅译，上海财经大学出版社 2006 年版。
20.〔美〕道格拉斯·C.诺斯著：《经济史中的结构与变迁》，陈郁等译，上海三联书店、上海人民出版社 1994 年版。
21.〔印度〕阿马蒂亚·森著：《以自由看待发展》，任赜、于真译，中国人民大学出版社 2002 年版。

22. 〔印度〕阿马蒂亚·森著:《贫困与饥荒——论权利与剥夺》,王宇、王文玉译,商务印书馆2001年版。

23. 〔印度〕阿马蒂亚·森著:《正义的理念》,王磊、李航译,中国人民大学出版社2012年版。

24. 〔印度〕阿马蒂亚·森等著:《生活水准》,徐大建译,上海财经大学出版社2007年版。

25. 〔英〕哈耶克著:《致命的自负》,冯克利等译,中国社会科学出版社2000年版。

26. 〔法〕邦雅曼·贡斯当著:《古代人的自由与现代人的自由》,阎克文、刘满贵译,上海世纪出版集团2005年版。

27. 〔英〕以赛亚·伯林著:《自由论》,胡传胜译,译林出版社2003年版。

28. 〔英〕霍布豪斯著:《自由主义》,朱曾汶译,商务印书馆1996年版。

29. 〔美〕约翰·凯克斯著:《反对自由主义》,应奇译,江苏人民出版社2003年版。

30. 〔英〕阿克顿著:《自由史论》,胡传胜等译,译林出版社2001年版。

31. 〔美〕杜威著:《新旧个人主义》,孙中有等译,上海社会科学出版社1997年版。

32. 〔日本〕芦部信喜著:《宪法》(第三版),林来梵等译,北京大学出版社2006年版。

33. 〔日本〕阿部照哉等编著:《宪法——基本人权篇》,许志雄审定,周宗宪译,中国政法大学出版社2006年版。

34. 〔德〕罗尔夫·施托贝尔著:《经济宪法与经济行政法》,谢立斌译,商务印书馆2008年版。

35. 〔美〕亨金、罗森塔尔编:《宪政与权利——美国宪法的域外影响》,郑戈等译,生活·读书·新知三联书店1996年版。

36. 〔英〕W. I. 詹宁斯著:《法与宪法》,龚祥瑞、侯健译,生活·读书·新知三联书店1997年版。

37. 〔美〕卡尔·J. 弗里德里希著:《超验正义:宪政的宗教之维》,周用、王丽芝译,梁治平校,生活·读书·新知三联书店1997年版。

38. 〔美〕罗纳德·德沃金著:《自由的法——对美国宪法的道德解读》,刘丽君译,上海人民出版社2001年。

39. 〔法〕莱昂·狄骥著:《公法的变迁;法律与国家》,郑戈、冷静译,辽海出版社、春风文艺出版社1999年版。

40. 〔法〕莱昂·狄骥著:《宪法学教程》,王文利等译,辽海出版社、春风文艺出版社1999年版。

41. 〔澳〕杰佛瑞·布伦南、〔美〕詹姆斯·M. 布坎南著:《宪政经济学》,冯克利等译,中国社会科学出版社2004年版。

42. 〔英〕米尔恩著:《人权的权利与人权多样性——人权哲学》,中国大百科全书出版社1995年版。

43. 〔日〕大须贺明著:《生存权论》,林浩译,吴新平审校,法律出版社2001年版。

44. 〔美〕托马斯·伯根索尔著:《国际人权法概论》,潘维煌、顾世容译,中国社会科学出版社1995年版。

45. 〔美〕科斯塔斯·杜兹纳著:《人权的终结》,郭春发译,江苏人民出版社2002年版。

46. 〔挪威〕艾德等主编:《经济、社会和文化权利教程》(修订第二版),中国人权研究会组织翻译,四川人民出版社集团、四川人民出版社2004年版。

47. 〔美〕杰克·唐纳利著:《普遍人权的理论与实践》,王浦劬等译,中国社会科学出版社2001年版。

48. 〔美〕路易斯·亨金著:《权利的时代》,信春鹰等译,知识产权出版社1997年版。

49. 〔美〕罗斯科·庞德著:《通过法律的社会控制》,沈宗灵译,商务印书馆1984年版。

50. 〔美〕E.博登海默著:《法理学——法哲学及其方法》,邓正来译,中国政法大学出版社1999年版。

51. 〔奥〕凯尔森著:《法与国家的一般理论》,沈宗灵译,中国大百科全书出版社1996年版。

52. 〔美〕戴维·施韦卡特着:《超越资本主义》,宋萌荣译,社会科学文献出版社2006年版。

53. 〔英〕锡德尼·维伯、比阿特里斯·维伯著:《资本主义文明的衰亡》,秋水译,上海世纪出版集团、上海人民出版社2001年版。

54. 〔法〕卡特琳·米尔丝著:《社会保障经济学》,郑秉文译,法律出版社2003年版。

55. 〔法〕费尔南·布罗代尔著:《15至18世纪的物质文明、经济和资本主义》(第三卷,世界的时间),施永康、顾良译,生活·读书·新知三联书店1993年版。

56. 〔法〕阿尔德伯特等著:《欧洲史》,蔡鸿滨等译,海南出版社2002年版。

57. 〔英〕丘吉尔著:《二战回忆录》(上),康文凯、宋文译,江苏人民出版社2000年版。

58. 〔美〕约翰·罗尔斯著:《正义论》,何怀宏等译,中国社会科学出版社1988年版,

59. 〔美〕约翰·罗尔斯著:《作为公平的正义》,姚大志译,上海三联书店2002年版。

60. 张文显著:《二十世纪西方法哲学思潮研究》,法律出版社1996年版。

61. 沈宗灵、黄枬森主编:《西方人权学说》(下),四川人民出版社1994年版。

62. 张文显著:《法哲学范畴研究》(修订版),中国政法大学出版社2001年版。

63. 林来梵著:《从宪法规范到规范宪法》,法律出版社2001年版。

64. 许崇德著:《中华人民共和国宪法史》,福建人民出版社2003年版。

65. 龚祥瑞著:《比较宪法与行政法》,法律出版社2003年版。

66. 张千帆等著:《宪政、法治与经济发展》,北京大学出版社2004年版。

67. 莫纪宏著:《现代宪法的逻辑基础》,法律出版社2001年版。

68. 莫纪宏著:《实践中的宪法学原理》,中国人民大学出版社2007年版。

69. 秦奥蕾著:《基本权利体系研究》,山东人民出版社2009年版。

70. 吴越著:《经济宪法学导论——转型中国经济权利与权力之博弈》,法律出版社 2006 年版。

71. 夏正林著:《社会权规范研究》,山东人民出版社 2007 年版。

72. 韩德强著:《论人的尊严》,法律出版社 2009 年版。

73. 薛小建著:《论社会保障权》,中国法制出版社 2007 年版。

74. 陆平辉著:《宪法权利诉讼研究》,知识产权出版社 2008 年版。

75. 顾肃著:《自由主义基本理念》,中央编译出版社 2003 年版。

76. 王焱等编:《自由主义与当代世界》,生活·读书·新知三联书店 2000 年版。

77. 董云虎、刘武萍编著:《世界人权约法总览》,四川人民出版社 1990 年版。

78. 王立峰著:《人权的政治哲学》,中国社会科学出版社 2012 年版。

79. 金观涛、刘青峰著:《观念史研究——中国现代重要政治术语的形成》,法律出版社 2009 年版。

80. 白桂梅等编著:《国际法上的人权》,北京大学出版社 1996 年版。

81. 白桂梅主编:《人权法学》,北京大学出版社 2011 年版。

82. 朱锋著:《人权与国际关系》,北京大学出版社 2000 年版。

83. 范进学著:《权利政治论》,山东人民出版社 2003 年版。

84. 刘海年主编:《〈经济、社会和文化权利国际公约〉研究——中国挪威经社文权利国际公约研讨会文集》,中国法制出版社 2000 年版。

85. 夏勇著:《人权概念的起源——权利的历史哲学》,中国政法大学出版社 1992 年版。

86. 国际人权法教材项目组编:《国际人权法教程》,中国政法大学出版社 2002 年版。

87. 龚向和著:《作为人权的社会权》,人民出版社 2007 年版。

88. 黄金荣著:《司法保障人权的限度——经济和社会权利可诉性研究》,社会科学文献出版社 2009 年版。

89. 王启富、刘金国主编:《人权问题的法理学研究》,中国政法大学出版社 2003 年版。

90. 徐显明主编:《人权研究》(第 3 卷),山东人民出版社 2003 年版。

91. 徐显明主编:《国际人权法》,法律出版社 2004 年版。

92. 陈波著:《马克思主义视野中的人权》,中国社会科学出版社 2004 年版。

93. 南京大学法学院《人权法学》教材编写组编:《人权法学》,科学出版社 2005 年版。

94. 杨春福著:《权利法哲学导论》,南京大学出版社 2000 年版。

95. 杨春福著:《自由、权利与法治》,法律出版社 2008 年版。

96. 莫纪宏著:《国际人权公约与中国》,世界知识出版社 2005 年版。

97. 李步云主编:《人权法学》,高等教育出版社 2005 年版。

98. 柳文华著:《论国家在〈经济、社会和文化权利国际公约〉下义务的不对称性》,北京大学出版社 2005 年版。

99. 柳华文主编:《经济 社会和文化权利可诉性研究》,中国社会科学出版社 2008 年版。

100. 张爱宁著:《国际人权法专论》,法律出版社 2006 年版。

101. 谷盛开著:《国际人权法:美洲区的理论与实践》,山东人民出版社 2007 年版。

102. 汪习根著:《法治社会的基本人权——发展权法律制度研究》,中国人民公安大学出版社 2002 年版。

103. 姜素红著:《发展权论》,湖南人民出版社 2006 年版。

104. 李宏图著:《从"权力"走向"权利"——西欧近代自由主义思潮研究》,上海人民出版社 2007 版。

105. 余少祥著:《弱者的权利——社会弱势群体保护的法理研究》,社会科学文献出版社 2008 年版。

106. 赵汀阳著:《论可能生活》,中国人民大学出版社 2004 年版。

107. 戴剑波著:《权利正义论》,法律出版社 2007 年版。

108. 丁栋虹著:《来自自由的繁荣——中国经济学的反思与重建》,中国出版集团、东方出版中心 2004 年版。

109. 刘淑兰主编:《世界资本主义经济史话》,吉林人民出版社 1988 年版。

110. 张泽森、田锡文著:《20 世纪的资本主义与社会主义》,中国言实出版社 2005 年版。

111. 徐秀红著:《当代资本主义经济研究》,天津人民出版社 2007 年版

112. 朱碧芳、王吉平编:《资本主义市场经济——原理、运行及模式》,武汉测绘科技大学出版社 1995 年版。

113. 宋则行、樊亢主编:《世纪经济史》(中卷),经济科学出版社 1994 年版。

114. 孙力等著:《资本主义:在批判中演进的文明》,学林出版社 2005 年版。

115. 匡安荣著:《经济之道:道法自然与经济自由》,世纪出版集团,上海人民出版社 2007 年版。

116. 何勤华、张海斌主编:《西方宪法史》,北京大学出版社 2006 年版。

117. 殷昭举著:《创新社会治理机制》,广东省出版集团、广东人民出版社 2011 年版。

118. 舒天戈、孙乃龙编著:《释放改革红利的 16 个关键问题》,中国方正出版社 2014 年版。

119. 任剑涛著:《社会的兴起:社会管理创新的核心问题》,新华出版社 2013 年版,第 74—75 页。

120. 冯钢著:《转型社会及其治理问题》,社会科学文献出版社 2010 年版。

121. 于建嵘著:《抗争性政治:中国政治社会学基本问题》,人民出版社 2010 年版。

122. 包心鉴主编:《社会治理创新与当代中国社会发展》,人民出版社 2014 年版。

123. 韩春晖著:《社会管理的法治思维》,法律出版社 2013 年版。

124. Fons Coomans (ed.), *Justiciability of Economic and Social Rights*, Antwerp-Oxford, 2006.

125. Hans-Otto Sano, *Human Rights and Good Governance*, Kluwer Law International, Netherland, 2002.

126. John E. Nowak, Ronald D. Rotunda, *Constitutional law*, West Group, a Thomson business, 2004.

127. Shareen Hertel, Lanse Minkler (ed.), *Economic Rights*, Cambridge University Press, 2007.

128. Peter R. Baehr, *Human rights: universality in practice*, Antony Rowe Ltd, Chippenham, Wiltshiren, 1999.

129. Henry Shue, *Basic Rights: Subsistence, Affluence and U. S. Foreign Policy*, Second Edition, Princeton University Press, 1996.

130. J. Waldron, *Liberal Rights, Collected Papers 1981—1991*, Cambridge University Press 1993.

131. Amnesty International, *Human Rights for Human Dignity*, Alden Press, Oxford, 2005.

132. Micheal Freeman, *Human Rights: an Interdisciplinary Approach*, Polity Press, 2002.

133. Jack Mahoney, *The Challenge of Human Rights*, Blackwell Publishing Ltd., 2007.

二、论文类

1. 胡锦光:《中国宪法的司法适用性探讨》,载《中国人民大学学报》1997 年第 3 期。

2. 邱本:《论经济法权利》,载《法制与社会发展》1997 年第 4 期。

3. 吕嘉:《关于价值研究中若干问题的思考》,载《社会科学辑刊》1998 年第 5 期。

4. 张志敏:《"彻底"经济自由主义的政府职能理论分析》,载《新东方》1999 年第 3 期。

5. 宋冬林、金成晓:《经济权利论》,载《经济学家》1999 年第 4 期。

6. 赵世义:《论财产权的宪法保障与制约》,载《法学评论》1999 年第 3 期。

7. 张德东:《论经济法权力与权利问题》,载史际春、邓峰主编:《经济法评论》(第四卷),中国法制出版社 2003 年版;

8. 刘育喆、王错:《论经济权利的宪法保障》,载《长白学刊》,2004 年第 2 期。

9. 郑贤君:《论宪法上的经济权利》,载《中共长春市委党校学报》2004 年第 4 期。

10. 程信和:《经济法基本权利范畴论纲》,载《甘肃社会科学》2006 年第 1 期。

11. 霍中文:《论市场经济与个人经济权利的进步》,载《现代财经》2006 年第 3 期。

12. 周林军:《环境规则与经济权利——〈京都议定书〉中的法律经济学理念》,载《中山大学学报(社会科学版)》2007 年第 4 期。

13. 王东:《宪法上的经济权利和经济权利的宪法保障》,载《南京工程学院学报(社会科学版)》2008 年第 3 期。

14. 李友根:《论经济法权利的形成:以知情权为例》,载《法制与社会发展》2008 年第 6 期。

15. 方竹兰:《构建和谐社会的前提——完善民众经济权利》,载《学术月刊》2007 年第 4 期;

16. 方竹兰、邝雄、周双:《民众经济权利与中国转型期的经济增长》,载《社会科学研究》2012 年第 4 期。

17. 杨春福:《作为人权的经济权利——基于国际人权法的视角》,见杨春福,张仁善主编:《全球化背景下的法治与人权研究》,南京大学出版社 2008 年版。

18. 翟东堂:《试析少数民族经济权利的基本性质》,载《法学杂志》2010 年第 2 期。

19. 李研:《国家与人民大众经济权利调整——基于科学发展观的视角》,载《河北大学学报(哲学社会科学版)》2011 年第 4 期。

20. 〔英〕特伦斯·丁提斯:《经济权利的宪法保护》,潘新艳译,载张庆福主编:《宪政论丛》(第 4 卷),法律出版社 2004 年版。

21. 刘焕桂:《国家本质两难与宪法经济权利——基于宪政经济学的视角》,载《长沙理工大学学报(社会科学版)》2010 年第 4 期。

22. 侯宇清:《论南非宪法法院对社会经济权利的保护》,载《求索》2010 年第 11 期。

23. 韩家彬、汪存华、杨龙见:《经济权利与我国城乡收入差距——基于省级面板数据的经验分析》,载《东北大学学报(社会科学版)》2011 年第 1 期。

24. 鲁篱、黄亮:《论经济平等权》,载《财经科学》2007 年第 11 期。

25. 王一多:《经济权利平等解析》,载《西南民族大学学报(人文社科版)》2009 年第 12 期。

26. 蒻继志、唐勇:《民族经济权利的证成》,载《贵州大学学报(社会科学版)》2008 年第 4 期。

27. 吴育林:《论市场经济的自由与平等价值》,载《社会科学家》2006 年第 7 期。

28. 何士青、王涛:《论财产权是一项基本人权》,载《求索》2004 年第 1 期。

29. 冀瑞:《论物质帮助权》,载《河北理工大学学报(社会科学版)》,2007 年第 3 期。

30. 孔繁华:《论我国公民的物质帮助权》,载《河南省政法管理干部学院学报》2003 年第 6 期。

31. 胡敏洁:《转型时期的福利权实现路径——源于宪法规范与实践的考察》,载《中国法学》2008 年第 6 期。

32. 左传卫:《经济和社会权利保障的理想与现实》,载《法商研究》2004 年第 6 期。

33. 周叶中、李德龙:《论公民权利保障与限制的对立统一》,载《华东政法学院学报》2003 年第 1 期。

34. 杨时革:《消极自由与积极自由——关于自由主义的理解》,载《学术界》2007 年第 3 期。

35. 刘军宁:《市场与宪政》,载刘军宁等编:《市场逻辑与国家观念》,生活·读书·新知三联书店 1995 年版。
36. 钱弘道:《从经济角度思考宪政》,载《环球法律评论》2004 年夏季号。
37. 莫纪宏:《论文化权利的宪法保护》,载《法学论坛》2012 年第 1 期。
38. 莫纪宏:《论对社会权的宪法保护》,载《河南省政法管理干部学院学报》2008 年第 3 期。
39. 上官丕亮:《论宪法上的社会权》,载《江苏社会科学》2010 年第 2 期。
40. 郑智航:《论适当生活水准权》,载《政治与法律》2009 年第 9 期。
41. 王锴:《我国宪法上的劳动权和劳动义务》,载《法学家》2008 年第 4 期。
42. 徐显明:《人权的体系与分类》,载《中国社会科学》2000 年第 6 期。
43. 李树忠:《1998 年〈人权法案〉及其对英国宪法的影响》,载《比较法研究》2004 年第 4 期。
44. 杨春福:《和谐社会、法治文明与公民权利保障》,载《北方法学》2008 年第 2 期。
45. 龚向和:《论社会、经济权利的可诉性——国际法与宪法视角透析》,载《环球法律评论》2008 年第 3 期。
46. 曲相霏:《自由主义人权主体观批评》,载徐显明主编:《人权研究》(第四卷),山东人民出版社 2004 年版。
47. 曲相霏:《论人的尊严权》,载徐显明主编:《人权研究》(第三卷),山东人民出版社 2003 年版。
48. 〔瑞士〕胜雅律:《从有限的人权概念到普遍的人权概念——人权的两个阶段》,王长斌译,载沈宗灵、黄枬森主编:《西方人权学说》(下),四川人民出版社 1994 年版。
49. 〔波兰〕雅努兹·西摩尼迪斯:《文化权利:一种被忽视的人权》,黄觉译,载《国际社会科学杂志(中文版)》,1999 年第 4 期。
50. 张千帆:《宪政、法治与经济发展:一个初步的理论框架》,载《同济大学学报(社会科学版)》2005 年第 2 期。
51. 徐大建:《论生活水准作为经济发展的衡量标准》,载《上海财经大学学报》2007 年第 5 期。
52. 许锡庶、孙多:《现行城市房屋拆迁的法律体系缺陷》,载《中国房地产》2009 年第 3 期,第 72 页。
53. 张曙光:《中国经济转轨与社会变迁:经济学视觉》,载《学术研究》2009 年第 4 期。
54. 肖金鸣、冯威:《公民财产权的制度化路径》,载《法学论坛》2003 年第 2 期。
55. 肖金明:《中国特色的人权框架与权利保障体系——阅读〈国家人权行动计划(2009—2010 年)〉》,载《当代法学》2009 年第 5 期。
56. 刘旺洪:《社会管理创新与社会治理的法治化》,载《法学》2011 年第 10 期。
57. 张帆、陆艺:《基于公民权利价值导向的社会管理体制创新》,载《求实》2012 年第 4 期。

58. Jack Donnelly, the West and Economic Rights, in Shareen Hertel, Lanse Minkler (ed.), *Economic Rights*, Cambridge University Press, 2007.

59. S. K. Chatterjee, the Charter of Economic Rights and Duties of States: An Evaluation After 15 Years, *The International and Comparative Law Quarterly*, Vol. 40, No. 3, (Jul., 1991); Cambridge University Press.

60. H. V. Evatt, Economic Rights in the United Nations Charters; Russel Lawrence Barsh, A Special Session of the UN General Assembly Rethinks the Economic Rights and Duties of States, *the American Journal of International Law*, Vol. 85, No. 1, (Jan. 1991).

61. Rhoda Howard, The Full-Belly Thesis: Should Economic Rights Take Priority Over Civil and Political Civil and Political Rights? Evidence from Sub-Saharan Africa, *Human Rights Quarterly*, Vol. 5, No. 4, (Nov., 1983), pp. 467—490.

62. Charlse R. Beitz, Economic Rights and Distributive Justice in Developing Countries, *World Politics*, Vol. 33, No. 3, (Apr., 1981).

后　记

  2007年秋,我进入南京大学在职攻读博士学位,在征得导师杨春福教授的同意后,我将博士三年的研究方向定为经济权利。面对这样一个看起来简单却又有些茫然的问题,我感觉到了沉重的压力。有压力就有动力,我先对经济权利的相关研究成果、所涉及的问题进行搜集、整理,大致了解了经济权利的应用领域及基本内涵。随后我写了几篇与经济权利有关的论文,但是总感觉没有能够明确梳理清楚经济权利的基本内涵,于是我决定首先完成经济权利的范畴界定。到2008年底,这项工作基本完成。2009年初,基于现实的需要,我将已经完成的研究成果整理出版,形成了《经济权利的多维透视》(知识产权出版社2009年版)一书。在书中,我从经济学、宪法学、民法学、经济法学、人权法学等多个角度对经济权利的基本内容进行考察和界定。第一本学术著作的出版是让人很开心的事情,但也给我带来了一个更为迫切和棘手的问题,即如何确定博士论文的选题与写作。为了加深对问题的研究,我决定专门以人权为视角,对人权视野下的经济权利进行独立研究。博士论文开题时,因为正忙于书稿的校对,没有认真理清写作思路和准备开题报告,受到各位老师的严厉批评,回头想来,很是汗颜,也非常感激老师们的宽容。不过,正因为如此,老师们的批评和建议才更有意义,督促我努力完成论文的写作。由于人权研究中几乎没有人对经济权利进行独立研究,所以写作过程中遇到的最大痛苦就在于没有资料可用。最终虽勉强完成了论文,似乎有开创性,却也因为理论前提的薄弱而常常胆战心惊。但既已如此,唯硬着头皮坚持下去。

  2010年的5月,古都金陵,春如四季,桐花飞舞,绿树成荫,又是一个离别的时节。当送别的横幅悄悄挂起,才知道终于走到了这一天,纯粹的学生生活就要结束,几多伤感,几多不舍。在南京大学读了六年书,这座美丽而著名大学以她的低调和包容给了我无尽的知识和力量。

  2013年,在博士论文答辩完满两年以后,经过修改,我申请国家社科基金后期资助项目,非常荣幸,这个选题获得了认可,也收获了评审专家的各种修改建议。立项后,我结合评审意见对原来的论文进行了认真修改,打乱章节,重新构思结构;修改过程中也结合了最新研究成果,扩充了原来论文的资料。2015年初,结项成果获得鉴定通过,最终有了现在这本书。从论文答辩通过到成书初稿,已然五个春秋,不过最终这篇博士论文能形成书籍出版,也算是对自己的付出有了一个交代。

一切似乎都很幸运,幸运的背后,除了个人的努力,还有那些一直支持、帮助我的人们,所以必须要心存感激。

感谢父母的养育之恩,感谢妻子和儿子带给我的欢乐,感谢岳父岳母不辞辛劳为我们照顾孩子,常常因为没能多陪伴他们而内疚。

感谢导师杨春福教授多年来的教诲和帮助,自2000年与杨老师相识,一晃已过了十五年,这期间杨老师不仅教给我知识,还给予我各方面的支持。大恩不言谢,唯念师恩永记。感谢南京大学法学院周安平教授、王太高教授、张仁善教授、狄小华教授、肖冰教授,导师们的教导使我得以顺利完成学业。感谢南大法学院图书馆的曹明老师,三年中他给予我很多资料查阅上的便利。

感谢程亚萍、路艳娥等同门,感谢刘伟、张书琴贤伉俪,几多把酒言欢都将成为美好的回忆。感谢南京航空航天大学法律系的王炳博士,考博期间多有叨扰。感谢工作单位华侨大学法学院的各位领导和老师们的支持。

此外,这个选题也获得了华侨大学2012年度"高层次人才科研启动项目"的资助,这里同样要对华侨大学的支持表示感谢。

王方玉
2010年5月初稿于南京
2015年6月修改于泉州